D1751629

Rainer Kirsch
Werke III

Rainer Kirsch

Stücke & Libretti

Werke / Band III

Eulenspiegel Verlag

Der Soldat und das Feuerzeug

Märchenkomödie für Erwachsene

Personen

KÖNIG
PRINZESSIN
MINISTER
OBERMUNDSCHENK
FELDWEBEL (SÄBEL)
SOLDAT
LANDSTREICHER
HEXE
EIN HUND
WIRT
BÄCKER
KUTSCHER
PFARRER
SPITZEL I (HÄHNCHEN)
SPITZEL II (SCHWIEBUS)
SPITZEL III (DR. ZET)
ZWEI HEROLDE
UNKE
FLEDERMAUS
ZWEI HOLZFÄLLER
EINE MUTTER
EIN JUNGE
BÜRGER, HANDWERKER, VOLK

1. Bild
Feldherrnhügel

Feldküche, eine Truhe. Soldat trägt den linken Arm in der Binde.
Packt seinen Tornister. Viel ist nicht zu packen.

SOLDAT *singt:*

> Sie hatte zwei Tannennadeln am Bauch
> Sie warf ihren Rock in die Bäume
> Der Rock hing ganz weiß im Mittagsrauch
> Da aß sie die roten Himbeern vom Strauch
> Da lagen wir ohne Träume.

> Reglindis, dein Haar war lang wie die Sünde
> So lang wie unsere Lust.
> Sie hatte zwei Tannennadeln am Bauch
> Und ein Gras an der weißen Brust.

> Es kühlte das braune, das weiche Moos
> Erst ihren, dann meinen Rücken;
> Ihr Rock war so weiß, ihre Haut war so bloß
> Da wuchsen die Bäume so riesengroß
> Zum Himmel vor unsern Blicken.

> Reglindis, dein Haar war lang wie die Sünde
> So lang wie unsere Lust.
> Sie hatte zwei Tannennadeln am Bauch
> Und ein Gras an der weißen Brust.

Ich bin der Soldat. Heute ist ein schöner Tag, die Sonne geht auf überm Schlachtfeld, man könnte in einem fort singen, indessen vorm Frühstück. Die Vögel schrein wie feiertäglich, ich habe ausgeschlafen, der Krieg ist gewonnen und mein Arm heilt auch wieder zu, also: Ich bin der Soldat, eigentlich heiße ich Michel, aber wer

nennt mich schon so, meine Mutter ist tot, sogar die
Mädchen vergessens schnell oder lernens nicht erst
wegen der Umstellung nachher, fast weiß ich selbst
nicht wie ich heiße, aber was tut das –:
Ich bin der Soldat, ich habe den Feind geschlagen und
ihn noch verfolgt mit zerhauenem Arm; der König soll
schon angereist sein mit mehr Siegeswimpeln als man
jemals gesehen hat, das heißt es gibt Löhnung und
Orden.

Landstreicher.

Also sage ich tiriliert Vögel, das Leben ist schön und wer
tüchtig ist bringts zu was, eine alte Jacke wird schöner
als neu, wenn ein Orden dran glänzt – ich muß meine
Rede üben:
Ich bin der Soldat, heute ist ein schöner Tag, die Sonne
geht auf überm Schlachtfeld –
LANDSTREICHER Hast du'n Stück Brot?
SOLDAT Brot nicht, die Eiserne Ration ist verbraucht laut
Befehl von gestern, damit nichts verdirbt, trotzdem war
sie schimmlig, es fehlt an der Qualität, aber das soll sich
bessern im Frieden.

Landstreicher klappt die Gulaschkanone auf.

Bemüh dich nicht, ich habe sie ausgescheuert: der
König riecht ungern Erbsen, besonders gelbe. Nach der
Siegesfeier aber ist Empfang, man könnte dich bedauern, daß du nicht Soldat bist: du weißt vielleicht nicht,
daß auf einem Empfang Früchte aus Afrika serviert
werden, die du nie sahst, und Belegtes und Gebratenes,
der König soll gut würzen lassen –

Landstreicher hat ausgepackt: Brot, Ei, Salz, frühstückt.

Gibst du mir was ab?

LANDSTREICHER Seit wann hattest du nichts?
SOLDAT Gestern morgen.
LANDSTREICHER *auf die Zuschauer:* Hast du für die geredet?
SOLDAT Eine Dankrede für den Orden wenn ich ihn habe, es soll üblich sein. Wenigstens einen Biß.
LANDSTREICHER Mit Leuten mit Orden soll man nicht essen, es schlägt auf die Verdauung.
SOLDAT Ich hoffe, du bist kein Staatsfeind, zwar du kaust, während dieser wühlt, wie im Dienstbuch steht; auch habe ich den Orden noch nicht.
LANDSTREICHER Du bekommst ohnehin keinen, ich lasse dich nur zappeln aus erzieherischen Gründen. Hast du wo 'n Mädchen?
SOLDAT Beleidige mich nicht ich wäre noch unschuldig mit Zweiundzwanzig. Ich hatte zwei, eine auf dem Durchzug unter einem Strohwagen, man kanns kaum rechnen; trotzdem hat sie geweint hinterher, mich nahms mit bis ich hörte sie weint jedesmal, daran hatte ich zu schlucken. Die zweite war noch unschuldig, sechzehn, am ganzen Leib blond, ich liebte sie, sie mich, aber dann kam ein Leutnant. Ich sagte mir ein Soldat jammert nicht und focht wie ein Bär. Ich habe auch überlegt, es ist nichts Wahres, wenn keine Liebe dabei ist. Danach will ich fortan handeln. Willst du auch den Schinken allein frühstücken?
LANDSTREICHER Mir drückts das Herz ab wenn ich dich ansehe, aber ich kann die Verantwortung nicht übernehmen, du mußt vor der Welt gewarnt werden. Kennst du das Lied von der Maus?
SOLDAT Nicht.
LANDSTREICHER *singt:*

Eine Maus rückt aus ins Feld
Sie zog im grauen Mäuserock
Und waffnet sich mit Stein und Stock
In der Nacht

In der Nacht
Hat die Kanon gebellt.

Die Maus langt an im Feld
Der Mäuseobrist hub gleich an:
Wir wolln mit Macht die Katze schlan!
In der Früh
In der Früh
Hat die Kanon gebellt.

Die Maus sie focht im Feld
Die Katze fraß sie auf jedoch
Der Oberst sich ins Loch verkroch.
Überm Gras
Überm Gras
Hat die Kanon gebellt.

SOLDAT Ein schönes Lied, nur fürchte ich, es könnte falsch ausgelegt werden vom Minister.
LANDSTREICHER Bruder! Ich sehe, du bist nicht unberührt von den Schmerzen dieser Erde, und selbst in deinen unschuldsvollen Hirnwindungen hat sich etwas niedergeschlagen, das die Philosophen und die Panegyriker unter den Dichtern Lebenserfahrung zu nennen pflegen.
Ist es nicht ein Wunder? Dieses harmlose Gemüt, ein Mann, der an Orden glaubt, wo schon findet sich das noch heutzutage, ein Anfänger in der Welt, der die Liebe sucht und für seinen König ficht – selbst dieser Ahnungslose kennt schon die Ränke der Ausleger, will sagen der Schnüffler, Mistriecher, Wortaufschlitzer, die jeden Nebensatz dreimal wenden ob da nicht ein Komma ist das sich auf sie beziehen könnte; er kennt sie, sage ich, ja in seiner Unschuld versucht er noch mich zu warnen, der ich in allen Wassern gekocht bin und das Leben kenne und es nehme und sage wies ist: beschissen. Bruder, du verdienst, daß man sich deiner annimmt, wos regnet ist Wasser für zwei, wir schlagen

uns durch, und nie wirst du, versichere ich dir, eine Eiserne Ration verschimmelt finden: erstens weil wir keine haben und zweitens keinen Hoflieferant, der Profit daraus schlägt, mach dich mit mir ins Gebüsch.
SOLDAT Am Siegestag?

Trommeln.

LANDSTREICHER Bruder, stoß deine Illusionen ab bevor man sie dir abstößt, sich rechtzeitig verdrücken ist eine Fundamentalregel, und einen gewonnenen Krieg soll man erst feiern vom General aufwärts. Ich höre schon was wie Trommeln, ich wette da naht einer breitbeinig mit Dickbauch, einer der Drops kaut und die Welt pulverisiert zum angegebenen Zeitpunkt wenns nur im Wachbuch steht, die Luft vertrag ich nicht, komm.
SOLDAT Ich habe den Krieg gewonnen!

Landstreicher hat zusammengepackt, ab. – Feldwebel, trommelnd.

FELDWEBEL
Der Tag geht los reißt eure Ärsche auf
Wer tot ist faul weiter, an wems noch zuckt renne zuhauf
Wer einen Schlitz im Bauch hat halte ihn zu
Wens weiter unten traf freu sich, er hat bis zum
    nächsten Krieg Ruh
Marsch auf Soldat, der Tag schießt los, der Morgen
    schlägt ein
Wer nicht antritt, ist ein Landesverräter oder Schwein
Auf abgeprotzt und auf, kratzt euch den Schlaf aus
    dem Gesicht
Der König naht, mit ihm die Zuversicht!
Hats dir das Trommelfell verkrustet?
SOLDAT Ich bin ohne Frühstück.

Prinzessin, in der Hand einen Silberteller mit Gänsekeule.

FELDWEBEL Siegesfeier, und das denkt ans Fressen. Der Krieg ist aus, jeder verpflegt sich allein vom heutigen Datum. Ich hoffe, du zwingst mich nicht, dir den Dreck aus den Ohren zu stoßen. Stillgestanden! Ganze Armee ab! Marschiert zur Parade! Schwenkt – rechts! Haltet – an! Richt euch!
PRINZESSIN Weißt du, wie der Vogel heißt, der eben schrie?
FELDWEBEL Prinzessin! Königliche Armee zur Abnahme König und Landesvater aufgestellt. Er darf nicht antworten, er ist im Dienst.

Prinzessin nimmt ihm die Trommelstöcke.

SOLDAT Der Vogel heißt Fasan, er ist eßbar. Wenn Sie trommeln wollen, wäre es besser, Sie gäben mir den Teller zum Halten.
FELDWEBEL Hältst dus Maul, bis ich Rührt euch gesagt habe! Rührt euch.
PRINZESSIN Du bist verwundet?
SOLDAT Kleiner Säbelhieb
Von unten rechts schräg hoch. Nur Haut und Fleisch.
PRINZESSIN Ich such ein Kraut für dich. Erzähl mir was.
SOLDAT Ein Märchen?
PRINZESSIN Bist du so einer, dem der Mond zufliegt als Vogel, wenn er die Hand ausstreckt? Guck nicht so dumm, ich habs geträumt. Als ich noch klein war. Oder gestern.
SOLDAT Ich kann Forellen mit der Hand fangen und vorm Mond Aalschnüre stellen, auch wie die Vögel heißen, weiß ich; nur die Märchen sind weg, wenn du mich ansiehst. Ich denk ein neues, gleich.

König, Minister, Obermundschenk.

PRINZESSIN Vater! Wie ist die Waldluft? Und die Vögel, hörst du? Du mußt mir eine Trommel schenken, unbedingt!

König winkt sie weg. Soldat behält den Teller. Feldwebel schlägt einen Wirbel mit den Fingern.

FELDWEBEL Ach-tung! Majestät, ich melde, die Armee –

Obermundschenk dreht ihn um.

Herr Obermundschenk Eure Gnaden, ich melde die Armee –
OBERMUNDSCHENK *stellt ihn neben den Soldaten* Klappe.
Majestät, ich habe zu melden –
MINISTER *weist den Obermundschenk ins Glied* Danke. Majestät, die Armee ist angetreten.
KÖNIG Aha.
MINISTER
Majestät, durch die beachtliche Tapferkeit
Des Heers vor allem aber durch die Führungstätigkeit
Seiner leitenden Herren haben wir gesiegt
Sowie vermittels eines Sonderhandstreichs die Schatz-
   truhe des Feindes gekriegt
Wie es im Lied heißt nur mit dem Tapferen ist das Glück
So weiden wir mit Recht unsere Blicke an dem
   kostbaren Stück.
Aufbrechen!

Soldat, Feldwebel öffnen. Zurück ins Glied.

Leer?
OBERMUNDSCHENK Leer.
MINISTER Äußerst und gänzlich leer.
KÖNIG O namenlose Schmach! Was soll nun werden? Auch unsere Schatztruhe ist ja leer, die ganze Impertinenz des Feindes zeigt sich erst jetzt von ihrer eigentlichen Seite, ich kann nichts anderes annehmen als daß die Menschheit in einem allgemeinen Niedergang begriffen ist, der Krieg, mein Krieg eine grandiose Fehlinvestition, Minister, was machen wir nun?

MINISTER Die königliche Ordenskiste.
OBERMUNDSCHENK Die Finanzlage später, jawohl.
KÖNIG *liest vom Manuskript:* Mein Volk! An diesem denkwürdigen Tag der zusammenfällt mit dem Tag des Sieges bei Hackland vor sieben Jahren, des Sieges bei Rehbrück vor elf Jahren, sowie der Schlacht am Holzwäldchen – Wieso der Schlacht und nicht des Siegs, Minister?
MINISTER Sie ging verloren, Majestät.
KÖNIG Dann soll man streichen! – vor achtundsiebzig Jahren, der Schlacht um die Schafsteiche vor neunundsiebzig – *blättert, reißt Seiten heraus* des Gemetzels am Wotanhals vor eintausendsechshundertsiebenundneunzig Jahren gedenke ich neben unserer bewährten Führung vor allem der tapferen einfachen Soldaten, die im Getümmel der Schlacht unerschrocken ihre Pflicht taten. Mein Volk, der Tag ist groß, der Sieg ist Unser. Die Ordenskiste. *bekommt sie* Was tatst du für den Sieg, Minister, sprich.
MINISTER
Majestät, ich verfolgte die Schlacht durch ein optisches Rohr
So daß ich den Feind nie aus dem Auge verlor
Auch gab ich Richtlinien und Hinweise jederzeit
Mit besonderem Mut und großer Tapferkeit.
KÖNIG Großes Verdienstkreuz am doppelten Goldband. *dekoriert den Minister* Obermundschenk.
OBERMUNDSCHENK
Das Verfolgen der Schlacht das Begutachten der Pläne
Versteht sich von selbst, so daß ich es vor Majestät nicht erwähne
Zusätzlich hatte ich mittags, nachts und jeglichen Morgen
Armee, Stab und Troß mit Speisen und Getränk zu versorgen.
KÖNIG Erfreulich, gut. Das mittlere Verdienstkreuz, halbes Goldband. *dekoriert den Obermundschenk; zum Feldwebel:* Nun, und?
FELDWEBEL Ich machte den Feind aus wie die Richtung,

aus der er kam, ich bestimmte das Visier, ich ließ Gräben ausheben, ich scheuchte die Armee ins Stroh abends und aus dem Stroh morgens, ich filzte die Kerls, ich wies die Huren aus dem Feldlager oder hinein, je nachdem ob zur Armee oder zum Stab, ich hätte unnachsichtig zugehaun wenn einem auch nur der Gedanke an Rückzug aus der Hose gestunken hätte, Majestät –
KÖNIG Brav. Die kleine Verdienstspange.
MINISTER *dekoriert den Feldwebel*
Erlaubt mir, Majestät, ich schlage vor
Ein großes Kreuz am dreigeflochtenen Goldband

Soldat tritt vor.

Zu widmen der Prinzessin,

Soldat zurück.

                        die sich höchst
Tapfer hier auf dem Feldherrnhügel aufhielt
Was Kampfesmut in aller Herzen senkte.
OBERMUNDSCHENK Auf den Bäumen saß sie rum das Früchtchen, es ist ein Skandal. – Ich höre Verdienstkreuz, Majestät, mir schiene Sehr Großer Stern am Siebenfachen Goldband angemessener.
KÖNIG Den Orden kenn ich nicht.
OBERMUNDSCHENK   Ihr könnt ihn stiften.
KÖNIG Richtig, ich stifte. Stell dich zu mir, Tochter.
PRINZESSIN Wieder das Ischias, Vater, daß du so krumm stehst. Es sind die alten Mauern im Schloß, sieh mich an, drei Tage Waldluft und ich schlafe die ganze Nacht durch und kann einen Fasan am Geschrei erkennen. Willst du nicht noch einen Krieg machen, einen, wo keiner verwundet wird, vielleicht mit Tannenzapfen, du könntest selber mit werfen, man sagt, davon gehn die Schmerzen.
KÖNIG Die Luft hier scheint mir weithin unbekömmlich. Der Krieg – Nun, Obermundschenk?

OBERMUNDSCHENK Ist zu Ende.
KÖNIG Idiot. – Minister?
MINISTER Die Finanzen schrumpften
  Das Heer, obzwar sehr siegreich, ist geschwächt
  Vorläufig durch Verwundung.
KÖNIG Du hörst, riech nicht in was, das widerstinkt
  Die Lage ist die Lage ist die Lage.
  Nimm deinen Orden, Abfahrt, mir ziehts am Hals.
PRINZESSIN Das steht mir nicht. Und siebenfaches Goldband, wo soll das Platz haben an mir. Vater, gib den Orden dem Soldaten. Er ist verwundet und weiß Märchen.
KÖNIG
  Wem sagst du?
PRINZESSIN Dem.
KÖNIG Was hast denn du geleistet?
SOLDAT
  Gekämpft.
KÖNIG Ah. Wie? Er hat gekämpft.
MINISTER Gekämpft.
OBERMUNDSCHENK Gekämpft.
  Wies jeder Dummkopf kann. Kämpft. Geltungssucht.

Hof will ab.

PRINZESSIN Er ist verwundet, Vater.
SOLDAT Majestät!
OBERMUNDSCHENK Du unterstehst dich.
SOLDAT Ich bitte um meinen Abschied.
MINISTER
  Den hast du so und so. Was soll dem König
  Ein Kämpfer, der, blessiert, nicht kämpfen kann?
SOLDAT Dann wäre die Löhnung.
OBERMUNDSCHENK
  Geldgier und Geltungssucht. Wie ich es ahnte.
SOLDAT Majestät, ich diente Euch. Ich diente Euch treu. Ich allein habe den Feind verfolgt, der hier hat nur Vorwärts Vorwärts gebrüllt –

FELDWEBEL Er lügt! Ich füsilier ihn kalt, befehlt mirs!
SOLDAT – zehn hat er mit dem Säbel hingemacht, allerdings Weißgänse, das Geschrei muß der liebe Gott gehört haben. Der hier hat sich gemästet, für den Stab Kapaun, für mich gelbe Erbsen, dem Minister fiel sein Rohr aus der Hand nach jedem Knall, hinterher hat er mir ausrichten lassen, wie ich den Feind hätte schneller verfolgen sollen. Auch bin ich verwundet.
KÖNIG Minister?
MINISTER
Hätte er wahrhaft klug gekämpft, wäre er
Ganz hochwahrscheinlich nicht verwundet worden.
OBERMUNDSCHENK
Und kämpfte er wahrhaft tapfer, hätte ihn
Der Heldentod ereilt.
MINISTER
Von Löhnung steht zudem nichts im Gesetz.
KÖNIG
Gesetze sind Gesetz. Wer hat hier Kleingeld?
MINISTER
Nichts, Majestät. Ein letztes Silberstück.
OBERMUNDSCHENK
Nichts, nichts, ich muß nicht nachsehn.
FELDWEBEL   Einen Kreuzer.
KÖNIG Gib ihn dem ab.

Feldwebel gibt dem Soldaten den Kreuzer.

                      Du siehst, es fehlt an Kleingeld
Wie überhaupt an Geld, fataler weise.
Und nun geh heim, und muck dich nicht, sonst laß
Ich dich einlochen, nur die Luft hier hindert
Mich, nicht nur daß es zieht, es fliegen, spür ich
Widernatürliche Gifte durch den Wind:
Nicht wunderts mich, beflög hier der Fasan
Die Adlerin, verschwüren sich die Hasen
Gegen den Fuchs, und säugte, Perversion

Die Wölfin selbst das Rehkitz. Üble Zeichen
Sind in der Luft, es riecht nach Aufruhr, schlimm
Stehts um das eigene Blut, die Königstocher
Steigt hier auf Bäume, schläft migränelos
Bittet für Pöbel; ja, der Landsknecht, statt
Wie früher, zwanzig Kugeln in den Därmen
Fürs Staatswohl frohhals singend hinzuröcheln, hängt
Aufrührerisch am Leben; Gipfelpunkt: Der Krieg
Schröpft nicht nur Arme, nein, der König selbst
Steht mit gefallenen Aktien leer im Wind: So
Beginnt das Weltende. Ja, Jeremia gleich
Könnte ich hingehn, die Ebenen anzufülln
Mit Kündung unerhörten Niedergangs:
Blutiger Finger, plangeschliffener Schlösser
Enteigneter Fabriken, fühlt ich nicht
Den Zugwind bös am Hals, krümmt nicht die Wirbelsäule
Sich unterm Gift, das umgeht, derart weisend
Gesundheit in mir, die sich widersetzt.
So birgt Gefahr das Rettende. Wir gehn
Den Basilisk der Krise zu bestehn.

Hof ab, Feldwebel folgt. Prinzessin zögert. Soldat reicht ihr den Teller.

PRINZESSIN
Ich hätte noch gern das Märchen. Bist du hungrig?

König winkt ihr. Sie läßt dem Soldaten Teller und Gänsekeule; ab. Feldwebel zurück, Obermundschenk folgt kontrollierend. Feldwebel nimmt dem Soldaten den Teller, läßt ihm die Gänsekeule; mit Teller und Feldküche ab. Obermundschenk nimmt dem Soldaten die Gänsekeule; ab.

SOLDAT
Du haust den Feind, läßt dir den Arm zerhaun
Und darfst am Schluß den eigenen Darm verdaun.
Und wo finde ich jetzt Arbeit? Hätte ich auf den Land-

streicher gehört, nicht mal bei den Räubern nehmen sie mich mit dem Arm. Indes was hilfts, ich muß mich aufmachen, wohin? in die Welt, heißt es in den Liedern, also in die Welt.
nimmt den Tornister, singt:
Reglindis, dein Haar war lang wie die Sünde
So lang wie unsere Lust.
Sie hatte zwei Tannennadeln am Bauch
Und ein Gras an der weißen Brust.

2. Bild
Am und im Brunnen

Soldat, marschierend. – Hexe mit Tragkorb, jung, verwahrlost.

HEXE Brüderchen, he! Möchtst die Zeit einholen? Schaffst es nicht, Söhnchen, Brüderchen, denkst du holst sie ein, und sie sitzt dir im Nacken und kaut dirs Haar weiß. Wohin des Wegs?
SOLDAT Irgendwohin. Gradaus.
HEXE Irgendwohin, wie hübsch du sprichst! schönes Ziel.
SOLDAT Besser als nirgendhin.
HEXE Was für ein Schlauberger. Möchtest vergessen daß irgendwohin immer nirgendhin ist, es ist nur ein Weg für alle, der geht, bis er aufhört, dann bist du angekommen, Söhnchen, im Nirgend und Nicht.
SOLDAT Hast du was übrig fürn ausgedienten Soldaten.
HEXE Recht so, Brüderchen, pfeif auf die Philosophie, übrig wär einiges, wenn du Augen hast für zweierlei Rundes, und einen Ellbogen tiefer wüßte ich noch mehr, ein süßes Nichts, auf unser Gespräch zurückzukommen, wolln wir uns nicht niederlassen?
SOLDAT Ich meinte was zu beißen.
HEXE Du sprichst von Brot, zum Beißen wäre mehreres an dir, aber wem nicht danach ist laß hängen, reden wir von Brot. Schönes Schwarzbrot, gelagert und feucht, weltuntergangsmäßig billig: zwei Kreuzer
SOLDAT Laß mirs für einen.
HEXE
Soldat mit einem Kreuzer tief im Wald
Im Magen heiß und unterm Magen kalt.
SOLDAT Wenn du mich auslachst, geh ich.
HEXE Tu mirn Dienst.
SOLDAT Ja, wenns nichts Böses ist.
HEXE Bös nicht, gefährlich. Unter meinem Rock wärs sicherer.

SOLDAT Ich fürchte keine Gefahr.
HEXE Seit wann ist die Armee moralisch? Schlag dich voll. *gibt ihm Brot*
SOLDAT *ißt* Und welcher Dienst?
HEXE
Einkriech ins Brunnenloch dort auf dem Grund
Sitzen fünf Kröten und ein Höllenhund
Fletscht er dich an, so pack ihn auf dies Tuch
gibt ihm ein Tuch
Nur hast du Angst, krepierst du, steht im Buch
Greif was du greifst, dann hinter die eiserne Tür
Dort liegt ein Feuerzeug, das bringst du mir.
SOLDAT
Hund, Feuerzeug. Schon alles?
HEXE   Fast
Doch komm nicht auf, bevor dus Feuerzeug hast.
Es ist ein Erbstück von meiner Großmutter, Schrulle im Testament, man solls immer bei sich tragen, es fiel einmal rein und ich hatte keinen der mirs raufholte; wenn du Gerippe siehst sinds die über die die Angst kam unten, ich habe dich gewarnt.
SOLDAT Wie komm ich auf den Grund?
HEXE Im Korb. Ich halt ein Seil und laß dich ab.

Soldat steigt ein. Hexe läßt das Seil über eine Rolle am Baum laufen. Korb ab.

So fährt er warm ins Loch, der kühle Held.
Trittst du auf Schädel, grüß sie von der Welt!
wetzt ein Messer, singt:
War ein junges Messerchen
Trübte noch kein Wässerchen
Mußt es doch erleiden
In den Ast
In den Baum
In die junge Rinde schneiden.

Man könnte sentimental werden wenn man an dich
denkt, Brüderchen, ein schönes Paar hätten wir sein
können und uns im Laub gewälzt, daß die Hasen geborsten wären vor Neid –
singt:
War ein junges Messerchen
Trübte noch kein Wässerchen
Mußt es doch erleiden
In den Laib
In das Brot
In die schwarze Rinde schneiden.

prüft das Messer am Brot, es ist sehr scharf
– und wie lange du lebst hättest du bestimmt, nur wer
träg wird in der Liebe verfettet, nur wer verfettet langweilt und mahnt den Geist, daß ein Mann auf wenigstens zwei Arten sattmachen kann –
singt:
War ein junges Messerchen
Trübte noch kein Wässerchen
Mußt es doch erleiden
In den Ast
In den Laib
In das rote Fleisch einschneiden.

– aber leider, Brüderchen, wer soll verantworten daß du
rumläufst unter den Leuten mit meinem Geheimnis
vom Feuerzeug oder mit dem Geheimnis, daß da ein
Geheimnis ist, ganz abgesehen diese rüplige Kälte – halt
dich scharf, Messer, heute wirst du entjungfert an
einem Seil, so ist Politik: wer wen. *hebt den Arm mit dem
Messer, verharrt in der Pose*

Die Brunnenmauer wird transparent. Unten der Soldat. Unordnung, Gerippe, Kröten.

SOLDAT
Es stinkt nach Grusel. Fettig kriechen Asseln

Dir unters Hemd, ein quappiger Regen prasseln
Die Kröten schräg ins phosphorne Gebein
Verwesung blakt. Hier gehst du sprachlos ein.
Mach dich von meinem Kopf, ekelhaftes Vieh, ihr alle *wirft eine Kröte an die Wand* macht euch weg, ich warne euch, ich bin der Soldat und vergiftet, falls ihr mich anbeißen wollt. Ruhe!

Knurren. Zwei Lichter: die Augen des Hunds.

Aha. Und weder Schinken noch Wurst. Wie ruft man dich, Freund, wie dem auch sei runter von deiner Truhe aufs Tuch, und die Augen groß, daß ich sehn kann was drin ist – *setzt den Hund aufs Tuch, öffnet die Truhe* – und was ist drin, was kann es nur sein: entweder eine Mine oder Gold, und was ist es: beides, eine Goldmine, Gold, Gold, Gold und zwar gemünztes, und nun ein Loblied auf die Taschen, die dem Soldaten in die Hose genäht sind, und seine Umsicht: die Knobelbecher er wählt sie nicht eng, hier hat vieles Platz, ah. Und zurück in den Korb, dann soll die Welt sehn. *nimmt das Feuerzeug*

Die Brunnenmauer verliert ihre Transparenz. Oben die Hexe in Pose.

HEXE *zieht den Korb hoch*
  He, Brüderchen, wie bist du schwer!
SOLDAT
  Ich bin voll Gold!
HEXE   Bald bist du leer!
  Die Welt ist ungerecht doch rund
  Kommst langsam auf, fällst schnell zu Grund.
  Das Feuerzeug, hast dus oder nicht?
SOLDAT
  Zerr schneller, ich habs, der Korbgrund bricht!
HEXE *macht das Seil fest, nimmt das Messer*
  Daß ichs erkenne, zeig mirs hoch!

SOLDAT
  Zieh auf, der Boden wird zum Loch!
HEXE *schneidet das Seil an*
  Erst zeigs, obs auch das rechte ist!
SOLDAT
  Du siehst es nie, wenn du nicht ziehst!
  schwingt sich aus dem Brunnen
  Mißtrauisches Weib, dank Gott, daß wir Frühsport hatten beim Barras, sonst läg ich jetzt unten, dein Feuerzeug mit. *zieht den Korb aus dem Brunnen, der Boden fehlt*
  Wolln wir was rauchen? *will Feuer schlagen*
HEXE Hundesohn! gibs her, rührs nicht an, rück es raus!

Verfolgung.

SOLDAT Reg dich nicht auf, du kriegsts ja. Komm. *legt das Feuerzeug auf den Brunnenrand, entdeckt die angeschnittene Stelle am Seil, und daß die Hexe das Messer hat; er hat das Seil* Ah! Weib! Kenn ich dich, Aufzucht aus einer Hure und ihren Krätzmilben, welche Tierchen sind dir unter die Hirnschale gefahren daß du mich abschneiden wolltest nachdem du deins hattest, komm nah, eine Marketenderin unter ein Regiment gelegt ist ein Duftkissen gegen dich, denn du stinkst nach Mord, Gott steh mir bei wenn ich deinen Anblick nicht länger ertrage: In den Korb, *läßt die Hexe in den Brunnen* und bete für das Seil, das du präpariert hast, da ist Brot für drei Tage, so. Pfui Teufel, und jetzt eine Quelle.

Eine Quelle entspringt.

  wäscht sich Erst den Krieg gewonnen, dann die Hexe – ich fürchte, ich bin eine Art Wohltäter für die Menschheit. Jetzt aber werde ich auch was davon haben.
  Knapp fort vom Tod, geschunden und blessiert
  Komm ich nun neu zur Welt. Und kauf sie mir.
  schüttet Gold aus den Stiefeln in den Tornister; nimmt Feuerzeug und Tabakspfeife, steckt beides ein – kein Tabak; ab

Die Brunnenmauer wird transparent. Unten die Hexe.

HEXE
   Lauf, Brüderchen. Dir selbst rennst du nicht weg.
   Du nimmst den Mund voll, frißt den feuchten Dreck
   Du wärmst den kalten Dreck im lauen Bauch
   Du scheißt ihn aus. Schon balde ruhst du auch.

   Wenn ich nichts seh, heißt das: Ich seh genug
   Wenn du was siehst, dann machts dich nicht mehr klug
   Wie du dich abmühst, bringst du doch nichts fort
   Denn was du nicht begreifst: Die Welt ist Mord

   Wer aber ohne Morden leben will
   Muß besser morden, sonst macht man ihn still
   So schießen sie sich immer eiliger ab
   Die letzten Kugeln treffen schon das Grab

   Dort faulest balde, Brüderchen, auch du.
   Die Welt stinkt ab. Ich seh von unten zu.

Vor dem Vorhang

Feldwebel. Wechselt die Uniform gegen Hoteldienertracht, fängt bei den Stiefeln an.

FELDWEBEL
 Fünf Jahr an meinen Füßen und nun das
 Und immer eingefettet und durch Regen und Schnee
 Durch spitze Felsen und durch Feindgedärme
 Und immer bei mir und die Sohle fest
 Der einzige Halt, den man im Leben hat
 Zwei wahre Freunde, treuer als ein Hund
 Und jetzt das hier und das sage ich allen
 Sollte es gewissen auch nicht gefallen
 Wenn sie schon die Feldwebel nicht mehr entlohnen
 Und nicht mal Schulmeisterstelle und ohne Pensionen
 Dann ist was oberfaul, dann muß man sich
 Bloß um das bißchen Fraß als Zivilist
 Einhosen wie ein Affe, daß aus mir
 Wie'n blutiger Rohrkrepierer dieses Auge
 Vor Schande rausspräng, trüg ich in mir nicht
 Als letzte Splitterwand des Königs Wort:
 Du Bist Im Dienst. Immer Und Jeden Falles.

Wirt. Gibt ihm eine Suppenterrine, weist ihn ins Bild.

 Wer spricht von Siegen. Überstehn ist alles.

3. Bild
Wirtshaus in der Residenzstadt

Gaststube, zum Fremdenzimmer kleine Treppe. Kutscher und Bäcker würfelnd beim Frühschoppen. – Fremdenzimmer, vornehm. Obermundschenk, in ein unangenehmes Schriftstück vertieft.

BÄCKER Ich sage ja.
KUTSCHER Ich nein.
BÄCKER Es muß eins kommen.
KUTSCHER Und wenns ausbleibt? Hast du noch nicht vom Untergang ganzer Weltreiche gehört?
BÄCKER Im Ausland. Geschichte. Nicht bei uns. Jetzt ich.
OBERMUNDSCHENK Wirt!
WIRT Wohlgeboren?
OBERMUNDSCHENK Wie stehst du zu unserem König?
WIRT Euer Wohlgeboren.
OBERMUNDSCHENK Loyal, behauptest du. Womöglich untertänig. Behauptest du. Ich sage noch nicht: lügst du.
WIRT Euer Wohlgeboren, ich habe die Suppe selbst gekostet.
OBERMUNDSCHENK Und was ist das? Rechnung. Zwei Tage nach dem Sieg, zufällig, wie?
WIRT Euer Gnaden, es stehen vierzehn Wochen offen.
OBERMUNDSCHENK Indem du das auf den Mittagstisch decktest, wolltest du etwas ausdrücken.
WIRT Euer Wohlgeboren, meine Verpflichtungen.
OBERMUNDSCHENK Du wolltest ausdrücken: es fehlt dir an Vertrauen. Und zwar an Vertrauen, daß Seine Majestät unser König und Landesvater unweigerlich und kürzestfristig die Königliche Staatskasse auffüllen und darauf mein wie dir bekannt nicht geringes obermundschenkliches Gehalt mir ausfolgen wird, zusätzliche Gratifikationen nicht gerechnet. Zusammengefaßt bemißtraust du nicht irgend etwas, sondern die höchsten Prinzipien der Staatsführung selbst.

WIRT Euer Gnaden, die Tatsache –
OBERMUNDSCHENK Da ist es heraus. Die Zweifel mit Tatsachen behängen. Seit Wochen bemerke ich an dir untrügliche Zeichen einer Zweifelsucht, die sich nunmehr als subversiv herausgestellt hat. Ich muß dich nicht aufklären, was subversiv ist, ist feindlich, was feindlich ist, wird requiriert, wer aber feindlich ist –

Wirt nimmt die Rechnung zurück.

Das freut mich für dich; du erringst dein Vertrauen zurück. Die Suppe.
FELDWEBEL Die Suppe, zu Befehl! *serviert; ab*

Obermundschenk ißt.

BÄCKER Sechs sechs liegt. Wein, Wirt! Gibst du auf?
KUTSCHER Warum? Zwei eins geht drüber.
BÄCKER Du wirfst es nicht. Gib auf, ich sag dirs. Wein, Wirt!
KUTSCHER *würfelt* Zwei eins.
BÄCKER Unmöglich, denn das wär ich hätte verloren.
KUTSCHER Ja. Zahl.
BÄCKER
Ich, zahlen? Womit? Hier diesen Sack voll Brötchen
Mit dem ichs gestern abgalt, gab der Wirt
Zurück, zu alt, die Gäste kautens nicht
Auch kämen kaum mehr welche, überhaupt
Wär nichts mehr drin mit Ware anstatt Geld
Also vertrocknet mirs, bloß Semmelmehl
Bleibt da, soll ich den Erdball denn
Mit Semmelmehl zuschütten?
Dabei was klag ich, nimm den Pferdehändler:
Wird er mit halben Hufen oder Schwänzen
Zigarrn bezahlen, vielleicht dem Vieh die Leber
Pfundweise rausschlitzen, wenns nach Hafer lefzt
Den es, entlebert, dann nicht schluckt? Nein, nein

Der Zustand kann nicht dauern, nirgends Geld
Der Handel stirbt, das heißt der Mensch, ich seh
Mich unter Gebirgen von Zwieback blöd vertrocknen

Pfarrer.

Ein ungeahntes Wunder also kann
Uns nur noch retten, also muß es kommen
Aber wann?
PFARRER Es ist da. Unser Herr Jesus Christus hat sein Blut für die Welt gegeben und damit auch dich erlöst. Mein Sohn, es läßt sich nicht laut genug sagen wie wichtig in der gegenwärtigen Lage der Glaube ist; zwei Drittel Volk wie dieser und die Revolution erstickt im Keim, die Hydra. Um so mehr staune ich, dich beim Gottesdienst vermißt zu haben, bis nach der Mahlzeit mein Gebetbuch, es wird dir Stärkung daraus zufließen. *gibt dem Bäcker das Gebetbuch; zum Wirt:* Einen zweiten Teller. *ins Fremdenzimmer*
Gottes Segen auf Euch und diese Mahlzeit! der Duft, paradiesisch, wäre ein Wunder zu nennen, hätte nicht die heilige Wissenschaft erwiesen, daß Gott überall ist, daher läßt sich sagen:
Gott ist in der Sternenschnuppe
Wie im klaren Aug der Suppe.
WIRT Der Herr Obermundschenk schätzt Poesien zum Mittag, anfangs taten es Knittelverse, nun durch die häufigen Besuche des Herrn Predigers hat sich sein Geschmack sublimiert, selten daß vor dem zweiten Versuch nachgedeckt werden darf.
PFARRER Freilich klafft, theologisch, in obigem Schluß eine Lücke, denn ist das Universum Gottes, so nicht die Orte da Satan werkt. Dieser nun wählt mit Vorliebe die anfälligen Teile des Leibes zum Schlupfloch; die Kommentatoren bemerkten, daß er in den brüchigen Wänden eines leeren Magens mit besonderer Lust einwohnt, somit sind Essen und Trinken als erbauliche Werke erwiesen. Es ließe sich sagen:

Zitternd entfliehet Satan, es hängt ihm die schweflige
   Rute
Wenn in des Magens Oval heiß die Bouillon sich ergießt.
WIRT Diese Art nennt sich Distichon, Sie fragen woher weiß das ein Wirt: Mein früherer Kellner hatte den Beruf eines Professors gehabt. Er war, leider, zartsinnig: nach zweijähriger Gewissensqual hatte er sich entschlossen den Satz zwei mal zwei ist fünf zu lehren, der damals aus Gründen des Optimismus verlangt war, als ihn die neue Lage traf, dem Kämmerer waren vier Millionen abhanden gekommen, so daß das Staatswohl das Ergebnis zwei mal zwei gleich Null erforderte, die Umstellung verwand der Mann nicht, er wurde Hilfskellner und starb an Auszehrung. Heute gibt es derartige Professoren nicht mehr, so daß ich auf Feldwebel zurückgreife. *zum Feldwebel:* Schlaf nicht! die Bibel, dritte Stufe!
PFARRER *hat die Bibel aufgeschlagen, liest:* Die Straßen in Zion liegen wüst – *klappt zu* dreiundzwanzig Kirchgänger obwohl nach dem Sieg und Maisonne, eine Züchtigung wird über dieses Volk kommen, die Händler verweigern den Kredit ihrem Hirten –
OBERMUNDSCHENK Züchtigung, nicht schlecht. *winkt, hebt einen Finger*

Feldwebel deckt auf.

PFARRER *erhält eine Kelle Suppe, ißt*
   Züchtigung – Ertüchtigung.
   erhält eine weitere Kelle, usf.
   Wo bleiben, die dem Volk erklären
   Seine Pflicht, sich ständig vor dem Staat zu bewähren
   Und welchen Vorzug es genießt
   Wenn man es nicht unverzüglich erschießt
   Sondern unter Seiner Majestät milden Zuchtrute
   Erzieht zu seinem eigenen Gute! *hat ausreichend*
OBERMUNDSCHENK Der nächste Gang?

WIRT Fasan.
PFARRER Ein gottgefälliges Tier. Irre ich nicht, weiß ich einen passenden Gesang, welchen wir uns als Vorgeschmack zu Gehör führen können.
singt:

Wohl aus des Himmels Tore
Flog ein gesprenkelt Tier
Gleich einer frommen Seele
Im goldnen Kleid herfür.
O natura naturata
Güldner Vogel, schönes Aug
Flog ein gesprenkelt Tier.

Ich lag in Waldes Grase
Da flog es vor mich hin
Es sprach: Du sollst Gott loben
Er sandt mich zu dir hin.
O natura naturata
Güldner Vogel, schönes Aug
Gottes Stimm in Waldes Laub
Da flog es vor mich hin.

Soldat, staubig, in die Gaststube.

O natura naturata
Güldner Vogel, schönes Aug
Gottes Stimm in Waldes Laub
Dunkles Fleisch im zarten Kraut
Preißelbeer, gespickte Haut
Da flog es vor mich hin.

Feldwebel, mit Fasan. – Soldat folgt dem Feldwebel, nimmt einen Fasan vom Tablett, setzt sich, ißt.

SOLDAT Fasan. Sehr gut. Bestell ich auch. Noch zwei.
OBERMUNDSCHENK Wirt! Was ist das?
PFARRER   Apage Satanas.

SOLDAT
   Gesegnete Mahlzeit, die Herren. Ich hätte dann gern ein
   Glas.
PFARRER
   Es wankt und weicht nicht, also ists
   Ein Blendwerk, oder die Revolution.
SOLDAT Sehr zart! Und die Haut! Ein wahres Lied, das Sie
   sangen.
OBERMUNDSCHENK
   Wirt! dieser Vorfall setzt die Krone auf
   Alles, was hier geschah, mir schäumt das Herz
   Der Pöbel frißt Fasan und du siehst zu!
WIRT
   Ja, raus! Das hier ist Wohnraum für
   Gäste von höchstem Stand, einer wie du
   Stinkt denen, und mit Recht, mach dich auf deine
   Beine, oder man macht sie dir, und schnell!
SOLDAT
   Der Wein geht an.
PFARRER   Er weigert sich!
WIRT   Hoteldiener!
OBERMUNDSCHENK   Das Standrecht.
   zieht

Pfarrer bewaffnet sich gleichfalls.

WIRT
   Rausschmeißen. Das wäre noch schöner, wenn
   Hier jeder Hergelaufene in die Sphäre
   Der Oberen einbräch, zwar die zahlen nicht
   Doch bleibt die Hoffnung, daß sie jemals zahlen
   Als Einziges uns und als viel Besseres als
   Gewißheit, daß ein Habenichts nichts hat
   So ist das Leben, sagt der Philosoph
   Hoffnung auf Zahlung; selbst die großen Imperien
   Die Geld verleihn, zittern allnächtlich, ob
   Der Herrscher, dem sie liehn, noch Herrscher ist

Und daß ers bleibt, leihn sie ihm neues, denn
Wär ers nicht mehr, bekämen sie nichts wieder –

Während der Wirt redet, Kampf Feldwebel-Soldat; gelegentliche Assistenz von Pfarrer und Obermundschenk. Feldwebel entreißt dem Soldaten den Fasan, von dem er nur Knochen erwischt, den Weinkrug, der sich als leer erweist, ficht mit dem Tablett, wodurch der Soldat zu einem weiteren Fasan kommt usf.

FELDWEBEL
Sprung auf, Querschläger, mach dich in Lauf
Feuchter Pulversack, Ladehemmung, ich hau dich blau
Marsch auf, Krücke, Schande für die Armee
Raus oder ich reiß dirs Bein raus, dann wirst du sehn!
zieht den Soldaten am Bein, behält den Stiefel in Händen, ein Goldstück rollt aus dem Stiefel
WIRT Gold.
FELDWEBEL Gold.
PFARRER   Himmlischer Glanz.
OBERMUNDSCHENK   Zweifellos nachgemacht.
WIRT *prüft* Nein, echt.
FELDWEBEL   Sie haben was verloren, Herr.
SOLDAT Den andern auch noch, aber etwas sanfter.
FELDWEBEL Ihr Goldstück, Herr.
SOLDAT   Behalts.
FELDWEBEL   Für mich? Allein?
zieht dem Soldaten den anderen Stiefel aus
SOLDAT *wirft dem Wirt ein Goldstück zu*
Für Wein und Essen.
WIRT
Wein und Essen. Doch seit wann ist üblich
Daß einer dasitzt ohne Teller und
Den trockenen Fasan sich rabwürgt, hier in
Meinem Haus, ohne Gemüse, Kellner!
Kartoffelbällchen, Weinkraut, Preißelbeeren
Für diesen Herrn, und andern Wein! soll er denn
Sauren trinken, wie? los! Meine Herren

Sie sehn, ein reicher und sehr edler Gast
Kam an, ich muß Sie bitten, er wird hier
Logieren, auch ersuch ich Sie
gibt dem Obermundschenk die Rechnung
Dies in nicht allzuferner Frist
Mir zu begleichen. Haben Sie noch Wünsche
Bitte unten, leider, dieses Gedeck
Ist nicht mehr auf der Karte, Sie verstehn, die Zeiten.

Feldwebel hat unterdessen die Zukost serviert. Soldat ißt. Wirt nötigt dem Obermundschenk dessen Gepäck auf.

OBERMUNDSCHENK
  Aufruhr!
PFARRER Jawohl. Und Satans grimmes Toben
  Im nur halbsatten Bauch.
OBERMUNDSCHENK   Wir melden es nach oben!

Beide ab. – Soldat, satt, will rauchen. Sucht sein Rauchzeug, stapelt Goldstücke.

WIRT Marsch! Tabak, kleine Zigarren, Feuer!

Feldwebel gehorcht. Will der Soldat im weiteren rauchen, bekommt er Feuer gereicht, so daß er sein Feuerzeug zu benutzen keine Gelegenheit hat.

Darf ich vermuten, daß der Herr sich verirrt hat? zweifellos war es beim gegenwärtigen Weltzustand weise, in dieser Kleidung – eine Rasur? eine Rasur –; darf ich annehmen, daß vor mir ein hoher Abgesandter einer fremden Macht? ich begreife, incognito, Ihr Schweigen sagt alles, somit Kleidung standesgemäß doch nicht auffällig; Säbel! Rasur! mit kolonischem Wasser nachreiben, doppelt. Und Musik! *ab*

Feldwebel rasiert den Soldaten. Musik. – Drei Spitzel.

SPITZEL I
Ich heiße Hähnchen, Spitzel Seiner Majestät des Königs
Äußert wer wo was vernehm ichs, ich vernehme nicht wenig
Wüßten viele, was ich weiß, sie blieben in ihren Häusern
Oder würden zumindest weniger äußern.
Querdenker, Linke, Inkognitos, Hähnchen kriegt sie
Sagte wer was? nein? somit ein corpus delicti.
zieht eine Seifendose, halbiert die Seife, nimmt einen Abdruck von einem Goldstück, nach Zögern das Goldstück, versinkt
SPITZEL II *nimmt dem Versinkenden die Münze ab*
Ich heiße Schwiebus, Oberspitzel Seiner Majestät
Ich bespitzle die Unterspitzel, weil stets die Gefahr besteht
Daß einer lieblos spitzelt oder es nicht weiterleitet
Oder für einen anderen Geheimdienst arbeitet.
nimmt wie I einen Abdruck und dann das Goldstück, versinkt an anderer Stelle
SPITZEL III *nimmt dem Versinkenden die Münze ab*
Dr. Zet; leider, das Leben ist häßlich
Man muß alle bespitzeln, denn alle sind unzuverlässig
Nur ich als Chefspitzel bespitzle mich selber
Davon leider Koliken, das macht mich rapide gelber.
nimmt einen Abdruck und das Goldstück, versinkt an abermals anderer Stelle
SPITZEL I *aus der Versenkung*
Leider ein Irrtum, und zwar von den scharfen:
Hähnchen ist schon angesetzt, dich als Agent zu entlarven.
folgt Spitzel III in dessen Versenkung

Die Spitzel verfolgen einander, sehen aus verschiedenen Versenkungen und beginnen in Notizbücher verschiedenen Formats zu schreiben. Verschwinden. – Wirt, mit Kleidung für den Soldaten; übergibt sie dem Feldwebel; ab.

SOLDAT *kleidet sich, fertig rasiert, unter Assistenz des Feldwebels um* Hättest du gedacht, mir so zu begegnen? Zwar

sagt ein Spruch, Feldwebel sind Friseure, nur mobilisiert, aber du, und so sanft – hast du mich viermal inn Arsch getreten, davon einmal gefährlich? Aber jetzt sind andere Zeiten, es wird vergeben, hier hast du ein Goldstück, sag was.
FELDWEBEL Danke, Herr.
SOLDAT Ja. Sie ändern sich nicht. Aber kein Pessimismus, das Vieh brauchte Jahrmillionen, ists nicht zum Staunen, daß er danke sagt?

Wirt, mit einer Hose.

    Sehr schöne Hose. Stellt euch vor mich, man sieht zu.
zieht sich um
BÄCKER
    Das Wunder! Ein höchst staunenswertes Glänzen
    Zieht durch den Mittag, deckt den Bürgersteig
    Fanfaren jubeln, majestätische Schritte
    Gehn gradenwegs auf dieses Wirtshaus zu!
ins Fremdenzimmer
    Es naht!
WIRT Es?
BÄCKER Er.
WIRT Der König?
BÄCKER Ja!
WIRT Mit Herolden?
BÄCKER Zwei!
WIRT Die laut von Gnade brüllen?
BÄCKER   Gnade nein.
WIRT
    Dann ist es gut. Beim letzten Gnadenakt
    Wurde pro Tageszeit ein Hals geknackt.

Fanfare. Zwei Herolde. König, Minister. Spitzel I, II, III, überreichen schriftliche Meldungen, ab. König, Minister ins Fremdenzimmer.

KÖNIG
  Mein Freund. Sehr viele Berichte kommen
  Uns täglich zu Ohren, zwar Wir wissen wohl
  Die meisten sind verfälscht, doch kennen Wir
  Besondere Methoden, um die Wahrheit
  Herauszufiltern, nur in diesem Fall
  Sind die Berichte derart, daß es nottut
  Mit höchstem Blick zu sehn was Sache ist
  So wer da meldete zittre, denn der König
  Sagt Wahres nur, und irrt er sich, so ist
  Sein Irrtum von so hohem Rang, daß er
  Der Wahrheit gleichkommt! sagt wer was? Wer seid Ihr.
SOLDAT
  Wollt Ihr nicht sitzen?
KÖNIG   Ich fragte. Schönes Gold.
SOLDAT
  Dann nennt mich Michel.
MINISTER   Zweifelsohne falsch.
  Name, an dem man merkt, er ists nicht: Diplomat.
KÖNIG
  Incognito, laut Meldung Nummer Zwei.
  Graf Michel?
SOLDAT   Wie Ihrs mögt. Wein, Wirt.
KÖNIG
  Entscheidung: Meldung Zwei. Die anderen stäupen.

Ein Herold ab. Wirt bringt Wein, weiß nicht, wem melden.

WIRT Der Wein. Der Wein. Der Wein. Der Wein. Der
  Wein.
KÖNIG *schnuppert am Wein* Also.
MINISTER *kostet vor*   Jawohl.
KÖNIG   Somit empfehle ich
  Daß auf die Monarchie getrunken wird.

Trinken. – Obermundschenk, Pfarrer.

OBERMUNDSCHENK
Entsetzlicher Verrat! das Chaos droht
Dem Staatsgefüge, falsche Spitzel haben
Falsches berichtet, Majestät: Der Mann dort
Ist nicht der, der er ist, alles an ihm
Ganz falsch –
MINISTER
Sein Gold?
OBERMUNDSCHENK
    Er selbst! Vermutlich Gift im Wein.
MINISTER Wir tranken schon.

Herold 1; ins Fremdenzimmer, salutiert.

KÖNIG Beide gestäupt?

Herold I salutiert.

  In unterschiedlichen Kellern?

Herold I salutiert.

  Daß jeder nur des anderen Stöhnen hörte
  Nicht wissend, wer da stöhnt?

Herold I salutiert.

MINISTER   Und dies
  Auch nie erfährt, da der verschonte Dritte
  Hinken vortäuschend schlau sein Glück verbirgt?
KÖNIG
  Wodurch, da zwei nur schrien, auch die Gestraften
  Beargwöhnt bleiben, Simulant zu sein?

Herold I salutiert; auf Wink in die Gaststube.

zum Obermundschenk:
Du siehst, ein anderer Bericht ist akzeptiert

Zittre für die, die's traf, du bist Regierung
Das heißt, du bleibst im Amt und siehst es ein.
Zum Wohl.

Prinzessin.

SOLDAT Auf Eure Tochter.
PRINZESSIN Vater, du läßt mich rufen. Und hierher?
KÖNIG
  Ein Staatsbankett. Man trinkt auf dich.
PRINZESSIN   Zum Wohl.
MINISTER
  Auf die Verbindung.
KÖNIG   Ja.
SOLDAT   Verbindung zwischen wem?
OBERMUNDSCHENK
  Da habt Ihrs klar! so fragt kein Diplomat.
  Aufs schlimme Ende aller Hochstapler!
KÖNIG
  Zurück. Beim Staatsempfang nichts Negatives.
SOLDAT
  Aufs Positive.
KÖNIG   Ja.

Trinken.

          So laßt uns sitzen
  Und einige Gespräche tauschen über
  Die Dinge, wie sie sind, und stehn, und liegen
  Anliegen, Anleihn, Staatsanleihen, kurz –
MINISTER
  Die Lage, wie sie ist, und steht.
SOLDAT   Und fällt.
PRINZESSIN Erst Familienkaffee, dann öffentliches Sonntagslächeln, und jetzt das! Versucht es nicht erst mit Märchen, ich gehe Ballspielen.
SOLDAT Dann hören Sie nicht gern Märchen?

PRINZESSIN Doch, neue. Aber die auszudenken braucht man Phantasie, und Sie sind Diplomat.
SOLDAT Ich denk ein neues, gleich.
KÖNIG
Denkt schneller, ich befehls Euch, dieses Kind
Ist schwerer zu regieren als ganz Sachsen!
SOLDAT Es war einmal eine Prinzessin.
HOF Ja.
SOLDAT Die hatte einen Vater, der war König.
HOF Ja.
SOLDAT Mit dem König saß sein Hofstaat und sagte: Majestät, wir langweilen uns.
HOF Majestät, wir langweilen uns.
SOLDAT Da nahm der König einen Dukaten, legte ihn auf den Tisch *tut es* und sagte: Wer seinen Becher am schnellsten austrinkt, soll ihn haben.
HOF Ja.
SOLDAT Eins. Zwei.
PFARRER Mit Gottes Hilfe.
SOLDAT Drei.

Trinken. Pfarrer gewinnt.

Die Prinzessin war in den königlichen Park gegangen und suchte Erdbeeren. Weil es wenig Erdbeeren gab, gelangte sie in einen anderen Park, und von dort in einen Wald.
PRINZESSIN Wo hab ich diese Stimme schon gehört?
PFARRER Mein Goldstück. Und der König?
SOLDAT Warf zwei Dukaten auf den Tisch und sagte: Das Ganze noch einmal.
HOF Ja.
SOLDAT Im Wald hörte die Prinzessin erstens einen Vogel, zweitens zwei Vögel und drittens eine Trommel. Sie blickte hierhin, dorthin und nach der richtigen Seite, dort sah sie einen Soldaten. Der Soldat trommelte und sang ein Lied. Sobald er die Prinzessin erblickte –

PRINZESSIN Halt.
KÖNIG Scheußlich. Es langweilt sie.
PRINZESSIN Er trommelte und sang ein Lied. Was für ein Lied?
PFARRER Eins! Zwei!

Soldat legt zwei Goldstücke auf den Tisch.

Drei!

Hof trinkt wett. – Landstreicher.

SOLDAT Bruder! Du mußt ein Lied singen. *holt ihn nach oben*
LANDSTREICHER
 Was machst du hier?
SOLDAT Den Hof zum Narren halten.
OBERMUNDSCHENK
 Sagtet Ihr Bruder? Seid Ihr nicht von Adel?
SOLDAT Allerdings, doch mein Bruder wählte den Beruf eines Dichters.
MINISTER Das erklärt es.
SOLDAT Mein Bruder, Majestät, schämt sich der Trockenheit seiner Kehle, die ihn am Singen hindert; er ist neu in diesem Land und weiß noch nicht, daß es die Künstler fördert –
PFARRER Jawohl.
SOLDAT – und der König, falls er einen trifft, diesem im eigenen Becher Wein reicht. *hilft dabei nach* Das Lied.
LANDSTREICHER *singt:*

 Zweiundzwanzig Bäckerinnen
 Buken einen Kuchen
 Den trugen sie dem König hin
 Er sollte ihn versuchen.
 Der König aß drei vier vom Fleck
 Den ungeheuren Kuchen weg.

Wer half ihm essen?
Das habe ich vergessen.

Hof trinkt wett um drei Goldstücke.

Zweiundzwanzig Bäckerinnen
Hatten zwanzig Söhne
Die führten sie dem König hin
Ob sie auch wären schöne.
Der König zog inn Krieg vom Fleck
Da warn die zwanzig Söhne weg.
Wer half ihm essen?
Das habe ich vergessen.

Hof trinkt wett um eine Handvoll Goldstücke.

Zweiundzwanzig Bäckerinnen
Fingen einen Drachen
Den brachten sie dem König hin
Das Tier sollt ihn bewachen.
Der Drache fraß drei vier vom Fleck
Den ungeheuren König weg.
Wer half ihm essen?
Das habe ich vergessen.

KÖNIG Nun?
MINISTER Nun.
PRINZESSIN Ein hübsches Lied, Vater.
SOLDAT Dann muß es belohnt werden. *sackt dem Landstreicher Gold ein*
OBERMUNDSCHENK Das Lied ist subversiv.
PFARRER Wenn Majestät gestatten, diese Lieder sind wie sie sind, aus Erfahrung weiß ich sie können durch geringe Begradigungen brauchbar gemacht werden, so müßte zu Ende nicht der Drache den König, sondern letzterer ersteren verschlingen, was ein Beweis für die Unverwüstlichkeit der Monarchie wäre; wir könnten es

gemeinsam singen. *intoniert; zum Soldaten:*
Gestattet, Exzellenz, die Kirchgemeinde
Ist arg in Not, wenn eine kleine Spende –
bekommt
WIRT Hochwohlgeboren, ich ächze unter der Last meiner
Verpflichtungen, ein kleiner Abschlag – *bekommt*
HOF *singt unter Anleitung des Pfarrers:*

Der König aß drei vier vom Fleck
Den ungeheuren Drachen weg.
Wer half ihm essen?
Das habe ich vergessen.

LANDSTREICHER *zum Soldaten:*
He! wieviel hast du noch?
SOLDAT   Viel. Über dreißig.
LANDSTREICHER
Willst du den Rest behalten, mach dich fort.
SOLDAT
Bin ich denn dumm. Grad jetzt beginnt mein Aufstieg.
Sieh sie dir an.
LANDSTREICHER
            Die schaffst du nicht. Komm weg.
KÖNIG *zum Minister:*
Notier: Wir freun Uns herzlich der Bekanntschaft
Und laden ihn für Donnerstag ins Schloß
Zu Braten, Wein und näheren Gesprächen
Auch harrt ein hoher Orden dort auf ihn.
HOF
singt währenddessen:

Zweiundzwanzig Bäckerinnen
Fingen einen Drachen
Den brachten sie dem König hin
Das Tier sollt ihn bewachen.
Der König fraß drei vier vom Fleck
Den ungeheuren Drachen weg.

Wer half ihm essen?
Das habe ich vergessen.

SOLDAT
Hörst du? Sogar den Orden. Und ich soll weggehn.
Nein, ich nicht, Bruder. Zwar, ich weiß
Die machens mit dir, hast du nichts, ich aber
Habs, und nicht durch Diebstahl, sondern weil ich
Nie abhaute, und siehst du den Effekt?
Sie tanzen nach mir. Der Arme kommt zu Geld
Durch Tüchtigkeit, und List, und alles anders:
Der König aufs Zimmer, hohe Minister buckeln
Der Bauer frühstückt am Regierungstisch
Niedrig wird hoch und hoch wird damit niedrig
Zwar, die sind Schurken, bin ich blind? jedoch indem ich
Ihresgleichen spiel, bestimm ich, was sie tun
Und mach sie so zu Menschen, allmählich –

Landstreicher ist abgegangen. Vorhang hat sich geschlossen und den Soldaten von den übrigen getrennt. Soldat ab.

4. Bild
Wie 3.

Neues Wirtshausschild, renovierte Gaststube, Fremdenzimmer fast leer.

Abend. Soldat in Hemdsärmeln, alter Hose, alten Stiefeln. Wirt und Feldwebel beim Ausräumen.

FELDWEBEL Den Spiegel?
WIRT Treppab, Gaststube.
FELDWEBEL Leuchter?
WIRT Dito, bis auf einen; auch den Stuhl läßt du, sind wir Unmenschen? man muß diese weniger verachten als bedauern, das Geld kommt über sie vergleichsweise wie eine Krankheit, so daß sie nichts Eiligeres wissen als es von sich zu tun. Du kannst lernen, wie weise die Welt eingerichtet ist, die dem einen was gibt, den anderen nichts: Geld haben ist eine Berufung, sie würden es nicht aushalten. *zum Soldaten:* Ich hörte, du hattest nichts zu Abend, er soll dir ein paar Reste bringen.
SOLDAT Ich bin nicht hungrig.
WIRT Bitte.
FELDWEBEL Eine Krankheit. Wie Lepra.
WIRT Wie Ruhr, es ist unaufhaltsam. Eine ruhige Nacht, keiner bedauert mehr als ich daß die Zimmerpreise derart schnell anzogen, wenn ich bitten darf bis Mittag zu räumen, die Renovierung.

Feldwebel bringt die alte Jacke des Soldaten, hängt sie auf. Wirt füllt den Tascheninhalt der vornehmen in die alte, nimmt jene mit. Wirt und Feldwebel ab. Das Zimmer ist leer bis auf Bett und Stuhl.

SOLDAT
 Da sitz ich, der Soldat. Opfer von Täuschung

Und großer Dummheit, meiner. Wies scheint arm
Wie vorher, aber doppelt, denn dazwischen
Reich –
– elende Jamben, ich bin der Soldat, die Sonne geht
unter überm Schlachtfeld, verloren aus zu Ende, und
dabei hatte ich sie. Hatte, mieses Wort, zweihundert
Goldstücke mehr und es war geschafft, so welkt das
Glück am Metallmangel, ab morgen zwölf in die Welt.
Und die Prinzessin ist schön, und wohin ich geh, geh
ich fort, aber das sagt sich besser im Lied.
singt:

Geh wandern, Soldat, deine Haut ist zu rauh
Für dieses weiße Bett
Ich schlug auf der Gitarre den Himmel blau
Es ist alles anders, als in den Liedern steht.

Weißer Mond, krumme Sichel überm nackten Aug
Was such ich an diesem Ort
Eine Liebe, die bleibt, ein Floß, das nicht wegtreibt
Wohin ich auch geh, geh ich fort.

Geh wandern, Soldat, dein Rock ist zu rauh
Für diese weiße Tür
Ich schlug auf der Gitarre den Himmel blau
Es ist alles anders, als du einst sprachst zu mir.

Weißer Mond, krumme Sichel überm nackten Aug
Was such ich an diesem Ort
Eine Liebe, die bleibt, ein Floß, das nicht wegtreibt
Wohin ich auch geh, geh ich fort.

Die Kerze ist heruntergebrannt. Dunkel.

Du kriechst durch Kröten und durch asslige Feuchte
Dir bleibt zum Schluß ein Kupferstück als Leuchte.
stopft die Pfeife, zündet mit dem Feuerzeug an

Musik. Der Hund.

Rauch ich drei Pfeifen? oder welcher Schein
Fegt hier durchs Zimmer, daß mir kahler als je
Die nackte Häßlichkeit der Dielen aufstinkt
Fürs Auge ein Kopfschmerz, für die Seele ein
Sitzbrett mit Nägeln? elender Traum aus Klarsicht
Das muß mein Magen sein, der mir Gespenster
Hingaukelt, man soll nicht nüchtern rauchen
Doch warum gehts nicht weg? ich kneif mich, sehs
Noch immer, hör: Knurren – es ist ein Hund.
Nicht ein Hund, der Hund. Komm, Freund, setz dich.

Der Hund gehorcht.

Willst du bei mir bleiben? Es sagt nichts. Ich wünschte jetzt wäre die Prinzessin hier, wir machten uns weg zu dritt, auf einem Pfad, schmal, dafür mager –

Der Hund ist verschwunden.

Es ist weg. Lehn kein Abendbrot ab, den Schaden hast du.

Musik. Der Hund mit Prinzessin.

Phantom, ich – Die Prinzessin.
PRINZESSIN   Ich flog im Traum
Auf einem Hund, Häuser und Bäume wie Striche
Die Hände im Fell; ich schlag die Augen auf
Und träum noch immer, Traum im Traum, und schön!
Bist dus, Soldat? Ich seh dich.
SOLDAT Nimm Platz. Kann ich dir eine Erfrischung anbieten?
PRINZESSIN Ja. Einen Traum mit Wein hatte ich noch nie.
SOLDAT Vieh, Gläser und Wein, ich bitt dich. Milden!

Hund ab. Zurück mit dem Verlangten.

PRINZESSIN Sonst mag ich keinen. Er leuchtet wie ein Mond.

Trinken.

Bist du ein Prinz, Soldat? Oder der Teufel?
SOLDAT Du erkennst mich.
PRINZESSIN Wärst du ein Prinz, könntest du um meine Hand anhalten.
SOLDAT Und wenn nicht?
PRINZESSIN Graf ginge auch.
SOLDAT Soldat nicht?
PRINZESSIN Wahrscheinlich würde ich weinen.
SOLDAT In dem Fall könntest du mich besser heiraten.
PRINZESSIN Erzähl das Märchen weiter.
SOLDAT Der Soldat verliebte sich in die Prinzessin, und umgekehrt. Komm mit in die Welt, sagte der Soldat. Die Prinzessin aber verlangte zuerst eine Kutsche mit Goldbeschlag, dann eine Kammerzofe und dann vierzehn diamantenbesetzte Strumpfbänder. Da nahm der Soldat die Trommelstöcke, gerbte der Prinzessin die weiße Haut und jagte sie zurück ins Schloß. Es ist das Beste so, wahrscheinlich könntest du keinen Knopf annähen.
PRINZESSIN Soll ich das? Zeig mirs. Bevor der Hund mich wieder wegträgt.
SOLDAT
Hund! Nähzeug.

Hund ab. Zurück mit Nähzeug

SOLDAT   Nadel, Faden, Knoten.
PRINZESSIN   Ja.
   sticht sich in den Finger
SOLDAT
   Die Jacke. Hier.

PRINZESSIN   Ja.
sticht sich abermals in den Finger
SOLDAT   Entsetzliches Werkzeug, du blutest.
PRINZESSIN
  Es ist schon besser.
SOLDAT   Besser?
PRINZESSIN   Ja, doch ach
  Wo bin ich, daß ich zitter, du verwechselst
  Den Ort der Schmerzen, die Ellenbogenbeuge
  Ist das, nicht meine Hand, ach, großer Mond
  Der nachts scheint, ist so Liebe, daß
  Die Hand des Auges Dienste mir versieht
  Vom offnen Haar der Reif mir wegspringt, klirrend
  Wie fortgetragen von eiligen Vögeln
  Der Morgenmantel durch die Luft entfliegt
  Gefolgt von anderm, das ich nicht benenn
  Weil Mund den Mund mir schließt, oder
  Ganz andernorts den Atem mir benimmt
  Dessen ich sehr bedarf, Soldat, ich weiß
  Kein Wort mehr, hat denn dieses Bett
  Keinen Vorhang –

Der Hund hat die einzige Beleuchtung der Szene, seine Augen, geschlossen. – Darsteller des Hunds tritt aus dem Kostüm und schließt die Vorhänge des Betts.

SCHAUSPIELER
  Ein Vorhang, ja. Dreifach. Von Dunkelheit, von Seide
  Und von Geräusch, der Liebe freundlichem, Musik
  Die Raum und Zeit in Eins schlägt, daß wir leicht
  Schweben, wenn das flügelschlagend Unendliche
  Auf einen Augenblick vorbeikommt. So seis, damit
  Nicht falsche Rücksicht hier die Liebe stört
  Aufs Ohr des geifernden Nachbarn, das an der Wand
  Plattgedrückte, randvoll von gelbem Neid
  Den ihm weils anderswo hängt die Zunge verspritzt:
  Dies sei uns fern wie Nord- dem südlichen Pol

Wie Stümperei der Kunst. Doch steht uns Sorge an:
Äußerste Fragen sinds, auf die die, nah aneinander
Die Antwort suchen. So, daß er ihr
Geschicklichkeit und Glut kunstvoll verbindend
Das Feuer weck, das tief verborgene, hofft
Mit mir. Daß keine blöde Spröde
Die Glieder fessel, sondern sommerlichen
Gewässern gleich das Mädchen sich erweis:
Warm, weich, beweglich. Ihre Hand von zarter
Kühnheit, bald hier, bald dort. Die Füßchen emsig.
Von schlauer nimmermüder Phantasie
Des Hintern Oval. Von anderm schweig ich, und beende
Dies Bild. Ich spiel den Hund, der ist
Nicht gut noch böse, wie ihr wißt
Er tut Befohlenes, ein beschränktes
Mächtiges Vieh, den Narren jedoch drängt es
Daß er dies spricht und, hoff ich, mit euch hofft
Daß sie sich lange lieben gut und oft
Daß nie die Scham die Töterin der Lust
Die Lampe löscht, so daß das Aug die Brust
Des andern nicht erkennt und bald halbiert
Die Lust zu kläglicher Gewohnheit friert:
Das alles ist schwer, ich weiß. Und Schwereres
Erwartet noch dies Paar. Doch unterdes
Ist Pause. Ihr steht von den Sesseln auf
Die Liebe nehm als Liebe ihren Lauf.
geht zurück ins Kostüm, schließt den Vorhang

5. Bild
Kleiner Saal im Schloß

Herolde I und II von verschiedenen Seiten. Verständigung durch Hellebardengriffe. Präsentieren, ab. Bringen von verschiedenen Seiten die Hälften des Beratungstischs, setzen ihn zusammen. Knobeln, ab. Der Verlierer bringt einen Thron, der andere eine Fußbank. Lassen ein lebensgroßes Porträt des Königs herab. Präsentieren. – Minister, Obermundschenk; nehmen Aufstellung. – König.

MINISTER Hoch.
OBERMUNDSCHENK Hoch!
MINISTER, OBERMUNDSCHENK Das Wohlbefinden Euer Majestät?
KÖNIG
  Scheußlich; kein Getue, das Staatswohl ruft. Die Lage.
MINISTER
  Auf welchem Gebiet?
KÖNIG   Auf allen.
MINISTER   Erstens?
KÖNIG   Irgendeins!
MINISTER
  Ah, irgendeins.
MINISTER, OBERMUNDSCHENK
              Die Kunst.
MINISTER   Die Kunst. Im allgemeinen –
KÖNIG Das ist bekannt. Speziell.
MINISTER Speziell gingen dreiundzwanzig Lobgedichte auf Eure Majestät ein; das sind vier weniger als im Vorquartal, indessen haben fünf doppelte Länge, so daß von einer Höherentwicklung gesprochen werden kann.
KÖNIG Höherentwicklung ist bekannt. Verdächtiges?
MINISTER Es gingen weitere vier Gedichte ein.
KÖNIG Ah.
MINISTER Es handelt sich um Lobgedichte auf Eure Majestät.

OBERMUNDSCHENK Ah.
MINISTER Die Gedichte sind nicht gereimt.
KÖNIG
   Das soll bedeuten
   In unserm Lande gäb es Ungereimtes!
MINISTER Gleichlautend äußern sich berufene Experten.
KÖNIG
   Das tun sie stets. Reimpflicht
   Ist Bürgerpflicht; entsprechendes Gesetz!
   Dazu Erläuterung: Die wahre Freiheit
   Ist wie man reimt, nicht ob man; die Autoren –
MINISTER
   Bereits im Bergwerk.
OBERMUNDSCHENK   Und kein Honorar.
MINISTER Leider teilen sie letzteres Geschick mit verdienstvolleren Untertanen Eurer Majestät.
KÖNIG Die Finanzen.
OBERMUNDSCHENK Die Lage ist unverändert –
KÖNIG Wie?
OBERMUNDSCHENK – verzweifelt.
   Fabriken schließen, allgemeiner Aufruhr
   Droht, wo ein Dickbauch öffentlich sich zeigt
   Der Handel stockt, an Importe nicht zu denken
   Ein Golddukat, gemalt, wirkt schlimmer als
   Zehn Anarchisten –
KÖNIG
   So. Faulenzer. Ich nehm euch
   Die Orden vom Hals, oder die Luft raus; wozu
   Hab ich euch angestellt, wenn ihr an Stelle
   Zu melden wie wir unsere Erfolge
   Und solche sinds, sagt wer was anderes?
   Im eiligen Vorwärtsschreiten überwinden
   Heulend wie Hofhunde die Lage schildert?
   Maßnahmen brauchts statt Räsoniererei
   Eil ich, der König, ohne Frühstück und Mittag
   Zum Wohl des Volks hierher, um mir das
   Anzuhörn –

Prinzessin.

PRINZESSIN Guten Tag, Vater. Du schriest so, daß ich aufgewacht bin.
KÖNIG Wo warst du zum Frühstück?
PRINZESSIN Ich schlief.
KÖNIG Mittags?
PRINZESSIN Ich schlief.
KÖNIG Bis nachmittags fünf?
PRINZESSIN Es kann sein, Vater, daß ein Traum einem Mädchen die Seele so froh macht, daß sie sich im Paradies glaubt und schläft.
OBERMUNDSCHENK Majestät, vielleicht ein Traum von Vorbedeutung.
KÖNIG Erzähle.
PRINZESSIN Ich ritt auf einem Hund, der trug mich in ein Zimmer, dort war der Soldat.
OBERMUNDSCHENK Welcher Soldat?
PRINZESSIN Er sagte mir ein Märchen und lehrte mich Nähen. Dann trug mich der Hund zurück; er hatte zottiges schwarzes Fell und glühende Augen, groß wie Teetassen. Außerdem stach ich mich beim Nähen in den Finger. *betrachtet ihre Hand, verbirgt sie*
KÖNIG
Was ist?
PRINZESSIN
    Nichts.
KÖNIG   Nichts. Minister! Obermundschenk!
OBERMUNDSCHENK
Drei Nadelstiche.
MINISTER   Sehr deutlicher Traum.
KÖNIG
Es ist der Teufel, oder Spionage.
PRINZESSIN Es soll aber Träume geben, die bei den Träumenden weit wunderbarere Zeichen hinterließen.
KÖNIG
Geheime Staatsberatung. Und den Pfarrer.

Herold I ab.

PRINZESSIN Dann esse ich jetzt Leber mit gebratenen Zwiebeln und Paprika! *ab*

Herold II läßt rechtwinklig zum Porträt des Königs zwei weitere Porträts herab; Hof tritt ins entstandene Karree. – Herold I zurück mit Pfarrer, der außerhalb wartet. I und II lassen ein viertes Porträt herab und schließen damit das Karree. Stecken Finger in die Ohren, stampfen mit den Hellebarden; dazu Sprechchor.

HEROLDE
Geheim, geheim, geheim
Geheimer kanns nicht sein
Lauscher, Spion und Neugierhals
Hör weg, sonst trifft dich allenfalls
Die königliche Gnade
Das wär dein Schade.
Geheim, geheim, geheim!
ziehen auf ein Zeichen das 4. Porträt hoch

Hof tritt aus dem Karree.

KÖNIG *zum Pfarrer:*
Gott mit dir.
PFARRER Und mit Euch.
KÖNIG Schon gut. Minister.
MINISTER
Das äußerst einzige Kapital des Landes –
PFARRER
Der Glaube.
MINISTER Die Prinzessin! deren Heirat
Als letzte Transaktion uns retten kann –
PFARRER
Der reiche Fremde.
OBERMUNDSCHENK Ist nicht mehr reich.

PFARRER
 Ich sah ihn eben ausfahrn. Vierspännig.
OBERMUNDSCHENK
 Ist ein entlassener Soldat!
MINISTER   Vermutet man.
PFARRER
 Nun, falls er reich ist –
MINISTER   Wöge, meinen wir
 Der schlimme ordnungsmindernde Effekt
 Den wirtschaftlichen nicht nur auf, sondern
 Verzehrte ihn zu seinem Gegenteil:
 Ein Stück vom Pöbel ist des Pöbels Herrschaft!;
 Doch all dies greift voraus, was feststeht, ist
 Dem Innersten des Reichs, also uns allen
 Droht, seis politische, seis andere
 Höchste Gefahr, man spricht von feurigen Hunden
 Der Rest ist geheim.
PFARRER
 Geleerte Kasse und ein feuriger Hund
 Richten gelegentlich das Reich zugrund.

Minister und Pfarrer ins Karree. Herolde lassen das vierte Porträt herunter, stampfen den Geheimchor.

KÖNIG Nun die Prinzessin.

Herold I ab. Zurück mit Prinzessin. Stampft weiter. König nimmt die Prinzessin beiseite, seine Worte sind nicht zu verstehen. Zeichen aus dem Karree, Herolde ziehen das vierte Porträt hoch. Minister, Pfarrer aus dem Karree.

PFARRER
 Geleerte Kasse und ein feuriger Hund
 Richten, gibst du nicht acht, das Reich zugrund.
 ab
KÖNIG *zur Prinzessin:*
 Also wünschen Wir

In dieser an Spaß leider sehr dürren Zeit
Uns auch ein Späßchen; war die Leber gut?
Und nun sei weiter froh, und träume.
Den Königlichen Geheimdienst, einzeln, ins Kabinett!
ab

Spitzel I, II, III aus seltsamen Verstecken, z. B. von oben. Nacheinander ab. – Herolde ziehen die Porträts hoch. Knobeln: unentschieden, lassen die Möbel stehen; ab.

PRINZESSIN
Wach ich, träum ich? Ich wache. Seltsam, mit fremden
    Augen
Seh ich heut diesen königlichen Saal
Der Samt scheint stumpf, die täglich belaufnen Dielen
Atmen Moder, selbst der gelben Kerzen
Freundliche Flamme glänzt heut falsch und wird
Von jener armen Lampe überstrahlt
Die doch nur Traum war. Ich fürchte, es ist Liebe
Die mich dies sehn ließ, daß ich mir
Kaum das Geträumte zugeb, und nie ihm
Stünd er jetzt vor mir. Seltsam törichtes Herz:
Der Tag ist wirklich, und das kahle Grün
Der Tapete, Zugwind, bröckelnder Stein; was macht
Mich dann so leicht, als wärn die Dinge Träume?
Ach armer sündiger Leib. Der Lieb Torheit
Gaukelt uns Hoffnung in die Wirklichkeit.

Musik. Der Hund. Prinzessin, in der Annahme, sie träumt, besteigt ihn.

6. Bild
Nächtliche Stadt

Im Hintergrund der Hund mit Prinzessin, durch die Stadt eilend. Häuser, Bäume usw. fliegen vorbei. Prinzessin und Hund verschwinden in der Tür zum Wirtshaus.

PFARRER *patrouillierend* Gottlose Kälte.
ECHO Kälte.
PFARRER Wer da?
ECHO Ja.
PFARRER
Ein schwarzer Hund geht hier der Teufel um –
ECHO Dumm!
PFARRER
Der Priester friert in Königs Diensten krumm.

Echo schweigt.

Krumm!

Echo schweigt.

Es ist weg; ich muß nach. *ab*
LANDSTREICHER *erweist sich als Erzeuger des Echos* Die falsche Richtung; immerhin könnte sie die richtige sein, für mich: friert so was freiwillig am Körper, muß bei meinen acht Semestern Theologie was Mieses im Gang sein. Wer kann gegen die Miesigkeit der Welt? keiner, und doch, man versuchts immer wieder. *folgt dem Pfarrer, ab*

Spitzel I mit Netzen.

SPITZEL I
Hähnchen, Sonderspitzel mit Spezialinstruktion
Lage gespannt: es droht die Revolution

Äußeres Zeichen ein rotglühender Hund
Doch der Geheimdienst unterwandert ist der wirkliche Grund.
Wer hat geflüstert?! *legt sich auf Lauer*

Spitzel II mit Netzen.

SPITZEL II
Schwiebus, von Staatsspitze doppelbeauftragt:
  gefährdete Prinzessin bewachen
Zweitens Verräter in eigenen Reihen unschädlich machen.
legt sich auf Lauer

Spitzel III mit Netzen.

SPITZEL III
Dr. Zet; Koliken verschlimmert: statt intellektuell
  Aufsicht zu führen
Gleichzeitig Spion ausmachen und innere Zersetzung kurieren!
legt sich auf Lauer

Es schlägt Mitternacht. Eine Fledermaus flattert, eine Unke springt. Spitzel reagieren, so daß jeweils einer einen bemerkt. Beschleichen einander. Fangen einander mit den Netzen, verwickeln sich zu einem Knäuel. Rollen einen Abhang hinunter, fallen ins Wasser und sind verschwunden. – Fledermaus.

FLEDERMAUS
  s ist Mitternacht!

Unke.

UNKE
  s ist Mitternacht!
FLEDERMAUS
  Der Wachhund schläft.

UNKE
 Die Schlafmaus wacht.
FLEDERMAUS
 Was siehst du?
UNKE   Finstres
 Siehst dus nicht?
FLEDERMAUS
 Ich hör, was ists?
UNKE
 Das Weltgericht.
 Die Hex liegt fest
 Die Spitzel schrein
 Was ist hinterm Fenster?
FLEDERMAUS
 Ein Fleisch, vier Bein.
UNKE
 Zwei braun, zwei weiß?
FLEDERMAUS
 Ein Mädchen dran.
UNKE
 Er über ihr?
FLEDERMAUS
 Sie überm Mann.
UNKE
 Säuische Welt, das ist das End!
FLEDERMAUS
 Ihrs oder seins?
UNKE
 Die Zeit verbrennt!
FLEDERMAUS
 Was kommt danach?
UNKE
 Danach ist nichts.
FLEDERMAUS
 Ich pfeif es aus.
UNKE
 Die Unke sprichts.

Verschwinden. – Bäcker, Kutscher, von verschiedenen Seiten.

KUTSCHER Unruhige Nacht.
BÄCKER Ja. Nachtluft. Gegen Schlaflosigkeit.
KUTSCHER Da schrie was.
BÄCKER Wie?
KUTSCHER Am Wasser.
BÄCKER Seit man seinen Schoppen nicht mehr hat, eben Spaziergänge. Ist auch gesund. *lauter:* Ist sehr gesund!
KUTSCHER Ich gehe nachsehn. *ab*
BÄCKER Es schreit, und der geht nachsehn. Wahrscheinlich einer von denen. Weltverbesserern. Nachtluft. *ab*

Pfarrer. Landstreicher folgt, zeigt sich nicht.

PFARRER
  Das Kreuz. Das Kreuz. Der König sprach –
ECHO Ach.
PFARRER Da ist es wieder. Es scheint harmlos, man sollte es für sich arbeiten lassen.
  Der König sprach: du malst ein kreidenes Kreuz –

Echo schweigt.

  Kreuz!
ECHO Bereuts.
PFARRER
  An dessen Tür wirs finden, der bereuts.
LANDSTREICHER *ohne sich zu zeigen* Eine warme Nacht, Herr Pfarrer.
PFARRER Zweifellos. Wer seid Ihr?
LANDSTREICHER Ein Volkskünstler.
PFARRER Wie?
LANDSTREICHER Man nennt mich Echo.
PFARRER Echo?
LANDSTREICHER Ein unentbehrlicher Helfer für Dilettanten und Diktatoren, jenen liefere ich die Reime, diesen

den Chor der sie unablässig wiederholenden Stimmen.
Hast du aus deinen Kreisen ein paar Stellvertreter übrig?
PFARRER Du bist ein Mensch!
ECHO Ein Mensch. *ab*
PFARRER Ihm nach! *ab*

Hund mit Prinzessin aus der Wirtshaustür. Hund setzt sich in Trab. Bäume, Häuser usw. fliegen vorbei.

PRINZESSIN Auf meiner Haut brennen tausend Küsse, oder keiner. In meinen Ohren klingen Worte, die zu wiederholen mich Rücksichten hindern, oder sie sind nächtliche Phantasie. Das erträgt kein Mädchen. So habe ich, wie mein Vater riet, den linken Pantoffel unter dem Kopfkissen meines Liebsten versteckt. Denn er schwieg auf meine Fragen, und ich muß wissen, woran ich bin. Erwache ich und fehlt mir ein Schuh, heißt das, es war kein Traum, sondern wirkliche Liebe.
Ein Schuh ist Glück, zwei Unglück. Wies sein mag:
Süß oder bitteres Wissen bringt der Tag.

Hund mit Prinzessin ab. – Pfarrer, eilig.

PFARRER Es kann ein Manöver gewesen sein, mich von meinem Posten zu locken, mißlungen: ich spähte durch die Bäume, doch aus welcher Tür schlichs? Spuren, teufelsschwarzes Haar: hier.
Somit in Königs Namen ein weißes Kreuz
Ist es ein höllisch Untier, bannender,
Ists glaubenslos, bezeichnender Natur
Mit unabwaschbarer weil öliger Kreide.
kreuzt die Wirtshaustür an

Landstreicher. Tritt hinter den Pfarrer, nimmt ihm die Kreide.

LANDSTREICHER Gestattet Ihr, daß ich behilflich bin.
bekreuzt weitere Türen

PFARRER Halt! Elendes Licht, was war die rechte Tür?
LANDSTREICHER
   Die? Oder die? Stoßt Euch nicht, es ist finster.
   zurück ins Versteck

Kutscher, Bäcker von verschiedenen Seiten.

KUTSCHER Jemand hier?
PFARRER
   Ja. Sabotage!
BÄCKER   Wie. Der Saboteur?
PFARRER
   Verschwunden.
BÄCKER   Ha. *sucht*
KUTSCHER   Und Ihr, zu nächtlicher Stunde
   Bekreuzigt Häuser?
PFARRER   Eins! Das Restliche
   Fügte ein Unbefugter frech hinzu!
KUTSCHER Kann sein, er malte gern.
   hält den Bäcker zurück
   Würdest du an deiner Tür ein Kreuz finden wollen?
BÄCKER
   Wieso sprichst du von mir? ich bin loyal
   Das ist bekannt! wenn die Regierung durchgreift
   Hats seine Gründe, und es ist gesetzlich.
   sucht weiter, ab
KUTSCHER
   Ja, such, und find. Bevor man dem die Ohren
   Nicht beide abschnitt, fängt er nicht an zu hörn.
   Was mich betrifft, hätte ich noch einen Pflaumen-
   schnaps, slowakisch, falls der hilfreiche Kreuzchenmaler
   sich beteiligen wollte – Gute Nacht. *ab*

Landstreicher folgt, ab.

PFARRER
   Nacht wie mißratenes Gelee. Frierend getane Pflicht

Durch böser Kräfte Einwirkung zunicht.
ab

Es schlägt Eins. Fledermaus, Unke.

FLEDERMAUS
  Die Uhr rennt um
UNKE
  Der Galgen knarrt
FLEDERMAUS
  Schlag Eins, die Zeit
UNKE
  Wird eingescharrt.

Verschwinden. – Landstreicher, Kutscher, mit einer Flasche. Kreuzen die restlichen Türen an, ab.

7. Bild
Wirtshaus in der Residenzstadt

Fremdenzimmer wieder voll möbliert, einiges neu. Morgen. Der Soldat schlafend. Entfernt Trommeln, das sich im folgenden nähert. – Soldat erwacht, läutet. – Feldwebel.

FELDWEBEL Die Leitung des Hotels wünscht eine ruhige Nacht –
SOLDAT Frühstück.
FELDWEBEL – gehabt zu haben. Schinken, zwei Eier?
SOLDAT Drei.
FELDWEBEL Drei, zu Befehl. *ab; bringt Stulpenstiefel* Die neuen hellgelben Stiefel. Frühstück. Drei. *ab*
SOLDAT *aus dem Bett* Heute ist ein schöner Tag, *versucht Morgensport* gestern war ein schöner Tag, *begießt sich mit Wasser* morgen wird ein schöner Tag sein; diese grammatische Übung klingt wie für die Presse, dennoch ist sie wahr: Die sechs Pferde, mit denen ich bei Schloß vorfahre, sind bestellt, unter meinem Kopfkissen liegen die Verlobungsringe, weiteres wird sich finden. Man könnte fragen, weshalb entführe ich die Prinzessin nicht, da ich den Hund habe; *kleidet sich an* das aber wäre Zurückweichen, wies der Landstreicher pflegt: Die Geschichte geht in Zickzackbewegungen, bei Zack mußt du den Kopf wegnehmen, sagt er; ich sage: Gerüstet gradaus. Und was wollen sie machen? Bei mir ist das Geld, und der Hund, letzterer nur für Notfälle: die Prinzessin liebt mich. Zwar, sie vermutet noch immer Träume, wo gibts feueräugige Hunde im Leben? klärte ich sie auf diesem Gebiet nicht auf, so nur, um ihr Gewissensbisse zu sparen. Heute aber – *sucht unter dem Kopfkissen die Ringe, findet den Pantoffel der Prinzessin, steckt ihn in die Tasche seines Morgenmantels*

Feldwebel.

FELDWEBEL Das Frühstück.
SOLDAT *frühstückt*
  Säbel! was macht der Deutsche, wenn ihm froh ist?
FELDWEBEL
  Der Deutsche weiß ich nicht, wir sind hier Sachsen.
  besinnt sich
  Er singt ein frohes Lied!

Wirt, inspizierend.

WIRT Ein trauriges! Ihm fehlt die höhere Bildung.
  ab in die Gaststube –
SOLDAT Mach zweite Stimme.

Feldwebel rasiert den Soldaten.

FELDWEBEL, SOLDAT *singen:*

  Der Teufel schlich durch Sachsenland
  Meine Schöne sah er gehn
  Ihr Haar war braun, weich ihre Hand
  Der Kuß, wie ichs bei keiner fand
  Da schleppt sie der Teufel zur Hölle schnell.

  Doch der Soldat mit fünf Kugeln im Bein
  Schlägt auf den Tisch und zahlt den Wein
  Sie liebt mich so sehr, ich fahr hinterher
  Und wenns zur Hölle wär.

  Zur Höll schlich der Soldat sich ein
  Das war ein heißer Weg
  Mein Lieb, ich komm dich zu befrein
  Bedeck deine Brust und Schulter fein
  Wir fliehen zu zweit aus der Hölle schnell.

  Und der Soldat mit fünf Kugeln im Bein
  Schlägt auf den Tisch und zahlt den Wein

Sie liebt mich so sehr, ich fahr hinterher
Und wenns zur Hölle wär.

Meine Brust und Schultern deck ich nicht
Die Schöne hat gelacht
Zwei Tag, zwei Nächte weint ich um dich
Am dritten ritt der Teufel mich
So gefällts mir bei ihm in der heißen Höll.

Ach, der Soldat mit fünf Kugeln im Bein
Schlägt auf den Tisch und zahlt den Wein
Sie liebt mich so sehr, ich fahr hinterher
Und wenns zur Hölle wär.

SOLDAT Und jetzt die Kutsche ins Schloß.

Trommeln. – Minister, Obermundschenk, Spitzel I und III als Herolde, des Nachtbades wegen erkältet, in die Gaststube.

OBERMUNDSCHENK *liest:*
  Gemäß Notstandsfall fünfzehn Spezialgesetz
  Entsendet Seine Majestät eine Kommission, die jetzt
  Im eigenen Interesse aller Untertanen
  Über die die Behörden Bestimmtes ahnen
  Unter respektive in deren Betten fahndet
  Und damit mögliche Insubordinationen ahndet
  Alles weitere ist durch Verordnung geklärt
  Bei Widersetzlichkeit wird keine Rücksicht gewährt.
  Die Betten.
WIRT Guten Morgen die Exzellenzen. Dort.
ab aus der Gaststube

Spitzel folgen, ab. Zurück. Wirt folgt.

SPITZEL I *heiser:* Negativ.
SPITZEL III *heiser:* Negativ.
OBERMUNDSCHENK Nach oben.

WIRT
Ich bitte, Exzellenz, man wird doch nicht
Die Schlafstatt dieses hochvornehmen Herrn
Durchwühln, das wäre –

Spitzel zeigen ihm Dolche.

Ich führe die Herren selbst.

Wirt, Obermundschenk, Minister, Spitzel ins Fremdenzimmer.

SOLDAT So viele und so früh. Ein Stuhl. Wo drückts?
MINISTER Ich stehe, denn ich bin in Amtsausübung.
 gibt dem Soldaten den Erlaß zu lesen

Spitzel durchsuchen das Bett. Hechtsprünge unters Bett, Demontage des Betthimmels usf. Wegen der gegenseitigen Kontrolle alle Handgriffe doppelt.

SPITZEL Negativ. *setzen das Bett wieder zusammen*
OBERMUNDSCHENK Wie. Anhaltspunkte?
SPITZEL Keine. *dem Obermundschenk in je ein Ohr:* Tornister mit Gold unterm Bett.
OBERMUNDSCHENK Durchsucht?
SOLDAT *zieht den Spitzeln Goldstücke aus den Taschen*. Sie sollten Ihre Leute besser entlohnen, damit sie mit weniger klebrigen Händen arbeiten können.
MINISTER
Bedauerlich. Gesunder Übereifer
Unterer Mitarbeiter. Selbstverständlich Strafe.
Fünf mit der flachen Klinge! Eins auf Zwei!

Spitzel III züchtigt Spitzel I.

Zwei! Fünf auf Eins!

Spitzel I züchtigt Spitzel III.

　　　　　　　　　　Sie sehn, wir sind ein Rechtsstaat
Und tun nur unsre Pflicht. Ins nächste Haus.
in die Gaststube

Spitzel und Obermundschenk folgen.

OBERMUNDSCHENK *kehrt an der Tür um*
　　Nein. Ohne Ergebnis? Degenerierte Zweifler
　　Ihr findet nichts, weil ihr nichts finden wollt!
　　untersucht nochmals das Bett
SOLDAT
　　Schluß mit dem Spaß, Freund. Denn Spaß wars für mich
　　Euch zuzusehn und eurer lächerlichen
　　Staatlichen Schnüffelei, des Bürgers Betten
　　Sind euer Morgensport, das seh ich mir mal an
　　Mal, sag ich, einmal, einmal ist vorbei
　　Und andres wird vorbeisein, wenn ich bei
　　Der Majestät vorbeikomm, die dir das
　　Deutlicher deuten wird. Begib dich raus.
　　tritt zu
OBERMUNDSCHENK *steht auf, sieht im Hinausgehen den Morgenmantel, zieht den Pantoffel heraus*
　　Und was ist das?
SPITZEL　　　　　Der Schuh!
MINISTER　　　　　　　　Im Namen des Gesetzes
　　Sie sind verhaftet.
SOLDAT *zieht; entreißt einem Spitzel die Hellebarde, gibt sie dem Feldwebel*
　　Was kriegst du von denen? nichts. Was von mir? genug
　　für ein Haus im Ausland, mit Teich und Karpfenzucht!
FELDWEBEL Haus, Teich und Karpfenzucht. Mit Macht
　　auf die!

Fechten zwei gegen vier. Sind überlegen.

MINISTER
　　Feldwebel Säbel!

FELDWEBEL Hier.
MINISTER Die Majestät
Befördert dich hiermit zum Oberfeld-
webel; du bist im Dienst, Befehl: Auf den!
verleiht ihm einen Orden
SOLDAT Du bist verrückt.
FELDWEBEL
Am Goldband. Und befördert. Denn, die Treue
Ist doch kein leerer Wahn. Auf Sachsens Feinde!
ficht gegen den Soldaten
SOLDAT *zu den Spitzeln:* Was habt ihr? Keine Minute froh, von den Leuten bespuckt, vom König gestäupt; ich mach euch steinreich –
SPITZEL *halten einander Dolche in den Rücken*
Verrat niemals! Deutsch sein heißt treu sein! Nieder!

Kampf.

SOLDAT *wird entwaffnet; findet sein Feuerzeug nicht; zum Minister:*
Wieviel verlangt Ihr bar, wenn Ihr mich losläßt?
MINISTER
Bestechlichkeit, mein Freund, ist eine Klassenfrage;
Eh wir von dir was nehmen, nehmen wirs
Dir weg, so haben wirs und sind
Im Rahmen der Gesetze. Führt ihn ab.

Spitzel, Feldwebel mit dem Soldaten ab.

OBERMUNDSCHENK *nimmt den Goldtornister*
Sieg. Und beschlagnahmt.
MINISTER
Beschlagnahmen ist Sache des Ministers.
WIRT
Hin. Das verträgt kein Gold. Was soll ich tun?
Man muß die Gäste feiern, wie sie fallen.
Ein Teil des Gelds des Volksfeinds steht

Meinem Hotel zu, ich erbringe Rechnung!

Pfarrer, eilig.

PFARRER
Sieg, Sieg! Meine Herren, die Kirche hat
Für ihren Dienst sehr hoch gegründeten Anspruch!

Feldwebel.

FELDWEBEL
Oberfeldwebel Säbel! Der Delinquent
Bittet um seine Jacke; Grund: es zieht!
PFARRER
Du störst, mein Sohn. Er muß nicht lange frösteln
Weil er am Galgen nichts vom Luftzug spürt.

Feldwebel ab. Im Fremdenzimmer Verteilung der Beute.

8. Bild
Marktplatz mit Gefängnis und Galgen

Soldat eingesperrt. Neben ihm die Henkersmahlzeit. Feldwebel beim Galgen.

FELDWEBEL *prüft die Galgenschlinge, seift sie ein usf.*
 Wie, ob dich hochziehn mir Spaß macht? das ist
 Das letzte, was ihr könnt, rummeckern, aber ich
 Bleib sachlich wies die Pflicht verlangt, so erstens
 Wird niemand hochgezogen, sondern ein
 Kurzes Drücken auf diesen Hebel klappt
 Das Brett weg, worauf der Körper ruckartig
 Nach unten sackt, kapiert? dadurch die Schlinge
 Zieht sich zusammen, wovon die Belastung
 Der Nackenwirbel durch Leibgewicht plus Fall
 Schlagartig ansteigt, und der Mensch ist so
 Veranlagt, daß wenn der Wirbel knackt
 Setzt sein Bewußtsein aus, also du spürst nichts
 Während bei Aufziehn langsames Erwürgen
 Einsetzte, was als Grausamkeit gesetzlich
 Verboten ist, das heißt was du redest ist Hetze.
 Dann zweitens Spaß: das ist euer Trick, daß ihr
 Es hinstellt als betriebe man das Hängen
 Aus Lust am Mord, wir haben auch Moral!
 Einer wie du weiß nicht ein Stück von unsern
 Problemen: kann sein, ich lieg heute schlaflos
 Oder mir geht beim Festfraß der Kapaun
 Nicht runter, wenn ich an den Wirbeln kau
 Also ich wüßte mir Besseres, als dich heute
 Zur Leiche zu machen, du hast mir nichts getan
 Jedoch so ist das Leben, wer hoch steigt
 Kommt höher als ihm lieb ist, und Pflicht ist Pflicht, wofür
 Auch dir Verständnis guttät; so, das hält.
 Und gaff nicht vorwurfsvoll, weil das vermiest
 Dir bloß den letzten Atem, warum nimmst du

Nichts zu dir, es ist mit alter Sorgfalt
Wie dir der Wirt bestellen läßt gekocht.
Schmal zwischen Strick und Mahlzeit liegt die Norm.
Die Zeit ist hart. Ich hol die Uniform.
ab

Landstreicher, Kutscher, mit einer geleerten Flasche.

LANDSTREICHER, KUTSCHER *singen:*

Die Erd ist rund
Der Schnaps ist gut
Wenn man ein Schmalz
Ins Süppchen tut
Dadadirum, ich sah des Kaisers Gebein
In einem hölzern Schrein.

Der Bauch ist froh
Die Seele schnalzt
Wenn man dem Pfaff
Den Brei versalzt
Dadadirum, ich sah des Kaisers Gebein
In einem hölzern Schrein.

Die Nacht ist lang
Der Uhu klagt
Weil er im Wald
Die Wahrheit sagt
Dadadirum, ich sah des Kaisers Gebein
In einem hölzern Schrein.

Der Tag ist kurz
Die Sonn versinkt
Man lebt lang, wenn
Man morgens trinkt
Dadadirum, ich sah des Kaisers Gebein
In einem hölzern Schrein.

bemerken den Soldaten
LANDSTREICHER Wie, du?
SOLDAT Ja, ich.
LANDSTREICHER Ich merke, ich bin vollständig besoffen.
SOLDAT Der hier besoffen war, bin leider ich.
LANDSTREICHER Komm raus, trink einen Schluck!
SOLDAT Hier gibts kein raus.
LANDSTREICHER Ein Galgen? Jetzt bin ich nüchtern.
SOLDAT
Dann sind wirs beide. Bloß, meine Besoffenheit
War stärker. Ein Rübezahl an Dummheit
Bin ich durch die Welt gerannt. Und hatte nichts
Als was an mir ist, das hab ich denen verkauft
Für nichts, und satt zu fressen, und Beschimpfung:
Und nichts gelernt. Und dachte, Geld machts
Daß ich nicht aufkomme. Aber die sitzen so
Daß, hast du Geld, dirs wegsteigt und zu
Denen. So, ihresgleichen spieln
Geht nicht, man muß es werden, und wer das nicht will
Muß weggehn oder die wegmachen, sonst wird er
Von denen weggemacht, wie ich, und zu Recht. Denn ich
Hätt es gekonnt, ich hatte den Hund. Aber ich wollte es
Halb. Nicht sein wie die, die auch nicht abtun, sondern
Kitzeln. Die Zähne zeigen, aber
Nicht zubeißen. Und ohne Furcht voran, das hieß
Ohne Vorsorge. Also geschieht mirs recht
Wenn ich dort hänge.
Ihr aber, die ihr gafft und unten sitzt
Lernt das, warum ich sterb, und seid gewitzt
Mit denen, die auf eure Knochen leben
Gibt es kein Spiel, es geht auf Tod und Leben
Sie euch oder ihr sie, das ist die Frage
Liegen sie aber unten, greift die Lage
Machts besser, ihr, laßt sie nicht wieder rauf
Sonst fahrt ihr hin wie ich, man hängt euch auf!
KUTSCHER Schöne Erkenntnis. Für die Nachwelt.
SOLDAT Stehst du vorm Abkratzen, wirst du auch weise.

LANDSTREICHER Bruder!

Entfernt Trommeln.

Es trommelt in der Stadt, wir müssen abhauen.
KUTSCHER
Abhaun. Ein Freund wird aufgehängt, schnell weg.
LANDSTREICHER
Ja! Ich ertrage diesen Anblick nicht.
KUTSCHER
Kommts dann an dich, schlag ich mich in den Busch.
LANDSTREICHER
Das ist die Welt; uns bleibt, der Busch ist dicht.
KUTSCHER
So sehn wir zu, wie sie uns einzeln abknalln.
LANDSTREICHER
Was wolln wir tun? die sind die Übermacht!
KUTSCHER
Hast du und ich probiert, wieviel wir sind?
LANDSTREICHER Was für ein Redner! in vier Sätzen wirft er, unterstützt von deinem Anblick, meine Philosophie um, das kann bedeuten diese war schwach, in welchem Fall es mir zur Ehre gereichen würde: es hieße ich lerne dazu. Bruder, zögere es hin solange du kannst, wir sehn, ob sich in dieser volkreichen Stadt ein paar Menschen auftreiben lassen.

Kutscher und Landstreicher ab. – Trommeln stärker. Bürger, Handwerker; besichtigen beim Sonntagsspaziergang den Soldaten. Spitzel I und III als Fähnchen- und Porträtverteiler.

SPITZEL I Fähnchen! Porträts Seiner Majestät des Königs, Seines Ministers und Obermundschenks! Fähnchen zum Schwenken!
SPITZEL III Fähnchen zur Treuebekundung.
SPITZEL I Porträts, Loyalität anzeigend an diesem Fest-Tag, da Seine Majestät den wahren Schuldigen an der

das Reich befallenen wirtschaftlichen Krise entlarven und hängen wird!
SPITZEL III *mit trauerbebändertem Porträt Schwiebus* Porträt im Kampf gegen Volksschädling in Pflichterfüllung ertrunkenen Bürgers. Mit Trauerrand für besondere Loyalität!
BÄCKER
Das für mich. Man kann nie klar genug
Bekunden, daß man stets für alles ist.

Spitzel notieren, wer weder Fähnchen noch Porträt nahm; mit Bürgern und Handwerkern ab. – Prinzessin, eilig.

PRINZESSIN Soldat! Sie wollten mich einschließen, aber ich sprang durchs Fenster. Der Mundschenk verlangt, ich soll ihn heiraten, und dich – Warum hast du mir nicht geantwortet, als ich fragte, ob es kein Traum ist! Hättest du nicht gefürchtet ich erzähls meinem Vater, hätte ich meinen goldenen Pantoffel nicht unterm Kopfkissen versteckt, hätte ich den Pantoffel nicht versteckt, hätten sie ihn nicht gefunden, hätten sie ihn nicht gefunden, wärst du nicht hier – ich habe die Feiertagskrone aus der Staatskassette genommen und mit dem Hammer, damit sie keiner erkennt, es ist vergoldetes Silber, du mußt den Wärter bestechen. *wirft ihm die Krone zu*
SOLDAT Du hast mich nicht verraten?
PRINZESSIN Ich lasse dir von zwei Herolden den Rücken blauschlagen!
SOLDAT
Verzeih mir. Und heul später. Hilf mir.
PRINZESSIN   Wie?
SOLDAT Das Feuerzeug, in der alten Jacke, in meinem Zimmer!

Trommeln näher.

PRINZESSIN Hast du ein Taschentuch? Ich lauf ja schon!
ab

Wirt, mit in der Eile mitgenommenen Weinflaschen.

WIRT
Protest! Protest! Nein, diese Willkür muß
Ein Ende haben, ich beschwere mich
Öffentlich, vieles duldet der Bürger, aber das
Nicht, ich verhindere es!
ab

Minister, Obermundschenk mit goldgefüllten Taschen, letzterer zudem mit Rock und Stiefeln des Soldaten. Gehn. Bleiben stehn.

MINISTER
Die Sonne scheint auf einen guten Tag.
OBERMUNDSCHENK
Der Anteil des Pfaffen, ich sage, entschieden zu hoch.

Gehn. Bleiben stehn.

MINISTER
Die Spiegelung der Strahlen auf der Galgenschlinge
Poetisch.
OBERMUNDSCHENK Wieviel geht an den König?
MINISTER Wohl alles, Herr Kollege.

Gehn. Bleiben stehn.

Andernfalls –

Wirt, wie zuvor mit Weinflaschen.

WIRT
Protest! Protest! Ein solches Unrecht schreit
Zum Himmel –

Pfarrer.

Herr Pfarrer. Die Gerechtigkeit verlangt, daß Seine Wohlgeboren die Schulden begleichen, vierzehn Wochen Kost und Logis, geht das Beschlagnahmte an die Staatskasse bezieht er eben von dieser Gehalt, so daß ich auf Zahlung bestehe oder mich an Majestät persönlich –
MINISTER
 Welcher Betrag?
WIRT	Elf Golddukaten. Zwölf.
MINISTER
 Es scheint gesünder, Seine Majestät
 Nicht zu belästigen.

Obermundschenk zahlt.

WIRT Dann wäre lediglich die Kleinigkeit dieses Rocks, und diese Stiefel.
MINISTER Über die die Herren sich wohl einigen. Mich ruft die Pflicht. *weist den Pfarrer auf Galgenschlinge und Sonne, er soll etwas dichten*
PFARRER
 Die Schlinge blitzt in goldenen Himmels Licht:
 Seht, wie sich Schönes mit Gerechtem mischt!

Minister befriedigt ab.

 Ein hochgestimmter Tag.
WIRT Vielleicht würfeln?
OBERMUNDSCHENK
 Impertinent.
PFARRER	Nun, nun. Die Kirche hat
 Nichts gegen Würfeln, vorausgesetzt man sitzt
 Auch täte ein Schluck uns gut.

Setzen sich unter den Galgen. Wirt öffnet eine Flasche, Pfarrer bringt aus der Soutane einen Humpen, sowie Würfel und Becher. Trinken, würfeln.

WIRT
 Die Stiefel. Sechs.
OBERMUNDSCHENK
  Elf.
PFARRER
   Zwölf. Der Herr beschützt die Seinen.

Trinken die zweite Flasche.

 Nun wäre der Rock. Doch halt, geheime Taschen
 Könnten Kostbareres dem Blick entziehn.

Durchwühlen die Taschen.

WIRT
 Ein Feuerzeug, kupfern. Zum Rock.
PFARRER
 Es könnte dennoch von antikem Wert sein.
WIRT
 Ich zweifle, ob es brennt.
OBERMUNDSCHENK Hand weg vorm Wurf:
 Der Stein wird abgenutzt.
WIRT   Der Rock. Neun.
OBERMUNDSCHENK   Sieben.
PFARRER
 Zwei. Ein und Eins. Betrüblich leeres Gefäß.

Trinken die dritte Flasche, das Feuerzeug ist noch da zum Verwürfeln.

WIRT
 Nun, also. Fünf.
PFARRER   Mit Gottes Hilfe. Fünf.
OBERMUNDSCHENK
 Und Sechs. Als Staatsbeamter wieder das Kleinste.

Dann wenigstens Wein. *trinkt*
PFARRER Wein. *trinkt, schläft ein*
WIRT Wein. *trinkt, schläft ein*
OBERMUNDSCHENK
Man soll mit diesen Leuten nicht verhandeln
Zuschlagen. *schlägt Feuer*

Musik. Der Hund.

War im Wein Schnaps? Komm her.

Hund gehorcht.

Zurück.

Hund gehorcht.

     Hierher.
Hund gehorcht.
          Es hört. Bring Gold, und viel.

Hund bringt Gold.

Noch mehr Gold.

Hund bringt mehr Gold.

       Ah. Mehr Gold. Und einen Orden.

Hund bringt einen Orden.

Und jetzt mach Nacht.
Nacht.
          Tag.
Tag.
            Sturm.
Sturm.

Gewitter.

                                        Gewitter.

Stille.

                                               Stille.

So. Und jetzt duckt euch
Irgendwelche, irgendwo. Ihr entkommt
Nicht mehr. In dieser Stadt fängts an. Soldaten!

Soldaten. Trommeln.

Miese Welt, elend unfertiges Chaos
Von Gedankendreck und unverschämtem Aufruhr
Mit mir kommt die Ordnung. Ich hab den Hund. Ich flieg
Mit kleiner Flamme über eure Dörfer
Und schmelz sie weg, bei Ungehorsam oder
Revolte. Kriecht unter die Erde, ich verfolg euch
Nicht, Gift kriecht euch nach. Für eure Wälder hab ich
Brennendes Öl, saubere Bajonette
Für eure Bauchdeckel, wenn ihr nicht
Die Ordnung die ich bring zu eurer macht:
Alles weg!

Licht. Was der Hund gebracht hat, ist verschwunden, auf ein Zeichen verschwindet auch der Hund.

Denn vorher stirbt der. Seinem schönen Tod
Seh ich als Mundschenk zu. Dann kommt die Welt ins
    Lot.
Trommeln. Herolde, König, Minister, Pfarrer, Feldwebel. Spitzel I und III mit Sarg Schwiebus. Bürger, Handwerker.

BÜRGER, HANDWERKER
Uh! Ah! Uh na!
Uh! Ah! Uh na!
Hier was sehn!
Recht geschehn!

König macht Ernst!
Daß du lernst!
Kein Spaß, aber notwendig!
War nicht wendig!
Hängt!
Tut gekränkt!
Nur Lachen!
Kann nichts machen!
Nicht mucken! Ducken
Zugucken!
Uh! Ah! Uh na!

Prinzessin.

PRINZESSIN
 Jetzt bleibt mir nichts, als mit dir zu sterben. Soldat! hier sind Pfeife und Tabak, das Feuerzeug –
SOLDAT Bei dem.
PRINZESSIN Dem Mundschenk. Wo.
SOLDAT In der linken Rocktasche. Wieso weinst du nicht?
PRINZESSIN Wenn du auf dem Galgen stehst, bitte um eine letzte Gnade: du willst eine Pfeife rauchen. *zum Mundschenk:* Herr Obermundschenk, man vermißt Sie im Festzug. Was werden die Leute denken, wenn Sie, der Prinzgemahl –
MUNDSCHENK
 Wie? Die Prinzessin. Warft Ihr heute nicht
 Dem Überbringer meines Antrags schändlich
 Das halbe Frühstück an den Staatsrock?
PRINZESSIN Jedes Mädchen, Herr Obermundschenk, braucht Zeit, in einer überraschenden Lage sich zurechtzufinden. Ihren Arm. Eine Prinzessin geht links. *führt ihn in den Festzug*
KÖNIG
 Anfang, es zieht! Wie lange soll ich stehn.

Herolde stampfen Ruhe.

Mein Volk! Das übrige sagt euch der Minister.

Feldwebel führt den Soldaten zum Galgen.

BÜRGER, HANDWERKER
  König macht Ernst!
  Daß du lernst!
  Kein Spaß, aber notwendig!
  War nicht wendig!
BÄCKER Hängen!
MINISTER
  In Namen Seiner Majestät: Wegen Hochverrat
  Gefährlicher Wühlarbeit gegen Königsfamilie und Staat
  Erzeugung von Wirtschaftskrisen, Goldbesitz,
    Spekulation
  Verstoßes gegen Sitte, Volkstum und Religion
  Falscher Angaben, Blendwerks und Hexerei
  Wird die Person Michel, nähere Angaben anbei
  Nach geltendem Recht und zum pädagogischen
    Exempel
  Exekutiert; folgen Datum, rechtskräftige Unterschrift,
    Stempel.
FELDWEBEL
  Oberfeldwebel Säbel meldet: Fertig!
KÖNIG   Bitte.

Feldwebel legt die Schlinge um.

BÜRGER, HANDWERKER
  König macht Ernst!
  Daß du lernst!
  Wird zucken! Ducken!
  Zugucken!

Pfarrer prüft die Schlinge und bekreuzigt den Soldaten. – Prinzessin zieht dem Obermundschenk unbemerkt das Feuerzeug aus der Tasche.

SOLDAT Eure Majestät.
KÖNIG
  Ich sagte, es zieht! Wieso beginnt man nicht?
PFARRER
  Verzeihung, Majestät. Die Schlußansprache
  Des Delinquenten. Sie ist üblich und
  Liefert meist hübschen Stoff für Poesien.
KÖNIG
  Minister?
MINISTER Es ist Brauchtum.
KÖNIG   Mundschenk?
OBERMUNDSCHENK   Hängen.
PFARRER
  Doch redet er, verlängerts ihm den Tod.
KÖNIG
  Gut, fünf Minuten. Aber nicht politisch.
SOLDAT Majestät. Ich bitte, statt einer Rede ein letztes
  Pfeifchen rauchen zu dürfen.
MINISTER
  Er gibt klein bei. Propagandistisch wertvoll.
PFARRER
  Exempel scheußlichsten Materialismus!
  Taugt nicht für Dichtung; also in die Predigt.
KÖNIG
  Der Wunsch scheint leidlich maßvoll. Macht ihn los.
SOLDAT *wird losgebunden, stopft die Pfeife* Majestät, ich bitte
  um Feuer.
KÖNIG
  Kein Feuer in meinem Volk?
PRINZESSIN   Doch, Vater, hier.
zum Galgen, gibt dem Soldaten das Feuerzeug
OBERMUNDSCHENK
  Halt! Unerhört! Das Feuerzeug! Die Welt
  In gräßlicher Gefahr! Hängt ihn sogleich!

Soldat schlägt Feuer. Musik. Der Hund.

SOLDAT
Auf den! Den Mundschenk! Den Minister!
Vier, fünf, sechs, sieben! Beiß sie! Schmeiß sie um!

Doch kann der Hund so schnell nicht beißen, wie die Gebissenen sich wieder erheben und auf den Soldaten eindringen. Kampf, bei dem ihm nur die Prinzessin hilft.

Seid ihr denn Lahme? Wir befrein euch hier
Von euern Ausbeutern, ihr steht dabei und glotzt!
BÜRGER, HANDWERKER
Wind kann drehn!
Lieber nichts sehn!
Gerätst dazwischen!
Nicht einmischen!

Landstreicher in Wotansmaske, bewaffnet.

LANDSTREICHER
Halt! Auf die Knie! Es naht die wilde Jagd!

Kutscher, zwei Holzknechte, ein zwölfjähriger Junge, eine Frau, alle bewaffnet und furchterregend germanisch maskiert.

KUTSCHER, HOLZKNECHTE, JUNGE, FRAU
Die wilde Jagd!
KUTSCHER   Alle zu Boden! Marsch!

Bürger, Handwerker werfen sich zu Boden.

Nehmt Maß und schlagt sie. Vorwärts!
JUNGE   Auf die Köpfe!
Eins, zwei, drei, vier, fünf, sechs.
HEROLD II *schlägt den letzten nieder*
                              Sieben. Ich laufe über.
LANDSTREICHER
Täuscht mich nicht alles, ist das die Revolution.

PRINZESSIN
  Was die da tun, deutet auf viel Vernunft
  Jedoch ihr Anblick spricht vom Gegenteil.
SOLDAT
  Ich seh nichts anderes als du auch. Wer seid ihr?
LANDSTREICHER
  Weihwotans Waldwacht. Nehmt die Masken ab!

Nehmen die Masken ab.

SOLDAT
  Brüder!
KUTSCHER
              Vorsicht. Solang sich das noch regt
  Wolln wir den Jubel lieber anderen lassen.
BÄCKER
  Hoch! Hoch! Es lebe! Hoch!
KUTSCHER
  Noch fehlt ihm die genauere Bezeichnung
  Bald, fürchte ich, lernt ers. Na.
SOLDAT   Und wer sind die?
KUTSCHER
  Die, die wir fanden. Zwei Holzfäller
  Mit Äxten. Eine Mutter. Und ein Junge
  Von zwölfeinhalb, der Lehrer werden will.
  Dazu wir zwei. Macht sechs.
SOLDAT   Die andern?
KUTSCHER   Dort
  Oder woanders. In den Wänden, die
  Ihnen nicht gehörn, aber sie fürchteten
  Für ihren Hausrat, oder ein Beamter
  Könnt aufhörn, ihre Töchter zu goutiern
  Oder sie sagten: Ich bleib fort vom Galgen
  Und seh nicht hin, das ist das Äußerste
  Ja beinahe mehr an möglichem Protest
  So blieben wir.
SOLDAT   Genug.

KUTSCHER Ja ...
SOLDAT Ich verstehe.
Und das Kostüm?
LANDSTREICHER Nichts einfacher!: dieses Volk, das bekannterweise aus Religionen, Heilslehren oder Philosophien jeweils den Aberglauben sich herauszupicken pflegt, war in Schrecken zu setzen; welches Mittel konnte dafür geeigneter sein als der Fundus einer Spieltruppe, die im Lande germanische Weihespiele vorführt, unter uns in der Meinung, sie verbreiteten Kunst. Kurz, wir begegneten einer, unzweifelhaft werden sie bald hier eintreffen und ein Stück über dich zeigen, in dem du dich nicht wiedererkennst: ein positives; fragst du mich, rate ich, sie zur Verbreitung von Furcht und Schrecken ins Ausland zu schicken. Für den Fall daß du lebtest rechneten wir, die Henker in den Zustand einer Lähmung zu versetzen und dich zu entführen.

Obermundschenk hat sich von seiner Ohnmacht erholt, nähert sich der Galgentreppe, auf der Jacke und Feuerzeug des Soldaten liegen; greift nach dem Feuerzeug.

PRINZESSIN Halt!

Hund springt den Obermundschenk an und beißt ihn.

LANDSTREICHER
Was für ein fetter Schurke mußt du sein
Daß selbst die unbeteiligte Natur
Dich in den Arsch beißt ohne ein Kommando.
Schaff den hier weg.
zum Soldaten:
Sag dus ihm.
SOLDAT In den Brunnen.

Hund mit dem Mundschenk ab.

JUNGE
Ich sage, wir binden sie.
KUTSCHER   Ein Vorschlag von
Zeitiger Weitsicht. Du wirst ein guter Lehrer.
Doch fehlts am Strick.
MUTTER   Die Galgenschlinge tuts.

Binden König, Minister, Spitzel zur ersten, Feldwebel, Pfarrer und Herold I zur zweiten Gruppe.

KUTSCHER
Was jetzt mit ihnen? Hängen sieht nicht gut aus.
JUNGE *empört*
Freilassen?
KUTSCHER Geht nicht, es könnte sein
Sie fänden genug Dumme, deren größte
Lust ist, den offnen Hintern hinzuhalten
Und noch am Stiefel, der sie trat, zu lecken.
LANDSTREICHER
Du sprichst von Schwulen.
KUTSCHER   Nein, von deutschen Bäckern.
SOLDAT
Also wir wissens nicht. Elende Lage
Das Stück hat keinen Schluß, man lacht uns aus!

Der Hund, gleich darauf die Hexe.

HEXE Söhnchen! Brüderchen! Wußte ich, daß michs hinverschlägt wo ein Galgen steht, schöner Galgen, festes Holz; du trägst mir nichts nach? Warst dus, der mir den Dicken geschickt hat? etwas fett, aber das gibt sich. Ich hielt mich am Hund, als das Vieh auffuhr, es schien zerstreut, so daß ich abspringen konnte und dir danken. Hast du noch mehr für mich?
SOLDAT
Das ist die Lösung.
LANDSTREICHER   Was.

SOLDAT Wir geben sie ihr mit.
KUTSCHER
  Wen?
LANDSTREICHER
    Wem?
SOLDAT   Die der.
LANDSTREICHER   Wohin?
SOLDAT   In ihren Brunnen.
auf die erste Gruppe:
Die sind für dich.
HEXE   Für mich? So viele Männer?
LANDSTREICHER
Es ist, falls du verstehst, die neue Zeit.
HEXE
Ich weiß nicht, was das ist, doch scheint es gut.
MINISTER
Wir protestiern und fordern freien Abzug
Über die Grenze!
SOLDAT   In den Brunnen. Ab.
LANDSTREICHER
Dort sollt ihr, in der miesesten Gesellschaft
Die je ein Säugetier hatte, nämlich unter euch
Kröten zur Nahrung und das eigene Fett
Langsam zu Porphyr werden. Eure Bärte
Solln sich als Schlinggewächse, algenähnlich
In jeden Hohlraum ziehn, durchflochten nur
Von euren endlos wuchernden Zehennägeln
An denen ihr kaut. Und wie Herr Barbarossa
Sollt ihr, am eigenen Auswuchs festgeklemmt
Als Beispiel längst vergessener Barbarei
An einer Stelle sitzen von Jahrtau-
send zu Jahrtausend, daß der zähe Schmerz
Der Sitzfleischschwären selbst den Traum euch frißt
Von Rückkehr und Umsturz.

Hund hat die erste Gruppe und die Hexe weggeschafft, kommt zurück.

Der Teil der Rede war politisch. Als Künstler
Sag ich, man soll zu nützlicher Bewährung
Die Hexe rauslassen, da sie sonst in dieser
Gesellschaft, wie ich schätze, ganz verdirbt
Und nicht erwiesen ist, daß sie
In bessrer Umwelt nicht zu bessern wäre.
Auch ist sie hübsch.
SOLDAT Über den Antrag
  Wird abgestimmt.

Stimmen ab: dafür. – Hund ab.

  auf die zweite Gruppe: Und die?
JUNGE Sollen arbeiten.
FREUNDE DES SOLDATEN Ja!
HOLZFÄLLER Jedoch bewacht.

Zweite Gruppe wird ins Gefängnis gebracht.

HEROLD II
  Den Pfarrer auch?
KUTSCHER Das gibt Verwicklungen
  Laß ihn.
PFARRER
    Die Kirche lebt! *ab*
SOLDAT So lernt man Politik.
  Die Szene ist klar. Den Galgen weg! Musik!

Musik.

Und ihr jetzt, die ihr denkt, es ist geschafft:
Zu Ende ist dies Stück. Es fängt erst an.
Die Mächtigen sind gestürzt, im Brunnen, keifend
Hockt der Monarch, sein eigenes Museum –
Wir singen. Und mit Recht. Denn vieles bleibt
Zu tun, daß es viel Lieder braucht
Um überm vielen Salz, aus Schweiß, und Tränen

Und Unrecht, das, zwar langsam, aber abnimmt
Nicht müde zu werden. Sind wir selber doch
Die nun das Neue machen müssen, so
Neu nicht, und erst seit kurzem wenig klüger
Als die, die wir nun klüger machen solln
Daß sie sich ähnlich werden. Schwer. Zwar, wir
Haben den Hund, ein Wundervieh. Doch eins
Ist, ihn haben, das sehr andere
Ihm recht befehln, denn da ist keiner, den wir
Fragen könnten, außer uns selbst, das
Ist der Preis des Fortschritts! also sag ich
Schreibt Lieder, Dichter. Sie sind nötig. Seid
Nicht zaghaft. Die ihr eure Mädchen
Nicht nur auf den Mund küßt, sondern, denk ich
Heißere Stellen wißt, nutzt gleichermaßen
Zunge und Lippen zum Beschreiben der
Neuen Welt.

Währenddessen Zurüstungen zum Fest; der Soldat soll allerhand Angelegenheiten entscheiden; der Hund bringt die Hexe zurück, die den Landstreicher küßt und gleich mitarbeitet. Der Galgen wird zersägt, ein Kessel für ein Festessen aufgestellt usw. Mädchen und Volk schließen sich den Freunden des Soldaten an.

Denn wie die Liebe, die die grauen Nächte
Uns schön macht, scharfen Fleißes, und der Kunst
Wie sie Erfahrung lehrt, bedarf, und wie
Der sternauf tragenden Lust schnellerer Atem
Ergebnis ist weise vereinter Mühe
Soll unser Leben sein. So daß du lernst:
Die Kunst ist heiter, und das Heitre ernst
Wie dieses Stück, das ausgeht: Der Soldat
Wurde ein Mensch, der nun viel Arbeit hat.

Fest.

LANDSTREICHER, KUTSCHER, SOLDAT, PRINZESSIN, ANDERE *singen:*

Zweiundzwanzig Bäckerinnen
Buken einen Kuchen
Den trugen sie dem König hin
Er sollte ihn versuchen.
Der König aß drei vier vom Fleck
Den ungeheuren Kuchen weg.
Wer half ihm essen?
Das habe ich vergessen.

Zweiundzwanzig Bäckerinnen
Hatten zwanzig Söhne
Die führten sie dem König hin
Ob sie auch wären schöne.
Der König zog in'n Krieg vom Fleck
Da warn die zwanzig Söhne weg.
Wer half ihm essen?
Das habe ich vergessen.

Zweiundzwanzig Bäckerinnen
Fingen einen Drachen
Den brachten sie dem König hin
Das Tier sollt ihn bewachen.
Der Drache fraß drei vier vom Fleck
Den ungeheuren König weg.
Wer half ihm essen?
Das habe ich vergessen.

1966/67

Heinrich Schlaghands Höllenfahrt

Komödie

Personen

PROLOGOS
ZWEI BETRUNKENE
HEINRICH SCHLAGHAND, Bauleiter
MARIA, seine Frau
HOCHZEITSGESELLSCHAFT
HURRE, Parteisekretär
DUNTY, Gewerkschaftsvorsitzender
HEIDE, Kranführerin
BUNZ, Dumperfahrer
EVA, Schlaghands Sekretärin
SCHMONZACKA, Bildhauer
MÜLLER, Unterteufel
FAKTOTUM
GRIT, Ökonomin
TRULLA, Kreissekretär
NAPOLEON
HEILIGE I–III
DON JUAN

Zwei Herren, Dichter, Regisseur, zwei Gehilfen, drei Chinesen, zwei Doktoren der Ästhetik, Höllenbedienerinnen

Prologos. Zwei Herren. Dichter. Regisseur.

PROLOGOS
  Damen und Herren, Sie haben es auf sich genommen
  Und sind in dieses Theater gekommen
  Mit Kragen und Kopf, damit man Sie amüsiert;
  Zu dem Zweck haben wir kühnste Artisten engagiert.

Zwei Herren mit Megaphonen. Sie bellen Prologos in die Ohren.

  Man sagt mir, Sie wünschen Ihren Alltag zu vergessen
  Und zu erblicken Sterne, Elefanten und Feuerfressen;

Läßt Sterne auf- und untergehen. Bläst einen Elefanten auf. Der Elefant spuckt Feuer, Prologos frißt es. Die Herren bellen ihm in die Ohren.

  Weiter teilt man mir mit, Sie wollen
  Geschichten, die unglaublich und wahr sein sollen;
  Da wir aber nicht gewöhnt sind zu lügen
  Derart, daß sich die Balken biegen

Ein Balken biegt sich laut. Die Herren richten ihn.

  Haben wir einen Dichter angestellt
  Der, wie Sie bemerken, ein Stück herstellt;

Der Dichter mit Schreibmaschine und Tisch wird hereingefahren. Er tippt eine lange Papierrolle. Die Herren behandeln sie mit Schere und Handfeuerlöscher. Regisseur bekommt die Reste und mischt sie.

  Dasselbe wurde, auf üblichem Wege verkürzt
  Und mit hochwirksamen Zusätzen gewürzt
  Einem Herrn Regisseur in die Hände gegeben
  Welcher ohne Schonung von Untergebenen

Regisseur dirigiert Bühnenarbeiter, Schauspieler, Bühnenbildner usf. mit einer Peitsche.

Für Sie arrangiert hat in bewährtester Art
Die Komödie von Ingenieur Heinrich Schlaghands
   Höllenfahrt.

Der Dichter tippt. Die beiden Herren bellen ihm in die Ohren. Der Dichter hört auf, bekommt ein Trinkgeld und wird hinausgefahren. Prologos verneigt sich. Regisseur knallt mit der Peitsche. Alle ab.

Vorspiel

Vor einer Vorstadtkneipe

Zwei Betrunkene. Schlaghand. Maria. Hochzeitsgesellschaft.

Nacht. Die Fensterläden der Kneipe sind geschlossen. Im Hintergrund Hochhäuser. Nachtgetier, Nachtgeräusche. Zwei Betrunkene von verschiedenen Seiten. Erster klinkt an der Tür, die sich öffnet. Musik- und Lärmstoß. Er fällt zurück, die Tür wird geschlossen. Zweiter klinkt, die Tür öffnet sich. Musik- und Lärmstoß. Fällt zurück, Tür wird geschlossen. Beide ab nach verschiedenen Seiten. Kommen zurück. Klinken. Die Tür ist verschlossen. Weichen zurück, ziehen den Hut voreinander. Ab nach verschiedenen Seiten. Kommen zurück, ziehen den Hut voreinander.

ERSTER BETRUNKENER
  Das ist die letzte Kneipe, dann kommt Wald.
ZWEITER BETRUNKENER
  Die letzte Kneipe, dann kommt Stadt, und bald!
ERSTER Hu!
ZWEITER Hu!

Verwechseln ihre Hüte und trommeln an die Tür, die sich öffnet. Ungeheurer Musik- und Lärmstoß. Fallen zurück. Tür schließt sich. Bemerken die Verwechslung der Hüte.

ERSTER
  Wer bist du? Bist du ich?
ZWEITER   Nein, du bist ich!
ERSTER *zeigt in die Richtung, aus der der zweite kam*
  Stadt?
ZWEITER
      Stadt. *zeigt in die Richtung, aus der der erste kam*
          Wald?
ERSTER   Wald.

Wollen klopfen. Verwechseln die Hüte zurück. Bemerken das.

ZWEITER Jetzt siehst du wieder mich.
ERSTER
Was das für eine Nacht ist!
setzt sich unter einen Fensterladen
ZWEITER Ich hab Durst.
ERSTER
Ich will ein Pils, und eine heiße Wurst.

Fensterläden öffnen sich. Mit einem Musik- und Lärmstoß fliegen gefüllte Bierkrüge, Würste, Hähnchen zum Fenster heraus und segeln den Betrunkenen in die Hände. Am Fenster Schlaghand und Maria. Fensterläden schließen sich.

Es ist Johannisnacht. Früher öffneten sich da Gräber, und Erscheinungen gingen um mit dem eigenen Kopf unter dem Arm.
ZWEITER Es gab Glühwürmchen.
ERSTER Quellen sprangen aus der Erde, und vom Himmel regnete Johannisbrot, eine Nahrung, die die die Menschen neu machte, daß sie die Zukunft sahen. Hu!
ZWEITER Die Glühwürmchen machten die Luft trocken, so daß Durst entstand. Heute sind keine Glühwürmchen mehr, aber noch Durst, das ist eine Hoffnung.
ERSTER
Gespenster.
ZWEITER Glühwürmchen.
ERSTER Woher hast du ein Bier?!
ZWEITER
Du hast ein Bier, du!
ERSTER Und was ist das hier?!
ZWEITER
Du hast auch Hähnchen!
ERSTER Du hast eine Wurst!

Entreißen einander Wurst und Hähnchen.

Ich habe Angst.
ZWEITER Ich lösche meinen Durst.

Trinken. Essen.

ERSTER
Hast du gezaubert?
ZWEITER Ha! Das warst doch du!
ERSTER
Nun fehlte uns ein Bett zur Abendruh.

Legen sich. Von hinten schwenkt ein Kranarm über die Kneipe und läßt ein großes Himmelbett zwischen beide nieder.

ERSTER *bemerkt das Bett*
  Ihh!
ZWEITER *bemerkt das Bett*
     Ahh!
ERSTER Was ist das?
ZWEITER Uhh! Ein Bett am Weg!
ERSTER
Du bist ein Zauberer!

Die Fensterläden öffnen sich. Lärm- und Musikstoß. Erster Betrunkener flieht.

ZWEITER Ich gehe lieber weg. *flieht*

Hochzeitsgesellschaft.

HOCHZEITSGESELLSCHAFT
Schlaghand, zu deiner Hochzeit wünschen dir
Das Allerbeste, mit Maria, wir!
Darum hat auch ein Kran, und über Nacht
Ein breites Bett für euch hierhingebracht!
Das Bett hat Beine vier und einen Himmel
Und für besondere Zwecke eine Bimmel!

Weich sind die Kissen und die Federn tief
Wir sammelten dafür im Kollektiv!
Nimm das Geschenk, es ist uns nicht zu schade
Von deiner sozialistischen Brigade!

Setzen Maria und Schlaghand auf das Bett. Sie küssen sich. Hochzeitsgesellschaft bringt nacheinander Haushaltungsgegenstände und baut sie neben dem Bett auf: Tisch, Tischtuch, Teller, Gläser, Tassen, Besteck, Nachtmahl, Bier, Schnaps, Nachtschränkchen, Nachttischlampe, Bild, Spiegel, Rasierpinsel, Nachthemd, Kofferradio. Stellen passende Musik ein. Ab in die Kneipe. Tür und Fensterläden schließen sich.

SCHLAGHAND *unterbricht den Kuß, sieht den Hausrat*
Nein! Was ist das?
schlägt an die Läden
                       Nennt ihr das feiern?
Heißt Hochzeit, daß ich liege und liebe zu zwein?
Bricht nicht der Tisch von Wurst, Salat und Eiern?
Ist euch mein Bier schon schal? Der Schnaps nicht rein?
reißt einen Fensterladen ab
Schmäht ihr, das uns versammelt, das Gesetz?
Soll ich privat genießen, den ihr traut?
Warn deine Reden, Kollektiv, Geschwätz?
Musik muß sein! und weinen muß die Braut!
reißt mit dem zweiten Laden ein Stück Mauer aus der Kneipe
Wie? schmeckts euch nicht? Schärft eure Phantasie
Daß ihr im Mäßigen höchstes Gut erblickt!
Was ist das? Bockwurst mit was Sellerie?
Rehrücken ists, mit zartem Speck gespickt!
Das Broiler? Nein! Fasan! mit Preiselbeern
Und äußersten Salaten schön garniert!
Das Schwarzbrot? Weiß wie Schnee! Könnt ihr euch wehrn
Der Unschuld, die nach euren Zähnen giert?
Trinkt! ist das Bier? Champagner ists, der schäumt
Los! hört die Pfropfen, die zum Himmel knalln!

Aus ist der, der das Graue hell nicht träumt
Und der nicht Licht sieht, wo drei Strahlen falln!
Tanzt! seid voll Schnaps! singt! springt bis an den Mond!
Wer sich der Erde beugt, der wird belohnt!

Tanz.

HOCHZEITSGESELLSCHAFT *essen Bockwurst, trinken Bier*
Ja, Schlaghand! Wie man es macht, zeigst du uns!
Sekt trinken wir, ah, und aus Früchten Gebranntes!
Fein unsre Kiefer zerkrachen Truthähne mit Trüffeln
Kaviar labt unsre Zungen, nicht Senf, wir schmeckens!
Hoch Heinrich Schlaghand, der die Hohe Nacht
 Mit seiner Braut, hoch! der Gemeinschaft dargebracht!

Schlaghand trinkt eine Flasche Wodka und fällt um.

HOCHZEITSGESELLSCHAFT
 legen Schlaghand aufs Bett, mit Bett, Maria und Hausrat ab
Hoch Heinrich Schlaghand, der die Hohe Nacht
 Mit seiner Braut, hoch! der Gemeinschaft dargebracht!

Die zwei Betrunkenen von verschiedenen Seiten.

ERSTER
 Hier war ein Bett.
ZWEITER Wieso ist hier ein Loch?

Bemerken einander.

ERSTER
 Du warst das!
ZWEITER Du!!
ERSTER *flieht*
ZWEITER Ich gehe lieber doch. *ab*

Vorhang

I Baubüro

I.1

Schlaghand. Hurre.

Schlaghand auf dem Schreibtisch sitzend. Man hört und sieht einen Kran havarieren. Hurre, Parteisekretär.

HURRE
  Der Kran ist hin.
SCHLAGHAND   Ich hörs.
HURRE   Der Kran, das ist der Plan.
SCHLAGHAND
  Der Kran ist nicht der Plan: der ist Gesetz
  Gesetze sind historisch, die Geschichte
  Ist Wandlung, folglich Gesetze sind
  Der unterworfen: Pläne kommen und gehn.
HURRE
  Was?
SCHLAGHAND
       Ich zitiere, Hurre. Pläne haben
  Ihr Grab, das sind die Umstände und der Reißwolf.
  Aus diesem gehn sie ins Papierwerk, um
  Als dünner Brei, sodann als Kontingent
  Auf wunderbare Weise in die Mini-
  sterien aufzufahren und von dort
  Unkenntlich neu bedruckt auf uns zu fallen
  Wie Regen oder Schicksal.
HURRE   Heinrich.
SCHLAGHAND   *nimmt das Telefon* Nein!
  Hol mich der Teufel, wenn ich früh ein Amt krieg.

Amtszeichen.

  Der Teufel, Hurre, sitzt im Apparat. *wählt*

HURRE
 Du bist besoffen.
SCHLAGHAND	Falsch. Besoffen war ich
 Bis fünf vor sechs, seit zehn nach bin ich hier.
 ins Telefon:
 Ja. Kranwerk? Schlaghand. Der Verladekran
 Wie immer. Warum? Westwind. Seid ihr krank?
 Ursache Westwind, weil die Projektanten
 Das Plattenwerk falsch hinsetzten, und euer Kran
 Den Winddruck nicht verträgt, wenn Westwind ist
 Und jetzt ist Westwind; Havarie wie üblich.
 Ich brauch euch heute. Himmel, Junge, soll ich
 Das Plattenwerk umdrehn, oder die Projektierer
 Die lange befördert sind, Platten schleppen lassen –
 zu Hurre:
 Der pokert.
 ins Telefon:
	Heute. Was ich biete? Geld.
 Was und? Bezahlung nach dem Katalog
 Wie das Gesetz das vorschreibt. Wie?
 zu Hurre:	Der lacht.
HURRE
 Heinrich.
SCHLAGHAND
	Der brüllt vor Lachen. Ich sag ihm
 Daß wir die Reparatur nach Norm bezahlen
 Worauf er, wie du, Hurre, fragt, ob ich
 Besoffen bin. Der lacht, daß er sich einpißt.
HURRE
 Heinrich!
SCHLAGHAND *ins Telefon:*
	Wechsle die Hose. Höre, Genosse
 Der Kran ist unser Plan, die neue Stadt
 Kann keiner hochbaun, wenn das Plattenwerk
 Mit seinem Ausstoß sich den Ausgang stopft
 Weil euer Kran nichts wegholt; das ist, als ob
 Dir wer einen Betonpfropf hinten reingießt

Und du sechs Wochen nicht, stell dir dich vor!
In wann? Wie? Nein! Das gebt ihr schriftlich. Ende.
legt auf
HURRE
  Sie kommen?
SCHLAGHAND
            Ja.
HURRE   Morgen.
SCHLAGHAND   In sieben Wochen.
HURRE
  Heinrich, du bist nicht ernst.
SCHLAGHAND   Hurre, ich merke
  Mein Wodka war zu lau, oder zu wenig
  Oder dein Kopf läßt nach. Das streitest du ab.
  Setz dich. Wer bin ich?
HURRE   Du bist Heinrich Schlaghand
  Bauleiter, und seit gestern Ehemann
  Weswegen einzig ich dir nachseh, daß
  Du hier kapitulierst vor einem Zustand!
SCHLAGHAND
  Du sagtest richtig, ich bin Ehemann.
  Auf wessen Wunsch?
HURRE   Auf deinen, und Marias
  Will ich stark hoffen. Das war eine Hochzeit.
SCHLAGHAND
  Und wer bestand darauf, daß es mein Wunsch wird?
HURRE
  Was willst du damit sagen, Schlaghand?
SCHLAGHAND   Was
  Du weißt.
HURRE
          Heinrich, das ist Verleumdung der Partei.
SCHLAGHAND
  So. Wer, wie Cato, welcher jede Rede
  Ob über Mißwuchs oder Staatsbankrott
  Abschloß mit Losungen gegen Karthago
  Hat zwei Jahre jeden Wochentag gepredigt

Daß Heinrich Schlaghand, welcher zwar den Plan
Erfüllt, jedoch als wilder Anarchist
Indem er durch den Park unsrer Gesetze
Mit dickem Stiefel trampelt abseits von
Den öffentlichen und geharkten Wegen
Sich ändern muß, und dafür wär der Anfang
Daß er privat wie alle lebt, anstatt
Das, was ein Mann nachts wendet an die Gattin
Auf mehrere zu verteilen ohne standes-
amtlichen Stempel, das heißt herumzuhuren?
HURRE
Das sagte ich, ja, weils die Wahrheit war.
SCHLAGHAND
Siehst du. Wer hat Dienstreisen nicht gescheut
Und, folgend den Gerüchten, die wie Fäden
Von faulem Eiweiß sich zusammenzogen
Fuhr von Adresse zu Adresse, fürchtend
Nicht Ohrfeigen, noch Weibertränen, noch
Von zuklappenden Türen gequetschte Finger
Damit wo ich im Bett war auf den Tisch kam?
HURRE
Da tat ich meine Pflicht. Es ging um dich.
SCHLAGHAND
Du hattests schwer. Wer, schließlich, Hurre, hat
An Abenden, grau von Rauch und Argumenten
Bewiesen, daß Genosse Heinrich Schlaghand
Ein Beispiel ist, das nicht als Beispiel dient:
Nichts, sagtest du, ist ungeheurer als
Der Mensch, wie schon der Dichter ausführt; Gewaltiges
Baut er, und du baust eine neue Stadt
Welche ein Sinnbild sein wird unsrer Kraft
Und für das Volk da, was das Neue ist;
Und was? da! riefst du, steht der Mensch von heute
Mit großem Hirn und Energie wie Sonnen
Und mit Gefühlen, welchen? wie im Tertiär
Die Echsen, die sich nackt in Sümpfen wälzten
Oder Neandertalerhorden, die

Nach scheußlichen Regeln durcheinander lebten
In Gruppenehe, daß man schamrot wird
Wenn man sichs vorstellt; ist es nicht die Zeit
Daß die Gefühle unsern Hirnen gleichziehn
Und, wie die Revolution aus Umsturz wird
Zur nie gesehen ordentlichen Ordnung
Dein bestes Teil sich hebt zur Sittlichkeit
Und du die Ehe eingehst, Heinrich Schlaghand?
HURRE
Das waren meine Worte?
SCHLAGHAND   Etwa das.
HURRE
Du trägst sie so gut vor, als ob dus einsähst.
SCHLAGHAND
Dein Irrtum, Hurre, ist: Ich seh es ein.
HURRE
Dann wirfst du mir nichts vor? Und liebst Maria?
SCHLAGHAND
Maria, ja.
HURRE   Oh, Heinrich! Einmal war
Die allerschwerste Arbeit nicht umsonst.
Die Menschen schmieden, das zehrt an der Leber.
Zur Sache. Kran ist Plan. Fährst du zum Kranwerk.
Biet ihnen etwas, daß sie repariern.
will gehen
SCHLAGHAND
Hurre! wozu habt ihr gedrängt auf Heirat?
HURRE
Du selbst hast es erklärt; was ist noch unklar?
SCHLAGHAND
War es euch um des Trauscheins, oder zu
Höheren Zwecken?
HURRE   Ja. Zu höheren Zwecken.
SCHLAGHAND
Daß ich der neue Mensch werde, war es dafür?
HURRE
Ja, Heinrich. Heinrich, das ist ein Prozeß

Mach dir jetzt keine Sorgen, das kommt allmählich.
will gehen
SCHLAGHAND
 Hurre! willst du, ich mache was bloß halb?
HURRE
 Nein, Heinrich. Ich hab Sitzung.
SCHLAGHAND   Siehst du, nein.
Ich will das Ganze, und den Zweck zum Mittel.
HURRE
 Was heißt das wieder, bist du Philosoph.
SCHLAGHAND
 Das Mittel war Heirat, Zweck ist, daß ich aufhöre
 Als Leiter die Gesetze zu mißachten
 Die unser Staat gab für das Wohl von allen:
 Ich mach, was ihr verlangt, und ab sofort
 Ich bin der neue Mensch!
HURRE
            Ja, Heinrich, später.
will gehen
SCHLAGHAND
 Hurre! da kommen Dunty, Heide, Bunz;
 Bleib hier, damit du siehst, ich bin es ganz.

I.2

Schlaghand. Hurre. Eva. Dunty. Heide. Bunz.

Eva, Schlaghands Sekretärin. Dunty, Gewerkschaftsvorsitzender.

DUNTY
 Schlaghand, die Schweinerei. Das schießt gen Himmel
 In sieben Tagen ist Quartalsschluß. Wenn wir da
 Den Plan nicht haben, das heißt morgen den Kran nicht
 Ist allen die Prämie hin, und du kannst sehn
 Wie uns die Jungmonteure südwärts abfahrn
 Dreißig bis vierzig, dann sind wir ein Loch

Das nichts drumrum hat; trostlose Sauerei.
SCHLAGHAND
Du schlägst was vor?
DUNTY   Heinrich, ich als Gewerkschaft
Kann da nichts machen, aber ich dachte, du –
blickt auf Hurre
SCHLAGHAND
Sprich offen, Dunty, Hurre denkt wie ich
Und ich wie Hurre, das ist jetzt dasselbe.
DUNTY
Du meldest, dachte ich, den Plan mit hundert
Und wir holns später auf,
blickt auf Hurre   sollen die Leute
Für Westwind büßen? das ist schon politisch!
SCHLAGHAND
Wieviel soll ich erfinden? fünf Prozent?
DUNTY
blickt auf Hurre
Fünffünf bis sechs.
SCHLAGHAND   Nein.
DUNTY   Nein? Ah. Ich verstehe:
Sechstes Programm.
HURRE   Was soll das wieder, Himmel.
DUNTY
Einsatz der Kindergärtnerinnenschule.
HURRE
Sprecht ihr Latein?
DUNTY   Ach so. Ja. Hurre, wenn
Dir junge Arbeitskräfte wegwolln, was sind die? ledig
Das heißt im Wohnlager, das heißt, die sind
Wie ungebundene Ionen, oder Vögel
Gefesselt nicht von Wohnraum, Frau und Möbeln
Das heißt, leicht Opfer ausgelegter Köder
Von Fremdbetrieben: Zuschläge, Sonderprämien –
Wolln die dir weg, mach einen Freundschaftstanz
Und lade dazu ein Mädcheninternat; die Kapelle
Muß scharf sein, das Getränk sanft, Wein, dabei Süßwein

Auch, das ist wichtig, darf in dieser Nacht
Keiner Kontrolle gehn im Wohnheim; so entstehen
Spontan, jedoch statistisch durchaus sicher
Bindungen, die den kollektiven Drang zur Abfahrt
Zeitweilig klar verdrängen, und das reicht
Die Krise, die dem Bau droht, abzuwenden
Und Plan und Arbeitskräfte sind gerettet.
HURRE
Das blüht aus deinem Kopf?
DUNTY   Ja, das ist Schlaghand!
So, Hurre, baut man Städte, und sie wachsen!
SCHLAGHAND
Dunty, das grenzt an was ich nicht ausspreche
Ich habe deinen Vorschlag nicht gehört.
DUNTY
Wie?
SCHLAGHAND
      Noch was, Dunty?
DUNTY   Er muß krank sein. Ja.
Nein. Er verstellt sich. Ja. Weil Hurre hier ist.
Hurre! halb acht ist Sitzung, es ist halb durch.
HURRE
Was bist dann du noch hier?
DUNTY   Ich bin Gewerkschaft
Du bist Partei und Sekretär. Ich folg dir.
Ich häng ihn ab, und komme allein zurück.
HURRE
Ich komm zurück, und ohne ihn. Was stinkt hier.

Hurre und Dunty ab. – Heide, gleich darauf Bunz.

HEIDE
Ich heiße Heide.
BUNZ   Weiß er.
HEIDE   Wer ist das?
SCHLAGHAND
Bunz, Gotthold. Unser bester Dumperfahrer.

HEIDE
 Ich bin hier neu, wie weiß er, wie ich heiße?
BUNZ
 Weil alles – früher hätte ich gesagt
 Was langes Haar trägt oder einen Rock
 Heute muß ich sagen: was den Unterschied
 Der, nackt gesehen, Weib scheidet von Mann
 In sich hat und gewachsen ist wie du
 Von Schlaghand gekannt wird eine Stunde nach Ankunft:
 Der riecht das, sieh dir seine Nase an
 Die Nase ist beim Mann ein Hauptorgan.
SCHLAGHAND
 Bunz, brauchst du Luft?
BUNZ   Ich sag ihr Höflichkeiten
 Und setze mich und höre zu von weitem.
HEIDE
 Helfen Sie mir! mich schickt die FDJ.
BUNZ
 Da fiel der mal was Gutes ein, bei Gott.
HEIDE
 Man hat verlangt, daß wir, wir sind freiwillig
 Hierher auf sozialistische Hilfe, damit wir
 Die neue Stadt mitbaun zum Ruhm des Staats
 Und damit Wohnraum kriegt, wer keinen hat
 Und ich kann einen Kran führn, wissen Sie!
 Daß wir hier Wege saubermachen, weil
 Hier ein Minister herkommt, und der soll
 Sich nicht die Schuhe dreckig machen, und
 Wenn der weg ist, fahrn wieder Dumper drüber
 Und alles war umsonst, und wenn der nun
 Zufällig einen andern Weg geht?
BUNZ   Da
 Sieht man, so wie du fragst, du bist voll Unschuld:
 Minister gehn den Weg, der vorbestimmt ist.
 Mach ich da wieder Arbeiter vom Dienst?
HEIDE
 Was ist das, Arbeiter vom Dienst?

BUNZ   Das ist
Die scharfe Waffe eines guten Leiters
Wenn er was braucht, das er sonst nicht bekommt.
Nimm an, wenn ein Projekt ist, leicht gepfuscht
Wir könnten ein bis zwei Millionen sparen
Was gut wär für den Plan und für den Staat
Und überhaupt gut, und wem sagst du das
Wenn du hier Schlaghand bist? du schreibst was schriftlich
Das irgendwohin geht und kommt zurück
Oder versäuft im Sumpf von dreißig Ämtern
Die keiner kennt, falls er nicht Jesus ist
Also das geht nicht. Oder Schlaghand sagt
Wenn der Minister hier ist: ich will ändern
Da das Projekt, und wie, warum und darum
Was macht da der Minister? er befragt sich
Bei denen, die drumrumstehn, das sind die
Die das Projekt bewilligt haben lange
Die sagen Nein, bevor du zweimal Luft holst
Also das geht nicht. Und jetzt komme ich
Gesetzt, ich bin der Arbeiter vom Dienst
Bunz, bester Dumperfahrer, undsoweiter
Und dem gibst du, wenn du Minister bist
Die Hand, weil man das macht und du Kontakt brauchst
Zur Arbeiterklasse, und die bin jetzt ich
Wenn ich der Arbeiter vom Dienst bin; also
Du wirst, wenn du Minister bist, mich fragen
Wie mir das geht, und wie geht die Entwicklung
Und nun kommt meine Rolle. Nämlich ich
Gesetzt, ich bin der Arbeiter vom Dienst
Sage, Genosse, es geht so und so
Nur was uns Sorge macht, ist das Projekt
Und wenn man da was ändert, könnten wir
Das, das und das und zwei Millionen einsparn
Und besser baun!; was fragt da der Minister?
Er fragt Schlaghand, ob der den Vorschlag kennt
Und Schlaghand zieht den Kopf ein und weiß nichts
Und die drumrumstehn, blicken schräg zu Boden

Da sagt der Minister, laut, auch für die Presse
Daß hier die Arbeiter ganz offenbar
Nicht einbezogen werden in die Leitung
Wo man doch Köpfe braucht, und nicht bloß Hände!
Und gibt den Rat, das schnell zu überprüfen
Und gründlich! sagt er, und eh du einmal hochblickst
Hat Schlaghand seine Änderung, und wir mit
So wächst der Mensch mit seinen höheren Zwecken.
HEIDE
 Oh. Ist das so bei euch?
SCHLAGHAND   Das war so, Heide
 Als hier die Zeiten wüst waren und
 Ich mich in dich verliebt hätte glatt.
BUNZ
 Da hätte ich dir, Schlaghand, Konkurrenz gemacht.
 Ich hätte, sage ich – er muß jetzt passen:
 Er ist verheiratet, das ist ihm neu.
SCHLAGHAND
 Der Arbeiter vom Dienst wird nicht gespielt
 Wir gehn den reinen Dienstweg, nur, ab heute.
HEIDE
 Und der Ministerweg?
BUNZ   Verzeih mir, Heinrich
 Nimm sie dir, wenn du mußt, obwohl die ist
 Wie ich mir eine wünschte, mir tuts weh
 Bloß wenn du so bist, das kann ich nicht ansehn.
HEIDE
 Genosse Schlaghand, der Ministerweg.
SCHLAGHAND
 Du hast den Ernst der Welt nicht, Bunz, sonst schwiegst du.
HEIDE
 Sie helfen uns.
SCHLAGHAND   Wer hat das angewiesen
 Daß ihr hier Wege saubermacht?
HEIDE   Genosse Hurre.
SCHLAGHAND
 So. Wenn das Hurre sagt, dann ist es richtig.

HEIDE
   Das meinen Sie nicht im Ernst, das ist doch, ich
   Sag gar nicht, was das ist, so schlimm ist das
   Wir sind hier zwanzig, alle mit Beruf
   Monteure, Kraftfahrer, Kranführer, Schlosser
   Und denken Sie, das macht den Menschen glücklich
   In Ihrem Wohnheim wohnen? und jetzt solln wir
   Als wärn wir ungelernt oder Studenten
   Wege abkratzen, vielleicht Blumen streun
   Oder uns selbst als roten Teppich ausrolln
   Das ist ja, wissen Sie, gegen die Moral!
SCHLAGHAND
   Was gegen die Moral ist, das ist falsch.
HEIDE
   Und was Genosse Hurre –?
SCHLAGHAND   Das ist richtig.
   Ich hab zu tun.
BUNZ   Es muß mit ihm was sein
   Kann sein von zuviel Wodka, oder Krankheit
   Wie sie jetzt umgeht, oder Melancholie;
   Man liest von Schlimmem. Du hast schöne Knie.

Bunz und Heide ab.

I.3

Schlaghand. Eva.

EVA
   Küßt du mich?
SCHLAGHAND
             Nein. Nein. Nein!
EVA   Da wartet einer
   Vom Kunstverband, mit Ausweis und zwei Schränken.
   Ich schick ihn weg.
SCHLAGHAND   Nein.
EVA   Nein? War sie so gut?

113

SCHLAGHAND
  Das ist, was dich nicht angeht. Ich war besoffen.
EVA
  Bis früh?
SCHLAGHAND
      Bis fünf vor sechs.
EVA
            Heinrich, das ist gemein
  Maria gegenüber, so eine Frau
  Verdienst du nie im Leben, wie die kocht
  Und mit Gewürzen, nicht wie sonst in Sachsen
  Und die ist klug, was die für Bücher hat
  Mit zweiundzwanzig, und alle gelesen
  Und die Figur, das bringt Nacktstrände auf
  Das sieht man doch durchs Kleid, und sag mir nicht
  Daß die nicht heiß ist, wenn du sie bloß anfaßt
  Und dabei liebt die dich und wird nie fremdgehn
  Die ist doch so, und die hat eine Seele
  Wie Kinder, was sich bei uns verliert mit dreizehn
  Das hat die alles, und du Schwein besäufst dich
  Und läßt sie in der Hochzeitsnacht kalt liegen
  Das ist der Abgrund, und so seid ihr alle!
  Küßt du mich darum nicht, oder was ist?
SCHLAGHAND
  Ich bin der neue Mensch.
EVA   Das heißt nie mehr?
  Und kommst nicht mehr zu mir? Hast du mich satt?
  Schlaghand, hör zu, wenn du nur eine hast
  Bist du nicht mehr du selber; sieh mich an!
  Dann wirst du langsam abgehn in den Sumpf
  Von Durchschnittsmännern, und deine Maria
  Wird eine Durchschnittsfrau und kalt mit dreißig
  Die machst du mit kaputt, bist du denn blind?
SCHLAGHAND
  Der neue Mensch sein, das verlangt auch Opfer.
EVA
  Ich lasse dich nicht! bild dir das nicht ein.

SCHLAGHAND
Du läßt mich los, und diesen Künstler rein.

Eva ab.

I.4

Schlaghand, Schmonzacka. Zwei Gehilfen. Maria. Eva. Trulla.

Schmonzacka.

SCHMONZACKA
Schmonzacka.

Zwei Gehilfen. Rollen einen Schrankkoffer herein. Setzen ihn während des folgenden ab, nehmen die Schutzhülle ab. Auf Vorder- und Rückseite je ein Piktogramm: Mann mit ausgestrekktem Arm, Frau als Springbrunnen.

    Sie sind der Genosse Schlaghand
Bauleiter dieser Stadt, die bei uns wächst
Und mit den Städten wächst der Mensch, der baut
Dieser Geruch von Mörtel! ich bin Bildhauer.

Die Gehilfen ab.

SCHLAGHAND
Wozu.
SCHMONZACKA
    Wozu. Wozu baun Sie die Stadt?
Bloß zum drin Wohnen? nein, daß in diesen Häusern
Mit Kacheln, und Balkonen, und hochauf
Das Neue Ausdruck findet für die Augen:
Da fühlt der Mensch, wenn er nach oben blickt
Was er vermag im deutschen Sozialismus
beginnt Schlaghand zu skizzieren

Und fährt er dann im Fahrstuhl in die Wohnung
Sieht er um sich die Zeichen der Epoche

Die Gehilfen mit einem zweiten Schrankkoffer, den sie aufstellen.
Auf Vorder- und Rückseite je ein Piktogramm: Fahne, geballte
Faust. Ab.

Und was das gekostet hat, das wissen Sie
Nur freilich, etwas fehlt. Das fühlen Sie selbst
Und was, sag ich Ihnen als Mann der Kunst:
Nämlich dem Menschen, der hinausblickt, fehlt
Ein Blickpunkt, denn was, blickt er, blickt er? Häuser.
SCHLAGHAND
 Die Öde mit Balkon.
SCHMONZACKA   Sehn Sie den Platz.
SCHLAGHAND
 Ich sehe keinen Platz, ich sehe ein Loch
 Schlucht, Grube in Beton: rechts, links
 Vorne und hinten pralln die Blicke weg
 An gleichen Wänden, Blicke sind wie Kinder;
 Sehn Sie drüben das stehngebliebene Gutshaus?
SCHMONZACKA
 Das ist Jahrhundertwende, Jugendstil.
SCHLAGHAND
 Vom Mittelmaß das Schwächste, aber wenn Sie
 Sich umsehn, das sieht richtig menschlich aus
 Gegen hier diese Schlafstadt, wollen Sie
 Das anmalen, an Wände Bäume meißeln
 Die sonst nicht wachsen, oder Heiligenbilder
 Mit Kosmonautenhelm? hier hilft bloß Dynamit.
SCHMONZACKA
 Das ist die revolutionäre Ungeduld.
 Ich bin hier recht, und schon in Ihrer Schuld.
 skizziert Schlaghand weiter
 Was ist der Mensch als Mensch? er ist einssiebzig
 Ein Stück lauwarmes Fleisch, das sich verliert
 Und wie ihn größer machen? durch die Kunst

Und wie sich selbst zum Blickpunkt? durch ein Standbild
Auf diesem Platz hier. Bitte mehr nach rechts.
SCHLAGHAND
 Das soll was darstelln?
SCHMONZACKA Ja! so fragt die Kunst.
 Den Menschen. Welchen? wie er hustet, niest
 West sieht, am Garten hängt, oder auch hübsch ist?
 Nein! denn die Kunst soll uns zu Höherem führen
 Und also gilt uns als ihr Ziel und Vorwurf
 Der Neue Mensch. Ich habe mich befragt
 Bei hohen Leitungen, das ist gesichert:
 Sie sind ein neuer Mensch, zwar noch mit Schwächen
 Das ist das Leben, wir sind Realisten.
 entnimmt dem ersten Koffer eine bewegliche Gliederfigur
 Und keine Angst, daß Sie zu ähnlich werden!
 Zwar Sie sind typisch, doch ich werde Sie
 Zum typisch Typischen verallgemeinern:
 Das erst ergibt das Bild, und bringt die Preise.
 richtet die Figur zu einer Pose
 Der Neue Mensch, verstellbar im Entwurf
 Vorwärtsschreitend und weisend auf ein Fernes
 Das ihm schon nah ist. Sagen Sie noch nichts.
 *entnimmt der Rückseite des Koffers eine weibliche Gliederfigur
 in einem Wasserbecken*
 Variante. Große weibliche Figur
 Symbol der Heimat, und als Springbrunnen:
 Wasser als weibliches Element, sowie
 Wachstum spendend für unsere Landwirtschaft.
 füllt Wasser ein, drückt einen Knopf, das Modell sprüht Fontänen; entnimmt der Vorderseite des zweiten Koffers bewegliche Fäuste, die sich in eine Platte stecken lassen
 Die Faust. Symbol koordinierter Schlagkraft
 Geeignet Ihres Namens wegen, Schlaghand
 Möglich einzeln, hart wachsend aus der Erde
 Oder als Bündel, das dem Feind die Stirn weist
 Die Höhe etwa fünfundvierzig Meter.
 Schließlich die Fahne.

entnimmt der Rückseite des zweiten Koffers eine Betonfahne
Beton, bemalt mit Farben
Die Flammen darstellen oder Rosenblätter
Je nach Beleuchtung. Drehbar konzipiert
Zum Abend auch verbindbar mit Musik.
drückt einen Knopf, die Fahne dreht sich bei wechselnder Beleuchtung zu Musik
Auch Kombinationen gehen. Etwa Sie
Rauswachsend aus der Spitze dieser Fahne
Mit offenem Gesicht den Stürmen trotzend.
SCHLAGHAND
Ein Vorschlag.
SCHMONZACKA
  Ja. Ja! wie ich hören werde.
SCHLAGHAND
setzt den Oberkörper der ersten Gliederfigur auf die Fahne
Baun Sie das Monument hier in die Erde.
SCHMONZACKA
Wie?
SCHLAGHAND
  Andersrum. Kopfunter abwärts, steil.
stülpt das Modell in eine Versenkung
SCHMONZACKA
Aber dann sieht man nichts!
SCHLAGHAND Im Gegenteil
Man siehts von unten. Können Sie den Kopfstand?
SCHMONZACKA
Ich bin fünfundvierzig, Genosse Schlaghand!
SCHLAGHAND
Das macht nichts. Stehn Sie kopf. Hier auf dem Tisch.

Schmonzacka versucht auf dem Tisch kopfzustehen, fällt herunter.

Das geht nicht. Bleiben Sie unten, dann zeigs ich.
setzt sich auf den Tisch

Maria.

Hier ist die Erde. Sie sind unterirdisch.
Das ist ein alter Gedanke von mir, Meister.
Die Architektur der Zukunft nämlich wird
Nach unten gehn; wenn das die Erde ist
Dorthin. Hier oben wird man wohnen, und
Schulen haben und Parks und Kindergärten;
Fabriken aber, Ämter und Verkehr
Werden sein wo jetzt Sie sind, unter der Erde.
Natürlich wird der Mensch auf Beinen gehn
Der Schwerkraft wegen; doch die Kunst als bildlich
Führt ihm vor Augen, wo er sich befindet
Und so, wie Marx die Dialektik stellte
Vom Kopf auf beide Füße, machen Sie
Als Negation der Negation es umgekehrt
Und, wenn jetzt also Sie dort unten stehn
Sehn Sie mich so, als Spitze dieses Denkmals –
steht auf dem Tisch kopf, läßt sich im Handstand auf den Stuhl herunter
Und meine Beine, sehn Sie, sind die Fahne
Von oben blicken als den Pionier
Des Baus nach unten, der die Erde frei macht!
Stelln Sie sichs vor?
bemerkt Maria
                      Maria. Ihm fällts schwer.

MARIA
  Ich hol dich ab.

Eva, mit einem Blumenkorb.

EVA   Kreisleitung, Trulla.
SCHLAGHAND   Der Erste Sekretär!

Trulla.

TRULLA
  Ich komm dir gratulieren.
SCHLAGHAND   Und kein Orden?

TRULLA
 Wofür?
SCHLAGHAND
  Ich bin ein neuer Mensch geworden.
TRULLA
 Darum stehst du kopf.
SCHLAGHAND Wir reden über Kunst.
TRULLA
 Laß dich nicht stören.
SCHLAGHAND Ich mach Licht im Dunst.
springt auf die Füße
 Er will mich in Stein haun.
 zu Schmonzacka: Gchen Sie nach draußen
 Dort steht, was ich gebaut hab, als mein Kreuz
 Das reicht mir, wenn ichs sehn muß.
MARIA Kommst du, Heinrich?
SCHLAGHAND
Ich hab zu tun: er sieht nichts. Er sieht nichts.

In der Tür Eva.

Nicht was hier steht, noch was hier stehen müßte.
Häuser, ja, hoch, und meinetwegen höher
Von denen Ausblick ist auf eine Landschaft.
Bäume. Ein Platz, auf welchem man sich trifft
Rundum sind kleine Läden und Terrassen.
Wege für Liebespaare, wo am Tag
Die Kinder laufen auf Entdeckung. Dächer. Gärten.
 Jedem Haus
Ein Raum, in den wer will zum Abend hingeht
Und Skat spielt oder Pingpong, oder bloß
Mit andern sitzt und trinkt ein Bier und raucht
Und schweigt oder redet. Freundlichkeit –
zu Schmonzacka:
Das könnte hier gebaut sein; sehn Sies? Nein.
SCHMONZACKA
 Sie sind gegen die Kunst, das wird Ihr Schade sein.
 ab

Die zwei Gehilfen. Packen die Modelle ein, mit den Koffern ab.

SCHLAGHAND
   Und du, Trulla? Siehst dus?
TRULLA   Der alte Schlaghand
   Er löst die Frage kurz und revolutionär:
   Die Denkmäler warten, bis wir besser bauen.
SCHLAGHAND
   Sonst weißt du nichts?
TRULLA   Was sonst? Die Welt ist groß
   Wer alles will, kriegt nichts.
MARIA   Wer nichts will?
TRULLA   Nichts.
MARIA
   Der wenig will?
TRULLA   Wenig. Und der viel will, etwas.
   Ich wünsch euch Glück. Klappts mit der Wohnung? Gut.
MARIA
   Das nennen Sie Politik. Der hat zu Hause
   Zeichnungen, solche Häuser, wenn Sie die
   Nicht kennen, wozu gibts Sie? und wenn Sie sie kennen
   Und lassen sie im Schrank, sind Sie Einer
   Der hinterm Mond sitzt und mit langem Arm
   Das Heute vor sich hinschiebt in die Zukunft
   Bis es von gestern war!
   zu Schlaghand: Gehn wir zu mir.
SCHLAGHAND
   Ich hab zu tun.
TRULLA   Da helfen keine Waffen.
   Ich lad Sie ein zum Essen. Ja, das ist zu schaffen.

Trulla und Maria ab.

EVA
   Ich habe alles gehört. Heinrich, ich bin so glücklich.
SCHLAGHAND
   Warum?

EVA Meinst du, ich habe nicht gemerkt
Daß du für mich gesprochen hast? Alles
Was du gesagt hast eben vom neuen Bauen
Das wirst du hinstelln, denn du gehst fort hier
Und wirst Architektur studiern an einer Hochschule
Wie du das wolltest, Heinrich, und dann baust du
Das, was du siehst und was die Leute brauchen
Und ich besuch dich manchmal, wo du bist
Und über Büchern sitzt und zeichnest Städte.
Küßt du mich jetzt?
SCHLAGHAND
                   Nein.
EVA   Wieso nein.
SCHLAGHAND   Weil ich
Ein neuer Mensch bin, und das Träume sind.
Der neue Mensch, Eva, ist nicht zum Beten
Er lernt dem Fernziel auf die Kehle treten
Die Langeweile der Notwendigkeit
Baut er, denn ihm im Nacken sitzt die Zeit
Rechtwinklig, doch beheizt, hat ihn das Kahle
Schmal zwischen Traum und Nichts liegt das Normale
Unnormal, doch gebaut wirds, weils sein muß;
Hol mich der Teufel, gibts einen anderen Schluß.

Eva weint; ab.

I.5

Schlaghand. Müller.

Müller, in Grau.

MÜLLER
  Sie riefen mich.
SCHLAGHAND
             Ich rief niemand, was wolln Sie.

MÜLLER
Angenehm, Müller, Rangklasse Alpha Zwo.
Sie müssen es dreimal sagen.
SCHLAGHAND   Was, hol mich der Teufel.
MÜLLER
Danke, das reicht. Die Vorschriften.
SCHLAGHAND   Woher
Fußballer, Ministerium?
MÜLLER   Höher. Tiefer!
SCHLAGHAND
Dann sind Sie nichts, oder der liebe Gott.
MÜLLER
Auch nichts ist etwas.
SCHLAGHAND   Ja. Fahrn Sie zur Hölle.
MÜLLER
Sonst was Sie wollen, doch das ist unmöglich.
SCHLAGHAND
Unmöglich ist, ich fresse meinen Kopf
Und leite einen Bau wie es verlangt wird
Sonst ist nichts unmöglich.
MÜLLER   Gut, jetzt sind Sie dran.
SCHLAGHAND
Woran.
MÜLLER
         An mir, am Thema, an der Reihe
Ich komm Sie holen, Schlaghand. Gut?
SCHLAGHAND   Wer sind Sie.
MÜLLER
Der, den Sie riefen.
SCHLAGHAND   Fein, das will ich sehn.
wirft Müller an die Wand, ein nasser Fleck bleibt
Sie sind ein nasser Fleck, den rief ich nicht.
MÜLLER

sitzt unbeschädigt auf Schlaghands Stuhl
Ich bin ein nasser Fleck und bins doch nicht
So wie Sie achtzig Kilo laues Fleisch sind
Und doch der neue Mensch H. Schlaghand.

SCHLAGHAND   Teufel.
MÜLLER
  Ich wußte, du bist von der schnellen Sorte
  Die an Tatsachen glaubt und nicht an Worte.
  Gehn wir?
SCHLAGHAND
         Wohin.
MÜLLER   Wohin? du willst zur Hölle.
  Du riefst dreimal, wir melden uns zur Stelle.
SCHLAGHAND
  Sie sind der Teufel?
MÜLLER   Ich bin nur beauftragt
  Von etwas, das ins Dunkle ab- und aufragt
  Da ein Diktator sich nirgend mehr rentiert
  Haben auch wir die Bürovolksherrschaft eingeführt
  Das heißt, die Hölle strukturierte sich um
  Und wird geleitet durch ein Konsortium
  Höchster Beamter, genannt der Luzifer-Kreis;
  Die Hölle zahlt dem Fortschritt ihren Preis.
SCHLAGHAND
  Ich muß mit dir?
MÜLLER   Du mußt, ja; weil du willst.
SCHLAGHAND
  Ihr bietet was?
MÜLLER   Daß du deinen Willen stillst.
SCHLAGHAND
  Das ist?
MÜLLER
         Heiter! wie der ökonomische Geist
  Noch in den verzweifeltsten Köpfen kreist;
  Sie stehen nackt vorm Nichts in lauter Dreck
  Und handeln noch der Hölle etwas weg.
  Wir bieten alles!
SCHLAGHAND   Alles?
MÜLLER   Was du willst.
SCHLAGHAND
  Was, das ich will, das ist nicht alles.

MÜLLER Alles
Was du wann willst, solange du es willst.
SCHLAGHAND
Wenn ich zurückwill?
MÜLLER Gehst du, was ist leichter
Die Hölle ist die absolute Freiheit.
SCHLAGHAND
Reisen?
MÜLLER
Ich führ dich vorher durch die Welt.
SCHLAGHAND
Frauen?
MÜLLER
Ich sagte: alles; sind sie nichts?
SCHLAGHAND
Schnaps?
MÜLLER
Dieser Kopf voll Mißtraun. Beste Sorten.
SCHLAGHAND
Kunst?
MÜLLER
Nach Bedarf, die Hölle steckt voll Künstler.
SCHLAGHAND
Und wenn ich nichts mehr will?
MÜLLER Gehörst du uns.
SCHLAGHAND
Auf immer?
MÜLLER Sicher, denn du willst dann nichts mehr.
SCHLAGHAND
Somit, ich muß nur wollen.
MÜLLER Wir erfüllen.
SCHLAGHAND
Und das kann lange gehn?
MÜLLER Solange es geht
Es ist eine Frage der Kapazität:
Wer wollen kann auf unbegrenzte Zeit
Hat was er hat, das ist die Unsterblichkeit.

SCHLAGHAND
 Sehr gutes Angebot, ich lehne ab.
 Ich bin ein neuer Mensch, man braucht mich hier.
MÜLLER
 Er trinkt den Kelch des Bittern bis zum Grund
 Und nimmt auf sich das Kreuz dieses Planeten.
 Du hast den Becher leergetrunken, Schlaghand.
SCHLAGHAND
 Nein!
MÜLLER
  Nein. Du spielst wozu, was du jetzt spielst?
 Weil alles, was du träumtest, nicht mehr geht
 Und was du baust, ist nicht den Sprengstoff wert
 Mit dem dus sprengen möchtest, wenn du hinsiehst
 Doch Sprengen ist keine Lösung, also baust du
 Und machst die Arbeit, die dich anstinkt, gut
 Das ist, um etwas besser als die andern:
 So kannst du dich beweisen als ein Held
 Den aber braucht man nicht, er stört die Ordnung
 Weil er ein Stück einer zu kurzen Decke
 Zu sich zieht, und das macht die andern nackt
 Die weniger ziehen, also sagt man dir
 Laß nach, sei wie wir alle und normal
 Das hörst du an, zwei Jahre, und dann wirst dus.
 Das heißt, du willst es werden, aber in dir
 Sitzt noch der alte Schlaghand und muckt auf
 Und da ernennst du dich zum neuen Menschen.
 Nämlich, du willst normal sein, aber so
 Daß jeder sieht, normal ist unnormal;
 Das aber stört, denn es ist ein Protest
 Gegen die Weltordnung, die muß normal sein
 Folglich, sie braucht Illusionen, und braucht Schlag-
  hand
 Als einen, der die Illusionen mithat
 Die aber fehlen dir. So bist du trostlos. Trostlose Leiter
 Sind ein unschöner Anblick, eine Krätze:
 Mithin, du sollst auch glauben was du machst

Und das versuchst du; da fängt dein Zerfall an.
Das sucht sich Gründe, glaubt, es opfert sich
Auf für den Weltgeist, oder bessere Zeiten;
Bald fängst du an zu grinsen über die
Die was du wolltest wolln, und machst sie still
Und langsam wächst dir dein Gesicht mit Fett zu.
SCHLAGHAND
Was noch?
MÜLLER Nicht, daß du alles, was besteht
Schon ganz für gut hältst, doch du kennst dich aus
Und triffst du was, das zu verbessern not wär
Sagst du das Kühne, das zu sagen ist
Versteckt in weniger Kühnem, denn du würdest
Sagst dus zu kühn, dem Kühnen ja nur schaden
Das geht, bis schließlich nur du selber weißt
Was du da Kühnes meintest, und so wächst dir
Zum Fett noch der zufrieden schlaue Blick:
Das weiß, es dient auf seine Art dem Fortschritt
Und besser ist kein Fortschritt als ein Rückschritt
Und besser ein kleiner Rückschritt als ein großer;
Da bist du in der besten aller Welten
Und bist am Ende, Schlaghand, und das zieht sich.
SCHLAGHAND
Schwarzmaln ist dein Beruf, das ist bekannt.
Kannst du die Zukunft sehn?
MÜLLER Ich bin dein Mund
Und rede, was dein Kopf denkt.
SCHLAGHAND
Was mir bei allem bleibt, ist Liebe.
MÜLLER Liebe.
Eine liebt Schlaghand, wofür? daß ers besser
Als andere kann, und mit mehr Rücksicht
Und Kräften wartet, bis der Frau der Schrei kommt?
Das ists nicht, Schlaghand. Die dich wollen, wolln
Dich ganz, und bist du nicht mehr Schlaghand
Hört auch die Liebe auf, dann kommt was kommt:
Die Schöne Ehe. Was bleibt da der Frau?

Morgens zur Schule, nach dem Mittag Sitzung
Die Kinder, Hefte, Abend; der Mann, müde
Will sich erheitern, da bleibt nur die Wahl
Sie macht ihn heiter, und läßt den Haushalt liegen
Das heißt, der Mann wird sauer den nächsten Abend
Oder der Haushalt, und der Mann sieht Fernsehn
Bis fünf nach elf, und wenn er dann nicht einnickt
Bleibt wenig Zeit für Liebe, man machts ab
Und dreht sich weg zur Wand; so gehn die Jahre
Da will die Frau auch leben, sie geht fremd
Oder macht Fernstudium, denn etwas braucht der
   Mensch –
SCHLAGHAND
Ich will nichts hören!
MÜLLER   Willst du lieber sehn?
   Maria, sagtest du, ist zweiundzwanzig
   hält Schlaghand einen Spiegel hin
   Hier siehst du sie mit dreißig. Siehst du weg?
SCHLAGHAND
   sticht sich mit einem Stift in die Hand
   Gib den Vertrag.
MÜLLER   Papier, und noch mit Blut!
   Verträge, Freund, sind nur zum Brechen gut
   Du uns oder wir dich – das ist das Band
   Das unverbrüchlich hält. Gib deine Hand.
   breitet seinen Mantel auf dem Fußboden aus, stellt sich darauf

Schlaghand folgt Müller auf den Mantel. Der Mantel erhebt sich mit ihnen und entschwebt.

I.6

Hurre. Dunty.

Tür öffnet sich. Hurre.

HURRE
 Er ist allein. Dunty soll uns nicht stören.
 schließt die Tür von innen ab

Außen am Fenster Dunty.

DUNTY
 Kein Hurre? Nein? Nein: es ist nichts zu hören.
 Heinrich!
HURRE   Er ruft mich Heinrich. Er ist krank.
 Heinrich!
DUNTY   Jetzt scherzt er wieder, Gott sei Dank
 Und redet mit sich selbst mit Hurres Stimme.
 ahmt Schlaghands Stimme nach
 Was willst du, Hurre?
HURRE   Du hast mich erschreckt.
DUNTY
 Ich lach mich tot. Wo hast du dich versteckt?
HURRE
 Jetzt spricht er schon wie Dunty! es ist ernst.
DUNTY
 Hurre sülzt auf der Sitzung; ich sage mir, entfernst
 Du dich, und komme: wir sind unter uns.
 steigt zum Fenster herein
HURRE
 Krank? das ist Hohn! Ich stopfe ihm den Mund.
 sucht Schlaghand
DUNTY
 Wo bist du?
HURRE   Heinrich!
DUNTY   »Heinrich«! Wie er spricht!

Stoßen mit den Rückseiten aneinander.

 Ahh!

Drehen sich um, prallen zurück.

HURRE
>   Du?
DUNTY   Du?
HURRE   Dunty, und Schlaghand nicht.
>   Was hast du eben über mich gesagt?
DUNTY
>   Ich? Daß du sülzt! Ist dir das nicht bekannt?
HURRE
>   Mir ins Gesicht hast du das nicht gewagt!
DUNTY
>   Jetzt wag ichs!
HURRE   Nein!
DUNTY   Mein Zeuge ist Schlaghand!

Sehen einander an und sich nach Schlaghand um.

HURRE
>   Eva sagt, er ist hier und ist allein.
DUNTY
>   Siehst du ihn?
HURRE   Du? Es muß mit ihm was sein.

Setzen sich nebeneinander.

>   Wenn er doch krank ist?
DUNTY   Nein.
HURRE   Wenn?
DUNTY   Leitest du den Bau.
HURRE
>   Und du machst Sekretär.
DUNTY   Uns triffts.
HURRE   Genau.
>   Ich habe im Gefühl, der Fall ist schwer.
DUNTY
>   Zu Trulla.
HURRE   Ja. In Not – zum Ersten Sekretär!

Vorhang

II Baugelände

II.1

Bunz. Faktotum.

Bunz im Sicherungsnetz, liegt, ruht. Mittagsgeräusche. – Faktotum mit einem zweirädrigen Handkarren, auf dem Bierkästen mit leeren Flaschen sind. Ab.

BUNZ
Mittag. Ruhe. Die Sonne hängt im Blau.
Der Himmel steigt. Ich möchte eine Frau.

Faktotum kommt zurück mit dem Handkarren, in den Bierkästen volle Flaschen. Hält an. Blickt geduckt kurz zum Himmel. Wimmert.

BUNZ
Bier.
FAKTOTUM
Nein!
will mit dem Karren weiter
BUNZ Es ist Mittag. Keine Arbeitszeit.
FAKTOTUM
Das sind die Flaschen für Abteilung Zwei.
BUNZ
Ich zahl dirs.
FAKTOTUM Nein!
BUNZ *richtet sich auf* Was nein?
FAKTOTUM Ich kann nicht rechnen.
BUNZ
springt nach unten
Ich werde für dich rechnen, gib zwei Bier.
FAKTOTUM Ich kann Ihnen kein Bier verkaufen, höchstens wenn ich was gegen Sie hätte.
BUNZ Dann hab was gegen mich. *will ihm Geld geben*

FAKTOTUM Herr Bunz, ich kann gegen Sie nichts haben, Sie haben mir letztes Jahr den Gartenzaun besorgt. Ich kann Ihnen kein Bier verkaufen: das Bier ist schlecht.

Bunz will sich Bier nehmen, Faktotum wirft sich über den Karren.

Das Bier ist vergiftet!
BUNZ Hast du welches getrunken?
FAKTOTUM Ja! *wimmert* Ich habe davon getrunken, und jetzt bin ich verrückt.
BUNZ *legt ihm die Hand auf die Stirn, riecht an seinem Atem* Du bist nicht verrückt, du willst mir kein Bier geben. *nimmt sich eine Flasche*
FAKTOTUM *entreißt ihm die Flasche* Ich bin verrückt: Ich habe Schlaghand gesehen!
BUNZ Ich habe ihn auch gesehen, heute früh im Büro. *nimmt sich eine Flasche, öffnet sie*
FAKTOTUM *zeigt zum Himmel* Ich habe ihn dort gesehen! Er flog auf einem Mantel, mit noch wem, und entfernte sich in Richtung Süden! *nimmt Bunz die geöffnete Flasche weg, läuft mit dem Karren fort, wimmernd ab*

II.2

Bunz. Hurre. Dunty.

Hurre und Dunty, eilig.

DUNTY Hast du Schlaghand gesehen?
BUNZ Wie? Habt ihr auch von dem Bier getrunken.
HURRE Was für Bier.
BUNZ Das einen am hellen Himmel Mittagserscheinungen sehen läßt. Ich hatte heute eine Vormittagserscheinung, ohne Bier: sie heißt Heide, blond, ich wette am ganzen Leib, und du läßt sie Wege saubermachen. Das war recht von dir, Hurre, es macht sie zu meiner natür-

lichen Verbündeten; sobald ich mich mit ihr abgestimmt
habe, werden wir dir den Arsch aufheizen. – Vielleicht
ist er bei ihr? *will fort*
DUNTY Nicht. Sie macht Wege sauber.
BUNZ Er wird zu Hause den Mittag zur Hochzeitsnacht
machen, danach geht bei ihm die Arbeit besser.
HURRE
Laß deine Witze! Das ist überprüft
Zu Hause ist er nicht.
BUNZ   Im Kranwerk. Auf dem Bau.
HURRE
Der weiß nichts. Gehn wir.
BUNZ   Ich hab was gehört:
Er soll nach Süden abgeflogen sein, auf einem Mantel!
lacht

Entfernt wimmert das Faktotum.

HURRE
Süden? bald wird es heißen Richtung Westen
Die Frage wird politisch. *Auf.*
DUNTY   *Zu Trulla.*

Hurre und Dunty ab.

II.3

Bunz. Grit. Maria. Eva. Hurre. Dunty. Trulla.

Grit, ungefähr 28.

BUNZ
Wenn Heide die Sonne ist. Und ich der Himmel.
Oder der Himmel sie, und ich die Sonne.
Oder umschichtig. Ja. Wir sind der Kosmos.
Der ist in Rotation. Ich gehe zu ihr.
will gehen

GRIT
 Ich suche jemand. Heinrich Schlaghand.
BUNZ *bemerkt sie* Oh.
GRIT
 Er soll hier Bauleiter sein. Ich komme von weit.
BUNZ
 Nehmen Sie Platz, Sie müssen müde sein.
 Ein schöner Tag heute; Sie sind die dritte.
GRIT
 Wie?
BUNZ Die ihn sucht. Die andern waren Männer.
 Sind Sie dienstlich?
GRIT Privat.
BUNZ Ja. Seine Schwester?
 Nein.
GRIT Ökonomin.
BUNZ Ja. Sie sind kein Engel?

Im Hintergrund Maria.

 Nein. Aber ich ein guter Geist – ich zeige
 Wo Sie Schlaghand finden: dort kommt seine Frau.

Eva.

 Und das ist Eva, seine Sekretärin.
 Maria! sie sucht Schlaghand.
EVA Wie hier alle.
MARIA
 Ich such ihn nicht, er hat zu tun. Was gibts?
GRIT
 Es muß ein Irrtum sein; ich bin hier falsch.
EVA
 Sie ist falsch hier.
GRIT Der Schlaghand, den ich suche
 Ist nicht verheiratet.
BUNZ Sie kommt von weit.

Die Hochzeit war erst gestern, das war schön.
GRIT
Und heute ist er fort, dann wirds doch er sein.
MARIA
Was sagt ihr, er ist fort? Und Sie, was wolln Sie?
GRIT
Ihm seinen Sohn zeigen, er kennt ihn nicht.
EVA
Willst du, ich hau ihr eine, Maria?
MARIA   Ach.
Dann zeigen Sie ihn ihm, was ist dabei!
EVA
Ja! sag wo Schlaghand ist, dann soll sie hingehn
Und Alimente schlauchen, die Matratze!
MARIA
Ich weiß nicht, wo er ist.
GRIT   Sie weiß es nicht
zu Eva:
Gehn wir und suchen.
MARIA   Geht doch, aber nehmt
Euch was zu essen mit! Er wird mich suchen
Sobald er Zeit hat.
EVA   Sicher, wenn er Zeit hat.
zu Grit:
Gehn wir? Zu mir.
GRIT   Zu dir? Wieso?
zu Maria: Wer ist die?
Ein Bettwärmer oder eine Sekretärin?
EVA
Schlaghand und ich sind Freunde, das weiß jeder
Und ich versteh ihn!
GRIT, MARIA   Ha!
gegeneinander   Was heißt hier »ha«?!
BUNZ
Frauen, seid friedlich.
MARIA, EVA, GRIT
gehen auf Bunz los Mischst du dich hier ein?

BUNZ
Ich bin sein Freund.
MARIA   Dann geh und such ihn! So.
EVA
Wir Frauen sollten doch zusammenhalten.
Ich heiße Eva.
GRIT   Grit.
EVA   Das ist Maria.
GRIT
Machen wir einen Plan.
BUNZ   Oh, das wird schwer
Die Weltprobleme kommen jetzt zur Sprache.

Trulla, Hurre, Dunty.

Da hilft nur eins: der Erste Sekretär.
Ich werde Heide fragen, was ich mache.
ab

II.4

Grit. Eva. Maria. Trulla. Hurre. Dunty.

TRULLA *zu Maria:*
Man darf nicht essen hier, schon holt er einen.
HURRE
Bunz, der grad geht, dem hat man es gesagt.
TRULLA
Daß Schlaghand nach Süden ist.
DUNTY   Auf einem Mantel.
Ich such ihn weiter.
  zu Eva und Grit: Und ihr helft mir suchen.

Dunty, Eva, Grit ab.

II.5

Maria. Trulla. Hurre.

HURRE
 Bier in der Arbeitszeit, dabei kommts raus!
 Er war schon seltsam heute vom frühen Morgen.
TRULLA *zu Maria:*
 Hattet ihr Streit?
MARIA   Ich liebe Schlaghand, und
 Weiß daß er mich liebt, weiter weiß ich nichts.
TRULLA
 Wie war er seltsam?
HURRE   Er sprach bloß vom Dienstweg
 Und sagte dauernd, er ist ein neuer Mensch.
TRULLA
 Im Spaß.
HURRE   Das war kein Spaß.
TRULLA   Wie kam er drauf?
HURRE
 Das geht zwei Jahre, und du weißt es selber!
 Weil es in jedem zweiten Bericht erwähnt ist
 Daß wir Probleme haben, und mit Schlaghand.
TRULLA
 Hurre, ich les nicht alles was ihr schreibt.
HURRE
 Wie?
TRULLA
 Ich habe einen Kopf, niemand hat zwei
 Und für den Kreis hier. Also?
HURRE   Weil er
 Selbstherrlich war, und hat sich nie beraten
 Bis der Bau stand. Und lauter Mauscheleien
 Mit Arbeitskräften gegen Material
 Und Tauschgeschäfte, wie im Mittelalter
 Arbeit gegen Wohnung, und mit Ferienplätzen
 Und war noch stolz.

TRULLA   Das habt ihr kritisiert.
HURRE
Um ihn zu ändern! Doch das war nicht das.
blickt auf Maria
Er war kein Vorbild.
TRULLA   Ah.
HURRE *blickt auf Maria*   Persönlich.
blickt auf Maria
MARIA   Er
Will sagen, Schlaghand schlief mit Frauen.
HURRE   Ja.
Mehrere! und als Leiter! die Gerüchte
Und wenn das jeder machte.
MARIA   Jeder schaffts nicht
Zum Glück.
HURRE   Wie?
MARIA   Weil die Frauen sonst nicht reichen.
HURRE
Genosse Trulla, ich verstehe, ihr
Kommt hier von oben und lächelt, und du willst
Mir sagen was von Wesen und Erscheinung
Komm mir nicht damit, wie erscheint das Wesen?
In der Erscheinung, anders fassen wirs nicht
Wir nicht hier unten, sagt nicht die Partei
Daß jeder, auch der, der viel leistet, sich
Verbessern muß in Richtung aufs Vollkommene
Daß er ein neuer Mensch wird? Wohin führt das
Wenn ich was nachsehe: der zahlt keinen Beitrag
Aber man sagt, sonst ist er tüchtig und
Ein prächtiger Genosse; der glaubt an Gott
Aber arbeitet gut; der steckt Mao an
Aber ist Neuerer; wozu bin ich hier
Wenn ich nicht alles fordere vom Genossen
Und von wem am meisten? der am weitesten ist
Auf unserm Weg, und der ist kompliziert
Und Argumente sind gut, doch besser ist
Ein Beispiel, und in menschlicher Gestalt:

Und deshalb sprachen wir mit Schlaghand, ständig
Und manchmal hart, doch auch von Mensch zu
   Mensch
Und als ers endlich, nach zwei Jahren, einsah
Und sagte: Genossen, ich gehe die Ehe ein
Das war auch unser Festtag! und nun das.
MARIA
Was? Nein, das ist nicht wahr.
HURRE   Versteh, Maria
Er liebt dich, so half uns der Zufall, du
Kamst wie gerufen, und ist das nicht schön?
MARIA
Du weißt nicht was du redest, du bist kein Mensch
Hast du geglaubt ich weiß nichts? ich weiß alles
Und weiß er war verzweifelt, und er braucht
Wen, der ihn liebt, wenn er nicht ein noch aus weiß
Wie soll er mich jetzt ansehn? Er ist fort!
ab
TRULLA
Wir reden noch, Maria.
MARIA   Heinrich! Heinrich!
HURRE
Gut, setz mich ab.
TRULLA
          Denkst du nichts andres jetzt.
Was hast du?
HURRE   Nichts. Die Leber. Das geht lange
Von zuviel Arbeit und zuwenig Schlaf.
TRULLA
Zuviel zuwenig. Was machen wir jetzt?

Man hört das Faktotum wimmern.

                              Dunty.

Dunty.

Da war ein Mann, der Bunz gesagt hat, daß
Schlaghand geflogen wär in Richtung Süden
Auf einem Mantel. Bring den Mann her, Dunty.

Vorhang

III Heide

III.1

Schlaghand.

Schlaghand. – Seitwärts Müllers Mantel.

SCHLAGHAND
 Wälder in Asche, Städte stehn in Feuer
 Dummheit schlägt Dummheit blind den Schädel ein
 Der Erdball dampft, ein Kessel Abrauch, rosig
 Senken sich Abende über Hirngeschwächte
 Die ihre Schlächter wählen regelmäßig
 In Asien stirbt man, daß Europa lebt
 Und was bei uns? Zufriedenheit füllt Köpfe
 Sanft mit Fettsucht, Papier dörrt Leben, Mißtraun
 Säuft Adern leer, als wär noch Zeit zu warten
 Für uns und den Planeten, Tod kommt, Tod!

III.2

Schlaghand. Müller

Müller.

MÜLLER
 Du sprichst sehr gut. Den Menschen bilden Reisen.
SCHLAGHAND
 Wozu der Aufenthalt?
MÜLLER   Das Reglement.
 Freiwillige sind, bei Tag, und gutem Wetter
 An einer Lieblingsstelle abzusetzen
 Daß sie noch einmal prüfen, wolln sie fort.
SCHLAGHAND
 Ich hab die Welt gesehn, fahrn wir zur Hölle.

MÜLLER
  Warst du nicht oft hier?
SCHLAGHAND   Oft genug.
  setzt sich auf Müllers Mantel
MÜLLER   Die Welt
  Ist nicht nur Dreck und Mord, das war sie immer
  Sondern auch Abende, sanft, Mondlicht und Silber
  Auf dunklen Bäumen, Lichter von Terrassen
  Gespräche, Ruhe unter Sternen, Liebe
  Die sich vergißt und macht die Kammer zum Weltall;
  Oder Mittage, heiß, ein weiter See
  In den du tauchst und Sonne flirrt auf Sand
  Auf den du kühl trittst und die Zehen spürst
  Natur ist selten, doch es gibt sie.
SCHLAGHAND   Wie
  Steht das in deinem Text.
MÜLLER   Ich spar mir Wege
  Und sage, was du denken könntest, selber
  Das kürzt die Prozedur. Komm nur vom Mantel
  Vor Abend können wir nicht weiter.
  zieht eine Flasche aus dem Mantel
                         Trink, das hilft.
SCHLAGHAND
  trinkt; die Flasche wird nicht leer
  Sie wird nicht leer.
MÜLLER   Einer unsrer kleinen Späße.
SCHLAGHAND
  Da kommt wer, ich will niemand sehn.
MÜLLER   Warum?
  Sehen ist gut, gesehen werden dumm:
  Ergeh dich, Schlaghand! sieh dir Bäume an
  Die sind blicklos; und willst du, wirf ein Auge
  Auf was hierherkommt und sich produziert
  Es ist Theater – bist du aus dem Spiel
  Kürzts doch die Zeit, und manchmal sieht man viel.

Müller und Schlaghand ab.

III.3

Maria. Eva. Grit.

Maria.

MARIA
Das ist der Platz, an dem wir öfter saßen
Und lagen: Rotes Heidekraut, erwärmt
Von Stille und Mittag; der Wacholder schwarz
Und alles wie damals. Läßt er mich allein?
Ich muß ihm folgen, und solls mein Ende sein.
geht, hält an
Denn das ist Weltvernunft: daß zwei, die sich
Zusammenfinden und sich machen schöner
Nackt, und danach, zusammenbleiben noch
Und einer hält den andern, wenn der falln will;
Bin ich denn stärker? Schwäche ziert das Weib:
Ich will ihn: Ich brauche einen Zeitvertreib.
geht, hält an
Was ist ein Zeitvertreib? das ist ein Sinn.
Ich such ihn, bis ich wieder bei ihm bin.
ab

Eva.

EVA
Hier ist der Ort, an dem wir saßen und
Käfer besahn und Wolken; Birken kannten
Wir in der Färbung jeder Jahrzeit, so:
Blattlos, violett, grün, gelblich, kahl vom Herbst
Und nur im Winter nicht. Er malte mir Städte
Hier in die Heide, groß, von April bis Oktober
Dann blieben wir in der Wohnung, weils zu kalt war
Und er versprach, einmal gehen wir her
Wenn Schnee ist, daß wir unsre Spuren sehn:
Das will ich. Jetzt ist Sommer. Ich bin jung

Doch Liebe, weiß ich, braucht Erinnerung.
ab

Grit.

GRIT
Gras, Ginster, Himmel. So beschrieb ers mir
Wenn er mir nachts die Welt erklärte, damals:
Da war ich siebzehn, Handwerkertochter, er
Die Arbeiterklasse, er lehrte mich das Leben
Und schickte mich studieren und ging fort;
Jetzt bin ich Ökonomin, und lehr Leute
Wirtschaften, manchmal einen Lieben, den Sohn
Wie man alleine groß wird ohne Vater
Und ich lern nichts mehr? Das will ich ihn fragen.
Oder ists Eifersucht? was weiß denn ich.
Ich muß ihn suchen – kann sein, ich finde mich.
ab

III.4

Erster Betrunkener. Zweiter Betrunkener.

Erster Betrunkener aus einem Gebüsch.

ERSTER
ruft hinter Grit her:
Hu!

Zweiter Betrunkener aus einem anderen Gebüsch.

ZWEITER
ruft hinter Grit her:
Hu!
ERSTER   Du!
ZWEITER   Du.

Ziehen die Hüte, vertauschen sie, tauschen sie wieder zurück.

                    Das war aber eine Nacht.
ERSTER
    Jetzt ist Nachmittag.
ZWEITER   Ich hab einen Schlaf gemacht.
ERSTER
Ich auch, tief! Aber hast du die gesehn?
ZWEITER
    Ich? Alle drei.
ERSTER   Du hast bloß drei gesehn?
    Das waren sechs!
ZWEITER   Sechs? du bist noch besoffen!
ERSTER
    Die waren schön.
ZWEITER   Mir steht auch alles offen.
ERSTER
    Und welche nähm man, wenn man wählen müßte?
ZWEITER
Das käm drauf an, welche am heißesten küßte.
ERSTER
    Das wäre die Dümmste.
ZWEITER   Schlau fickt gut.
ERSTER   Ha! die dich küßt, und heiß!
ZWEITER
    Du bist wohl schöner!
ERSTER   Ich weiß, was ich weiß.
    Früher soll zu Johannis die Männer eine eigenartige Potenz befallen haben, die Frauen sahen dann nicht auf Schönheit.
ZWEITER Es gab siebzig Sorten Schmetterlinge, heute sind nur noch Kleiner Fuchs und Kohlweißling.
ERSTER Der Fortschritt. Wenn auch die Sonne ausbrennt!
ZWEITER Hu!
ERSTER Hu! man friert schon bei Tag.
ZWEITER
    Dort liegt ein Mantel.

ERSTER
setzt sich auf Müllers Mantel
                    Den sah ich zuerst.
ZWEITER
 Nein, ich!
ERSTER   Hilfe! was soll das, wie du zerrst!

Kämpfen um den Mantel.

 Räuber!
ZWEITER
           Dieb!
ERSTER   Mörder!
ZWEITER   Fettarsch!
ERSTER   Atheist!
ZWEITER
 Schuft!
ERSTER
         Gierhals!
ZWEITER   Schrumpfschwanz!
ERSTER   Kapitalist!

Fallen, jeder in Händen eine abgerissene Manteltasche. Stehen auf. Aus dem Mantel ist die Flasche gerollt.

 Da siehst du, was du hast.
ZWEITER   Das war die Tasche.
 Ich seh was.
ERSTER   Ich seh auch was.
ERSTER, ZWEITER   Eine Flasche!

Nehmen die Flasche, trinken.

ERSTER
 Sie wird nicht leer.
ZWEITER   Du trinkst nicht.
ERSTER   Ich? das sollst du sehn!

Trinken ungeheuer. Die Flasche wird nicht leer.

    Du zauberst wieder!
nimmt noch einen Schluck, flieht
ZWEITER
    nimmt gleichfalls einen Schluck
                Ich will lieber wieder gehn.

Beide mit den abgerissenen Manteltaschen ab nach verschiedenen Seiten.

III.5

Maria. Eva. Grit.

Maria, Eva, Grit aus verschiedenen Richtungen.

MARIA
    Hier treffen wir uns.
EVA
   umarmt Grit   Du.
GRIT
  umarmt Maria   Du.
MARIA
  umarmt Eva und Grit   Du und du.
    Was führt euch her?
EVA   Das weißt du.
GRIT   Ja, du weißts.
EVA
    Setzen wir uns, wenn wir es alle wissen.

Setzen sich, lauschen.

MARIA
    Ich fühle, er ist hier.
GRIT   Ach ja, Gefühle.
  weint

EVA
  Wein nicht.
  weint
MARIA   Wein du nicht.
  weint
GRIT   Wein, dann wird dir leichter.

Maria hört auf zu weinen.

EVA
  Uns bleibt die Freundschaft.
MARIA   Ja. Bis wir ihn finden.
GRIT
  Wir wollen Freunde bleiben auch danach.
MARIA
  Ja.
EVA Ja. Wir teilen ihn uns, macht ihr mit?
MARIA
  Was?!
GRIT   Du, du liebst ihn nicht!
EVA   Ich lieb ihn mehr!
  Das hab ich so gesagt. Wollt ihr Konfekt?
  Erzähln wir uns von Schlaghand, wie er war.
  Das ist seine Sorte, schon seit einem Jahr.

Essen Konfekt.

MARIA *bietet eine Thermosflasche an*
  Wollt ihr auch Tee?
EVA
  trinkt   Stark.
MARIA   So wie er ihn trank.
GRIT *bietet Weinbrand an*
  Weinbrand. Davon stand er wie ein Schrank.

Trinken.

148

EVA
　Wir wollten uns erzählen; wer fängt an?
MARIA
　Ihr; ich bin seine Frau.
GRIT　　　　　　　　　　Wodurch, weiß man.
MARIA
　Ja! er hätte auch dich nehmen können, oder dich:
　Bloß weil ich grade rumstand, nahm er mich.
GRIT
　Ich hab ein Kind. Hier ist das Foto, seht.
EVA
　Mit einem Kind den Mann halten, da ists spät.
MARIA
　Ich krieg eins.
GRIT　　　　Du?
EVA　　　　　　　　Ich wollte ihn, sonst nichts
　Und was wir an Gesprächen führten, weiß ich alles
　Und was er mir gesagt hat, solche Worte.
MARIA
　Ja, welche?
GRIT　　　　Ja, wir wollens hören, sag sie!
EVA
　Das war an der See, wir warn auf Dienstfahrt, der Abend
　Schön, Herbst, wir wachten eine Nacht durch
　Er sagte:
　Beug dich mir näher, wenn die Tauben kommen
　Der Wald liegt hinterm Meer, die Sterne sinken
　Langsam in Milchstraßen, bald geht die Sonne auf
　Aber dein Haar ist heller, schon der Rand
　Der Wolken blaßt am nördlichen Gewölb
　Und schneller, vor der Wind die Dünste wegtreibt
　Geht Leben hin, wir wolln es halten, halt mich –
　Dann weiß ich nichts mehr.
GRIT　　　　　　　　　　Schön.
MARIA　　　　　　　　　　So, das war schön?
GRIT
　Er sagte vielen sowas.

MARIA Ach, auch dir?
EVA
 Jetzt du, Maria.
MARIA Ihr habt lockere Zungen
 Ich sag nichts; was wir sprachen, war nicht druckreif.
GRIT
 Dann sag ich ein Rezept. Ein Freund gabs Schlaghand
 Er mir. Man muß dazu zu zweit sein.
 Am Sonntagvormittag – geht das Rezept –
 Nach kleinem Frühstück – man muß Muße haben –
 Brätst du drei Eier. Jedem. Dir und ihm.
 Darauf vier große Zehen Knoblauch. Große. Jedem.
 Die dünsten mit; Salz, noch was Paprika
 Dazu Toast, Kaffee. Danach ein, zwei Kognaks.
MARIA
 Und?
GRIT
 Dann – sagt das Rezept – sitzt man nebeneinander
 Fünfzehn Minuten, wenn mans solange aushält.
EVA
 Und?
GRIT Dann ins Bett. Bei uns ist es zerbrochen.
MARIA
 Hure.
EVA *zu Grit:*
 Ich hau dir eins.
MARIA Du bist nicht besser.
EVA
 Du hast dich hingelegt auf Parteibeschluß.
MARIA
 Sag das noch mal.
GRIT Wollt ihr nicht weiterhörn?
 Wir hatten noch den Sessel, und den Teppich.

III.6

Maria. Eva. Grit. Schlaghand. Müller.

Dämmerung. – Schlaghand, Müller. Bleiben hinter einem Strauch.

MARIA
　Ist dein Haar falsch? Ich wünsch dirs, sonst tuts weh.
GRIT
　Komm nur: Ich hab spitze Nägel.
EVA　　　　　　　　　　　　　　Seht euch vor
　Wenn eine mich anfaßt: Ich beiß gut, und tief.
SCHLAGHAND
　Wer sind die? Hexen?
MÜLLER　　　　　　　　Hexen, wie mans nimmt
　Je nach Beleuchtung; hübsch?
SCHLAGHAND　　　　　　　　　Bring mich hier fort.
MÜLLER
　Es muß erst Abend werden, sieh dirs an.
SCHLAGHAND
　Ich hab genug, dann laß es Abend werden!
MARIA
　Das war seine Stimme. Heinrich!

Die Frauen erblicken Schlaghand.

EVA　　　　　　　　　　　　　　Heinrich!
GRIT　　　　　　　　　　　　　　　Heinrich!
SCHLAGHAND
　Fort. Ich will fort.
MÜLLER　　　　　Das ist schwer möglich jetzt.
　gibt ihm einen Apfel
　Da ist ein Apfel, wirf ihn ihnen zu.
　Wirf, wirf! Der Auserwählten!

Schlaghand wirft den Apfel.

GRIT   Mir!
EVA   Mir!
MARIA   Mir!

Kämpfen um den Apfel.

MÜLLER
   Zum Mantel. In der Frau erwacht das Tier.

Müller und Schlaghand zum Mantel; der Mantel erhebt sich mit ihnen.

MARIA
   Heinrich!
GRIT   Gibst du den Apfel!
EVA   Gib ihn du!

Die Frauen verfolgen den Mantel, ab. – Hinter der Szene:

   Hier ist er!
GRIT   Gib ihn her, sonst schlag ich zu!

III.7

Erster Betrunkener. Zweiter Betrunkener.

Erster und zweiter Betrunkener in hohen Sprüngen von verschiedenen Seiten.

ERSTER
   Es zieht mich her!
ZWEITER   Wo ist die Flasche?
ERSTER   Fort.
ZWEITER
   Ist hier der Mond?
ERSTER   Das ist ein verfluchter Ort!

ZWEITER
Ich fliege, wie voll Schnaps!
ERSTER   Mich ziehts in die Luft!
ZWEITER
Das macht das Stück Mantel!
ERSTER   Als ob der Teufel ruft!

Erheben sich in die Luft, in der Hand je eine Manteltasche.

Dort fliegen noch zwei!
ZWEITER   Hu! Es zieht mich lang!
ERSTER
Die Erde schrumpft!
ZWEITER   Das ist der Weltuntergang!

Verschwinden am Horizont.

III.8

Maria.

Maria.

MARIA
Da steh ich. Er ist fort. Ich bin allein
Die Bäume sind wie vorher. Was ich sah
Glaub ichs? es ist unglaublich. Also glaub
Ichs nicht. Dann ist die Welt leer. Also glaub ichs.
Er muß sehr traurig sein. Das liegt an wem?
Ich bin zu jung zum Warten, ich will weit gehn
Daß ich ihn treffe, an irgendeiner Stelle
In dieser Welt, in Himmel oder Hölle.
ab

III.9

Heide. Bunz.

Heide.

HEIDE War da eine Frauenstimme?

Bunz.

BUNZ Wahrscheinlich ist die Luft voll von Stimmen, aber ich höre nur deine.
HEIDE Dann erkläre mir, warum du Herrn Trulla hierhergefahren hast, wo der Abend schon Nacht wird.
BUNZ Ich weiß mehr, warum ich dich hierhergefahren habe.
HEIDE Das weiß ich selber.

Bunz küßt sie.

Aber warum ihn?
BUNZ Weil, vermute ich, auch die höheren Genossen manchmal allein sein wollen, und die Natur und die Nachtluft bringen auf ungemeine Gedanken. Je schwieriger das Problem, desto ungemeinere und niedagewesene Gedanken sind notwendig, und desto besser müssen die Natur und die Nachtluft sein. Da muß man einen wie mich finden, der weiß, wo die beste Natur und die beste Nachtluft sind.

Küssen sich.

HEIDE Wenn er aber hierherkommt, wird er nicht allein sein, weil hier wir sind.
BUNZ Doch; denn ich wollte dir einen Platz zeigen, wo die Bäume besonders schön sind, dort hinter dem fünften Strauch.

HEIDE Das ist weit.
BUNZ Das ist ein schönes Wort, das du gesagt hast.
trägt sie, ab

III.10

Trulla.

TRULLA
Ich soll entscheiden. Was? Was ich nicht weiß.
Was ich nicht weiß, frag ich Experten. Wen?
Die höhere Leitung? Bauleiter fliegen auf Mänteln
Wieso? das weiß der Teufel.
                      Brauch ich Schlaghand?
Wer bin ich, wenn hier Schlaghand fort ist? Ich.
Was war ich, als er hier war? Auch ich. Mithin
Die Welt geht weiter, jemand wird eingesetzt
Der schlechter baut als Schlaghand, aber Menschen
Sind Menschen, niemand kann sie backen, also
Ich laß alles laufen.
                Bin ich da noch ich.
Die Stadt baun ist ein kollektiver Seiltanz
Wo einer fällt, falln viele, das ist das Chaos
Wo Schlaghand aufgibt, wer gibt nicht auf? Ich
Und hundert, das reicht nicht, der Plan bricht ein auf
    Dauer
Ich geh in Rente oder komm auf Schule
Da hab ich Ruhe. Will ich Ruhe? Also
Ich muß ihm nach.
              Dann sind schon zwei weg hier
Und wenn das Schule macht. Mein Kreis entvölkert
Dableibt, was faul und feige ist, die Trägheit:
Ich muß den Posten halten, standhaft, folglich
Ich kann nichts machen.
                    Das ist mir zu logisch.
Jeder Mensch ist ersetzbar. Also geh ich.

Dann ists auch Schlaghand. Also bleib ich. Ende.
Die Logik hinkt, die Dialektik stottert.
Ersetzbar ist keiner, also brauch ich Schlaghand
Und krieg ihn nicht, weil man auch mich braucht. Wie?
Ich bleibe, der Plan bricht ein, ich gehe, auch
Man löst mich ab für Mißerfolg oder für Flucht
So, alles wird falsch:
      Ich mache, was mir Spaß macht.
Was macht mir Spaß? Das Unbekannte schlagen.
Wen Neugier treibt, der muß die Folgen tragen.
ab

Nachtgetier, Nachtgeräusche.

      Vorhang

IV Hölle: Blühende Wiese

IV.1

Erster Betrunkener. Zweiter Betrunkener.

Die beiden Betrunkenen als Höllenwächter, neben sich ein Büfett mit Speisen und vollen Flaschen. Rechts ein Gesträuch, links eine Kanone, im Hintergrund Eiserne Tür.

ERSTER Er frißt die dritte Woche.
ZWEITER Ha! fressen! er ist ein Weltmeister im Speisen. Wäre ich nicht Höllenwächter, ich würde ihn anwundern als höheres Wesen.
ERSTER Weltmeister fressen bloß aus Pflicht.
ZWEITER Aber der.
ERSTER Und wie der säuft!
ZWEITER Sprich nicht davon, mir tun die Hände weh vom Flaschenschleppen.
SCHLAGHANDS STIMME Sekt!

Beide ab mit Flaschen. Zurück mit leeren Flaschen.

ZWEITER Ein Glück, daß wir schon auf der Erde das Saufen geübt haben.
ERSTER Sonst hätte man uns nicht als Höllenwächter angestellt.
ZWEITER Die anderen Freiwilligen hatten nach drei Tagen das Delirium, nun kommen sie hier nicht mehr raus.
ERSTER Aber wir.
ZWEITER Und der!
SCHLAGHANDS STIMME Austern!

Beide brechen mit ungelaublicher Geschwindigkeit Austern auf, ab mit Tabletts. Zurück mit leeren Tabletts.

ERSTER Und die Weiber! Es ist erst Vormittag, und er hatte schon zwei.
ZWEITER Gestern konnte eine nicht mehr gehen.
ERSTER Hinter dem Strauch dort konnte sie wieder.
ZWEITER Gehen?
ERSTER Das auch. Sie hat mir Danke gesagt.
ZWEITER Ha! für deine Schwächlichkeit! du warst wieder zurück nach anderthalb Minuten.
ERSTER Aus Verantwortung. Ich bin Erster Höllenwächter, du bloß Zweiter.
ZWEITER Hihi, Verantwortung. In der Hölle darf jeder, was er kann.
ERSTER Und was er will. Ich will eine Verantwortung.
SCHLAGHANDS STIMME Ein Ballett!
ERSTER Für ein Ballett sind wir nicht zuständig.
ZWEITER *ordnet die leeren Flaschen* Hier ist eine noch halb voll.
ERSTER Das muß ich dem Herrn Unterteufel Müller melden.
ZWEITER Trink sie doch aus.
ERSTER Trink du doch.
ZWEITER Ich mache eine Pause.
ERSTER Das melde ich auch dem Herrn Unterteufel Müller.
ZWEITER Warum?
ERSTER Weil das zeigt, daß dein Appetit nachläßt. Und wenn dein Appetit nachläßt, willst du bald nichts mehr. Und wenn du nichts mehr willst, bist du der Hölle verfallen, und der Herr Unterteufel Müller befördert mich zum Hilfsteufel.
ZWEITER *trinkt, schüttelt sich* Weißt du nicht, daß der Herr Unterteufel Müller in Ungnade fällt, falls er es nicht schafft mit Schlaghand. Dann werde ich Hilfsteufel, Und du kommst nicht mehr raus. Wupp! ist der Ausgang zu.
ERSTER *trinkt, schüttelt sich*
Für dich!

SCHLAGHAND
   Wie, so schnell?
MÜLLER   Des Menschen Fleisch ist schwach.
SCHLAGHAND
   Dann schwäch mich gleichfalls, ich will ein Ballett.

Müller läßt die Betrunkenen versinken.

   Nun sind sie fort. Du bist nicht heiter, Müller.
   Gehören sie jetzt dir?
MÜLLER   Uns.
SCHLAGHAND   Das bedeutet
   Sie wollen nichts mehr jetzt. Das will ich sehn.
   Hol sie zurück.

Müller läßt die Betrunkenen auftauchen.

                  Da! sie bewegen sich.
MÜLLER
   Dein Kopf bewegt sie, nicht sie sich. Sie sind jetzt
      Schatten
   Und tun, was wer befiehlt. Nimm sie als Diener.

Die Betrunkenen umklammern Schlaghands Füße.

SCHLAGHAND
   Und wenn ich nichts befehle?
MÜLLER   Tun sies selber
   Und quälen sich, wie alte Ehepaare
   Oder Ratten fremder Nester.
SCHLAGHAND   Dann bringt Wein
   Der Mensch soll feiern, und der Teufel schaffen.
   Ich habe Appetit, zeig ein Ballett!

Die Betrunkenen bringen Wein und einen Sessel. Schlaghand setzt sich. Napoleon feuert aus der Kanone in die Logen.

MÜLLER
  Darfs auch ein Schauspiel sein?
SCHLAGHAND   Gleich mit Kanonen?
MÜLLER
  stellt vor
  Herr Napoleon Bonaparte: Er riecht in den Äonen
  Als Staatsmann, wenn sich was der Grenze naht
  Und schießt; als erster schießen macht den Staat.
SCHLAGHAND
  Wer kommt?
MÜLLER   Das Paradies zur Inspektion.
SCHLAGHAND
  Der liebe Gott?
MÜLLER   Schickt eine Delegation.
  Was ist das beste Schauspiel? Ein Empfang
  Den roten Teppich! Spalier! Posaunenklang!

Die Betrunkenen rollen einen roten Teppich aus, bilden Spalier und blasen auf Posaunen. Napoleon schießt zweimal.

IV. 4

Erster Betrunkener. Zweiter Betrunkener. Napoleon. Schlaghand. Müller. Heilige I-III. Vier Sünder in Käfigen. Drei Chinesen. Zwei Doktoren der Ästhetik. Höllenbedienerinnen.

Heilige I-III aus den Logen. Von oben zwei Engel-Marionetten.

HEILIGER I
  Es lebe der Himmel!
MÜLLER   Hoch Luzifer.
HEILIGER II   Laut Konzil von Trient
  Ist die Hölle ein Loch, wo man Sünder brennt
  Statt dessen erblicken wir eine Wiese
  Was allein zukommt dem Paradiese!
HEILIGER III
  Wir protestieren.

MÜLLER   Wir weisen entschieden zurück
Und erinnern, in einem gewissen Stück
Des Himmels müssen die Insassen verbringen
Jahrzehnte mit Lob- und Hosiannahsingen
Was notwendig zu schweren Psychosen führt;
Das heißt, daß der Himmel höllische Mittel kopiert.
HEILIGER I
Dieser Anwurf wird sofort retourniert.
HEILIGER II
Da die Hölle Obstruktionspolitik betreibt
Und im Abstrafen der Sünder ernst zurückbleibt
Mußte das Paradies sich bequemen
Und gewisse Pflichten der Hölle selbst übernehmen
HEILIGER III
Im Namen höherer Gerechtigkeit!
HEILIGER I
  Sie finden uns stets zu Gesprächen bereit.
MÜLLER
Wir schlagen vor, die Polemik zu beenden
Und uns dem touristischen Teil zuzuwenden.

Die Betrunkenen bringen auf ein Zeichen Müllers Sitzgelegenheiten, die Heiligen setzen sich.

Zunächst das allgemeine Prinzip.
Laut Statut ist die Hölle ein Großbetrieb
Zur Negierung des Menschen; der Mensch verdient die
    Vernichtung
Wir liefern dafür die Spezialvorrichtung
Und zwar nach dem Grundsatz, daß ein Genuß
Gesteigert wird bis zum Überdruß
Der den Betreffenden deformiert;
Sie sehen Beispiele vorgeführt.

Auf ein Zeichen Müllers fahren die Betrunkenen Sünder in Käfigen herein; ein Käfig ist zugehängt.

Ein Säufer, mit einem Bauch wie ein Pferd.
Ein Politiker, der seine eigenen Reden hört.
Ein Inquisitor bei seiner inneren Reinigung.
Drei Huren, zu besichtigen auf Sonderbescheinigung.

Die Heiligen weisen Bescheinigungen vor und blicken in den verhängten Käfig

HEILIGER I
Das ist bekannt.
HEILIGER II   Es ist die klassische Norm.
HEILIGER III
Wir hörten von einer Höllenreform.
MÜLLER
Wir nehmen, seit etlicher Zeit
Auch Lebende auf, bei Wahrung strengster Freiwilligkeit.

Die Sünder werden hinausgefahren; hereingefahren werden drei um einen Tisch sitzende Chinesen, auf dem Tisch eine Bombe.

Hier die Weltrevolutionäre Lin, Piao und Tschi
Hart arbeitend an der Theorie
Der Abschaffung des Elends, und zwar so, daß was sie konstruieren
Sie zunächst aneinander ausprobieren;

Die Weltrevolutionäre bekämpfen einander mit großen Wandzeitungen.

Worauf nur wenig zu warten bleibt
Und sie sind der Hölle einverleibt.

Die Weltrevolutionäre sprengen einander mit der Bombe in die Luft. Hereingefahren werden zwei Doktoren der Ästhetik.

Hier zwei Doktoren der Kunst und Literatur
Welche mit Wasserwaage und Schnur

Durch die Künste höchst grade Linien ziehen
Auf die sie die Kunstwerke zu stellen sich mühen;
Was darauf nicht stehn bleibt, lassen sie fallen
Denn es ist Abfall, alles in allem
Beseitigen sie so täglich mehrere Tonnen
Sogenannten Kulturguts, damit wird Raum gewonnen
Auch lebende Künstler auf die Linie zu bringen
Bis diese höchst seltsam balancieren und singen
Und sich die Kunst nicht mehr an Leben reibt;
Die Kunst verschwindet, doch die Linie bleibt.

Die Doktoren werden hinausgefahren.

HEILIGER I
Wir stellen fest, die Hölle manipuliert und entartet.
MÜLLER
Auf diesen Einwand haben wir gewartet
Und stellen Ihnen Herrn Heinrich Schlaghand vor
An den unsere Seite viel verlor:
Er ist ein Mann von absolutem Verlangen
Bei dem unsere Mittel nicht verfangen.
HEILIGER II
Ins Paradies!

Heilige I und III halten ihm den Mund zu.

MÜLLER   Programmpunkt vier
Ist die bekannte Eiserne Tür
Durch die, in Vorwegnahme des Jüngsten Gerichts
Verfallene Schatten eingehen ins Nichts;
Gleichfalls wird gehalten an dieser Stelle
Der berühmte Empörer gegen Himmel und Hölle
Herr de Tenorio, genannt Don Juan
Welcher auf Wunsch besichtigt werden kann.
öffnet mit einer Handbewegung die Eiserne Tür
HEILIGER I
Da ist nichts.

HEILIGER II   Sie lassen politische Häftlinge fliehn!
MÜLLER
 Sie sind es, die die Hölle mit Agenten durchziehn
 Die ihn befreiten!
HEILIGER III   Der Hölle Macht hat Grenzen.
MÜLLER
 schließt mit einer Handbewegung die Eiserne Tür
 Auch das Paradies kann mit Allmacht kaum glänzen
 Beispielsweise Ihre Begleiter

Die Engel-Marionetten über den Heiligen verschwinden nach oben und kommen als Teufel zurück.

 Sind seit längerem höllische Mitarbeiter
 Und werden uns, soweit wir sie kennen
 Interessanteste Himmelsdetails mitteilen können.

Die Marionetten übergeben Müller eine Rolle mit Geheimdokumenten; ab nach oben.

HEILIGE I-III
 Wir protestieren!
MÜLLER   Sie können jetzt Fragen stellen.
HEILIGER III
 Betreffend Ihre Versorgungsquellen:
HEILIGER II
 Um Ihre Freiwilligen zu erquicken
 Bedarf es Fleischereien und Sektfabriken
 Sowie neben den Genüssen des Mahls
 Gewissen weiblichen Materials –
MÜLLER
 Zwecks dessen Besichtigung wir laden
 Zu einem Bankett mit seltenen Weinen und Braten.

Die Betrunkenen öffnen einen Zwischenvorhang; Musik. Hinter dem Vorhang Bankettafel mit Höllenbedienerinnen. Heilige I-III zur Tafel. Die Betrunkenen schließen den Vorhang.

SCHLAGHAND
applaudiert
Das französische Bett!

Die Betrunkenen rollen ein Bett herein, Schlaghand setzt sich darauf.

zu Napoleon: Ich seh Sie später, Herr.

Die Betrunkenen fahren das Bett mit Schlaghand hinaus. Napoleon ab. Müller ab hinter den Zwischenvorhang.

IV.5

Trulla.

Trulla hinter dem Gesträuch vor.

TRULLA
Seltsames Schauspiel. Doch die Welt ist groß.
Der sonnt sich im Genießen. Kommt er los?
Was fehlt ist Zeit – ich darf nicht lange bleiben.
Was bleibt mir da? Die Dinge schneller treiben.
maskiert sich als Hoher Teufel Cosmus
Sehr fürchte ich, es ist mit ihm zu weit.
Oft ohne Hoffen geht man an die Arbeit.

IV.6

Trulla als Cosmus. Müller.

Müller.

TRULLA
Nicht schlecht.

MÜLLER Wer sind Sie.
TRULLA Kein Wort: saubere Arbeit
Wie du zurückschlugst, und die Dokumente
Bedeutend. Das mit Don Juan war Pech
Und du verdienst kein Pech.
MÜLLER Wer sind Sie.
TRULLA Cosmus.
MÜLLER
Vom Inneren Kreis? Ich kenne keinen Cosmus.
TRULLA
Der Informationsfluß. In den letzten Tagen
Läuft keine Nachricht hierhin, wie sie soll
Voreilig, sag ich. Mittlere Instanzen.
Die Dokumente.
nimmt die Rolle mit den Dokumenten, liest
Fast perfekt gefälscht.
MÜLLER
schnupptert
Es riecht!
TRULLA
Nach Mensch. Hier riechts zu sehr nach Mensch
In letzter Zeit. Ich muß dich überprüfen
Wahrscheinlich Übertreibung, alles klärt sich;
Wie stehts mit Schlaghand? Kurz.
MÜLLER Ich brauche Zeit.
TRULLA
Zeit, ja. Wenn jeder Zeit hätte, ginge alles
Das waren Zeiten früher, achtzig Jahre
Für die Verführung eines Menschen, groß!
Es ist heute anders, wir brauchen Erfolge.
Wird er zurückgehn?
MÜLLER Wie.
TRULLA Zurück zur Erde.
Und bitte Klartext.
MÜLLER Das ist mein System hier
Und war gebilligt oben!
TRULLA Nicht einstimmig

Wie du jetzt hörst, Mehrheiten können wechseln.
Der frißt, säuft, hurt, und denkt er an nichts andres?
MÜLLER
  Kein Anzeichen.
TRULLA   Da sitzt du in der Tinte.
Der hält fünf Jahre durch, wie stehn wir da?
MÜLLER
  Wir?
TRULLA
     Du, und ich. Es heißt, du gehst zu weich vor.
Ich laß dir freie Hand, unter meiner Aufsicht.
MÜLLER
  Man löst mich ab!
TRULLA   »Man löst mich ab!« Junge
Behalt doch deinen Kopf, ich unterstütz dich
Sonst würde ich dich machen lassen, bis du
Am Ende bist, was dann kommt, weißt du.
Gehn wir zu ihm?

Trulla und Müller ab.

IV.7

Maria.

Maria.

MARIA
  Ist hier die Hölle? Ich bin müde vom Gehn.
  Wen frage ich jetzt? Könnte ich ihn sehn.
  Was zwingt uns in die Maske? Das Gefühl
  Den Teufel spiel ich, weil es Liebe will.
  maskiert sich als Teufelin Marella

IV. 8

Maria als Marella. Trulla als Cosmus. Müller.

Trulla und Müller zurück.

TRULLA
  Er schläft. Wir müssen schnell sein. Denn, die Zeit
  Läuft gegen uns. Wer nah sieht, sieht oft weit.
  bemerkt Maria
  Wer?
MARIA
    Ich bin Ihnen zugeteilt.
TRULLA   Wem. Mir?
MARIA
  Marella. Der Abteilung, zum Fall Schlaghand.
MÜLLER
  zu Trulla:
  Sie sind erstaunt? Man überprüft auch Sie!
TRULLA
  Ich dich, sie uns. Wir sind in einem Boot.
  Zur Sache. Fakt ist, Schlaghand frönt der Völlerei
  Derart, daß er zufrieden ist, doch so
  Daß er zwar satt ist, wenn er satt ist, aber
  So, daß er nicht satt bleibt: ein Teufelskreis
  Hier in der Hölle, das ist ein Widerspruch
  Widersprüche sind lösbar. *lauscht* Hört ihr was?

IV. 9

Maria als Marella. Trulla als Cosmus. Müller. Schlaghand. Erster Betrunkener. Zweiter Betrunkener. Heilige I-III. Höllenbedienerinnen.

SCHLAGHANDS STIMME Lehm!

Schlaghand. – Die Betrunkenen, eilig. Öffnen dabei den Zwi-

schenvorhang zur Bankettafel, wo die Heiligen im Arm von Höllenbedienerinnen ruhen.

ERSTER Herr Schlaghand, Sie wünschen Wein.

Bringt ein Glas Wein, Schlagband schüttet den Wein aus.

ZWEITER Herr Schlaghand, wir verstehen, Sie wünschen zu speisen.

Schleppt einen Tisch mit Speisen heran, Schlaghand stößt den Tisch um.

ERSTER, ZWEITER Herr Schlaghand, wir verstehen, Sie wünschen eine Dame.
SCHLAGHAND
 Lehm! Ich will Lehm!

Die Betrunkenen kratzen Lehm aus dem Boden und legen ihn Schlaghand zu Füßen.

MÜLLER   Das ist der Überdruß.
TRULLA
 Oder sein Ende.
MÜLLER   Bald ist mit ihm Schluß.

Die Heiligen I-III erheben sich derangiert von der Bankettafel.

HEILIGER III
 Wir reisen ab.
HEILIGER II   Die Hölle hat Probleme.
HEILIGER I
 Es lebe der Himmel!
HEILIGER II   Der Sünder wühlt im Lehme.

Die Betrunkenen stehen Spalier und blasen auf Posaunen; die Heiligen entnehmen ihren Aktentaschen Flügel und begeben sich in die Seitenlogen.

IV.10

Maria als Marella. Trulla als Cosmus. Müller. Schlaghand. Erster Betrunkener. Zweiter Betrunkener.

SCHLAGHAND
 Lehm!

Die Betrunkenen bringen Lehm.

 Alle raus!

Trulla, Müller, Maria ab.

 Lehm kommt von Leim, und Leim ist Schlamm
 Aus Schlamm kommt Leben, und aus Lehm wird nichts
 Außer der Mensch. Der Mensch ist, was er macht
 Und darum, wenn er Lehm hat, macht er sich
 So ist Lehm Leben. Was steht ihr und glotzt?
ERSTER Ich glotze nicht, der glotzt!
ZWEITER Der glotzt!
SCHLAGHAND Ihr glotzt beide.
ERSTER, ZWEITER Wir glotzen, Herr Schlaghand, weil Ihre Worte zu hoch sind für uns.
SCHLAGHAND
 knetet Lehm
 Was ist das?
ERSTER, ZWEITER
  Eine Kugel.
SCHLAGHAND   Stimmt. Kommt näher
 Macht selber eine.
ERSTER, ZWEITER
 kneten Lehm
   Ja!
ZWEITER   Die ist schön rund.
ERSTER
 Meine ist runder.

171

SCHLAGHAND
schlägt die Kugeln zu Ziegeln
                      Was ist das?
ERSTER, ZWEITER   Ein Ziegel!
SCHLAGHAND
  Was kann man damit?
ERSTER, ZWEITER   Baun! Wir baun ein Haus!
SCHLAGHAND
  Und wenn man viel hat?
ERSTER   Häuser.
SCHLAGHAND   Noch mehr?
ZWEITER   Eine Stadt!
SCHLAGHAND
  Und noch mehr?
ERSTER, ZWEITER
                Eine Großstadt.
SCHLAGHAND   Das ist Lehm
  Und ist der Urstoff. Dann kommt Sand, Zement
  Glas, Stahl, Licht, Weite, Schönheit, und ein Kopf
  Ders ausdenkt. Der bin ich. Ich zeig euch, wie man baut
  Wollt ihr?
ERSTER, ZWEITER   Ja, Herr Schlaghand. Hu!

Schlaghand schlägt sie.

Ja, Herr Schlaghand.
SCHLAGHAND
  Ein Tisch, Papier, Bleistifte, Rechentafeln
  Tusche, Gips für Modelle, Bagger, Kräne!
  Die Baustoffe später. Ab! *räumt alles leer.*

Die Betrunkenen ab.

Was ist die Erde? träg. Die Dinge sind schwer
Und zerrn den Menschen; die Freiheit hat keine Stelle –
Wir werden klug, und baun sie in der Hölle.

                Vorhang

Vor dem Vorhang

Napoleon. Don Juan. Trulla als Cosmus. Maria als Marella. Müller.

Napoleon. Aus dem Zuschauerraum Don Juan.

NAPOLEON
  Herr Juan de Tenorio!
DON JUAN   Herr Bonaparte!
NAPOLEON
  Nachrichten aus Europa?
DON JUAN   Politik.
  Man imitiert Sie, schlecht wie immer.
NAPOLEON   Sonst?
DON JUAN
  Man imitiert mich, schlecht wie immer.

Raum für Extempores von Don Juan und Napoleon, die erotische bzw. politische Gegenstände auf einer gewissen Höhe in Prosa – oder, wenn es die Schauspieler vermögen, in Blankversen – behandeln sollten.

NAPOLEON
  auf Schlaghand: Der?
DON JUAN
  Er will er selbst sein.
NAPOLEON   Er ist ein Phantast.
  Er will die Freiheit.
DON JUAN   Die wird ihm zur Last.

Verharren. – Maria und Trulla von verschiedenen Seiten, bemerken einander nicht.

TRULLA
  Lehm: Er will baun. Das heißt, es ist noch Hoffnung.

MARIA
  Jetzt baut er, das ist Arbeit. Ich hoff wenig.
TRULLA
  Wo Hoffnung ist, braucht man Verbündete.
MARIA
  Wo Hoffnung sinkt wie Rauch, sucht man doch Helfer.

Bemerken einander.

MARIA
  Ich kenn Sie.
TRULLA   Ich kenn dich.
MARIA   Was wollen Sie hier.
TRULLA
  Was du willst.
MARIA   Ich will Schlaghand.
TRULLA   Und was ich?
MARIA
  Sie wollen ein Gehirn, das schnell im Kreis denkt
  Warum ist er denn hier? weil, was Sie mußten
  Tun nach Gehalt und Auftrag, ließen Sie
  Daß es jetzt brennt, und wollen nun im Eifer
  Die Hölle überteufeln und ihn holen
  In eure Hölle!
TRULLA   Brennt es bei dir nicht
  Und hast du ihn gehalten.
MARIA   Schöne Welt.
  Wenn ihr nicht ein noch aus wißt, weil ihr euch
  Verfangt im eigenen Netz von Weg und Ziel
  Und, vor den Augen Taktik, Blindekuh spielt
  Soll Liebe retten, was ihr zerstrampelt im Dunkeln!
  Es muß ihm schlechtgehn hier, dann will er weg.
TRULLA
  Es muß ihm gutgehn, denn dann hält ihn nichts.
  Lehm: Er will baun. Das heißt, es ist noch Hoffnung
MARIA
  Jetzt baut er, das ist Arbeit. Ich hoff wenig.

TRULLA
Wo Hoffnung ist, braucht man Verbündete.
MARIA
Wo Hoffnung geht wie Rauch, sucht man sich Helfer.
Sie spieln das Spiel der Hölle: nicht mit mir.
TRULLA
So schlägt uns Mißtraun. Geht kein Weg mehr hier.
zu Napoleon:
Auf ein Gespräch. Sie verstehn Politik.
MARIA
zu Don Juan:
Sie verstehn Liebe.
DON JUAN   Wer schwach ist, braucht Glück.
MARIA
Ich brauche Schlaghand.
DON JUAN   Das kann leicht geschehn.
MARIA
Helfen Sie mir.
demaskiert sich
DON JUAN   Wer liebt, muß weitergehn.

Maria mit Don Juan, Trulla mit Napoleon ab nach verschiedenen Seiten. – Müller.

MÜLLER
Es riecht nach Mensch. Schlaghand regt Kopf und Hände.
Es stinkt. Er baut. Woran? An seinem Ende.

Hinter dem Vorhang Baulärm. – Müller ab. – Großer Baulärm.

V Hölle: Blühende Wiese in utopischer Stadtlandschaft

V. 1

Schlaghand.

SCHLAGHAND
　Der Horizont. Die Häuser wachsen mir
　Wie Algen in der Sonne, oder Schlösser
　Im Märchen. Wer entwarf die? Ich. Aus meinem Kopf
　Stieg was hier wächst, und ist nicht Luft und Rauch
　Sondern Beton und wirklich, und bewohnbar
　Wie Wirkliches sonst nie, das die Insassen
　Einsargt und kleinfrißt. Nämlich ein enger Anblick
　Löst Säfte aus den Drüsen, die den Menschen
　Abbaun wie nichts, er schrumpft. Aber hier
　Die Landschaft mein Spiegel. Süße Luft
　Und solche Aussicht, daß, was Menschen träumten
　Sich als ihr schöneres Selbst und nanntens Götter
　Ich bin. Hier ist die Hölle
　Ein guter Ort, wo Schatten für mich baun
　Wirkliche Häuser, und fressen nichts und scheißen
　Mir nicht den Bauplatz voll: Volk, träg
　Aber gehorsam. Wachs, Stadt, das ist der Anfang!

V. 2

Schlaghand. Napoleon. Don Juan.

Napoleon, Don Juan von verschiedenen Seiten.

SCHLAGHAND
　Geht ihr spazieren und verzieht kein Auge.
　Sagt was, ihr seid berühmt. Hattet ihr das?

NAPOLEON
  Das was ist das. Vor mir Staub leckten Könige
  Daß ich ihren Töchtern beischlief, Massen singend
  Warfen die letzte Mütze für einen Hauch
  Spaß meinem Auge, im Hinröcheln Soldaten
  Beteten meinen Namen, ich Europas Besen
  Mit mir der Fortschritt.
DON JUAN   Nach dir die Industrie.
SCHLAGHAND
  Und du? Was ist dein Spruch?
DON JUAN   Das was ist das.
  Was lebt ist Fleisch, Fleisch ist für Lust, Gehirn
  Daß es Lust scharf hält und schafft für Fleisch Fleisch
  Zu höherer Lust, ich hatte tausendunddrei
  In einem Land, jede Umarmung ein Schrei
  Gegen die Weltordnung, in meiner Spur
  Die Rebellion.
NAPOLEON   Und aller Weiber Heulen.
  zu Schlaghand:
  Mach dich zum Chef der Hölle, ich hab Waffen.
DON JUAN
  zu Schlaghand:
  Spreng was hier ist, und nimm dir dann die Erde.
SCHLAGHAND
  Ich soll der Teufel werden, wollt ihr das.
  Du hattest Macht, du Lust: Ich habe beides
  Und euch dazu als Halbbild. Ihr seid denkfaul
  Verschwindet!

Napoleon und Don Juan ab.

              Ich bau schöne Städte
  Was fehlt mir? Nichts. Ich bin zufrieden. Müller!
  Mir fehlt nichts. Doch. Was fehlt mir. Das steht leer
  Hier fehlen Menschen. Nun kommt, was ich bin.
  Bis hier wars Spiel, jetzt füllt das Spiel ein Sinn.
  Baumeister!
  ab

V. 3

Erster Betrunkener. Zweiter Betrunkener. Müller. Schlaghand.

Erster und zweiter Betrunkener als Baumeister, eilig.

ERSTER Sie haben gerufen, Herr Schlaghand.
ZWEITER Wir fangen den nächsten Teil der Stadt an, Herr Schlaghand. Das sind schöne Zeichnungen.
ERSTER Läßt du sie liegen.
ZWEITER Ich bin Erster Baumeister, du bloß Zweiter. Dürfen wir weiterbauen.

Müller.

ERSTER Im Südteil waren gestern die Schatten zu langsam, wir mußten zweihundert durch die Eiserne Tür schicken.
ZWEITER Es wird ihnen eine Erlösung gewesen sein, sie waren faul. – Der Herr Unterteufel Müller!

Werfen sich zu Boden.

ERSTER Sehen Sie, wie er erschrocken ist? Er ist Erster Baumeister und bald Hilfsteufel, das genügt ihm nicht.
ZWEITER Er will selber Erster Baumeister werden, und dann Sie absetzen. Aiii!
ERSTER Aiii!

Die Betrunkenen quälen einander. – Schlaghand.

ERSTER, ZWEITER *springen auf* Wir warten auf Sie, Herr Schlaghand.
ERSTER Der Herr Unterteufel Müller wartet auch auf Sie.
SCHLAGHAND Weil ich ihn bestellt habe.
ERSTER, ZWEITER Ja, Herr Schlaghand. Hu!
SCHLAGHAND Gefällt euch, was ihr baut?
ZWEITER Ja, Herr Schlaghand.

ERSTER *läuft zu Müller* Herr Schlaghand fragt, ob uns gefällt, was wir bauen. *zurück zu Schlaghand* Ja, Herr Schlaghand.
SCHLAGHAND Und wofür baut ihr?
ERSTER Für Sie, Herr Schlaghand. *zu Müller* Herr Schlaghand fragt uns, wofür wir bauen. *zurück*
ZWEITER Damit es schön aussieht, Herr Schlaghand.
SCHLAGHAND Für wen schön?
ZWEITER Für Sie, Herr Schlaghand. Und für uns. Hu! *duckt sich*
SCHLAGHAND Und wozu baut man?
ERSTER *zu Müller:* Herr Schlaghand fragt uns, wozu man baut. *zurück* Daß wer darin wohnt, Herr Schlaghand. *duckt sich*
SCHLAGHAND Und wer wohnt dort?
ERSTER Niemand, Herr Schlaghand.
ZWEITER *duckt sich* Ich habe eine Nacht in einem geschlafen, das war schön.
SCHLAGHAND
Wozu baut der Mensch Häuser? Daß ers gut hat
Natur gibt ihm kein Dach, sein Haus sein Kleid
Nest Zentrum; was heißt Mensch? Mensch heißt
   Menschen
Folglich, wer baut, baut nicht für einen, sondern
Für viele, ich brauch Menschen für die Stadt
Bringt sie mir her.
ERSTER, ZWEITER Hu! *werfen sich zu Boden*
SCHLAGHAND Was heult ihr?
ZWEITER Wenn die Menschen nicht wollen, Herr Schlaghand.
SCHLAGHAND
Dann bringt sie irgendwie, der Mensch ist langsam
Wo die Geburt ihn hinwirft, klebt er steif
Seis in Gestank und Ratten, oder wenn
Erdbeben ihm die Stadt zerwürfeln, bleibt er
Stur in den Trümmern, falls sein Haus noch steht
Weil, was er hat, glaubt er, ist noch erträglich

Und was auch kommt, glaubt er, es kommt nur schlimmer;
Dem, der sein Glück nicht sieht, muß man es bringen
Wir tun ein gutes Werk, wenn wir sie zwingen.
ERSTER, ZWEITER Hu!
SCHLAGHAND *zu Müller:*
Schick sie nach Menschen, oder hol sie selber.
MÜLLER
Ein Sessel.

Die Betrunkenen bringen einen Sessel. Müller setzt sich.

Fesseln.

Die Betrunkenen wimmern und fesseln Schlaghand.

Das ist ein Gericht.
Es folgt Schlaghands Urteil. Er lebt, und lebt schon nicht.

V. 4

Erster Betrunkener. Zweiter Betrunkener. Müller. Schlaghand. Don Juan. Maria als Marella. Napoleon. Trulla als Cosmus.

Don Juan und Maria, Napoleon und Trulla von verschiedenen Seiten.

DON JUAN
   küßt Maria
Du wolltest, was du hast: Es geht ihm schlecht.
NAPOLEON
   zu *Trulla:*
Es geht ihm gut: Er braucht den Kampf, und hat ihn.
TRULLA, MARIA
   zu Müller:
Was gibts?
MÜLLER
             Sprecht Schlaghands Urteil, es ist Zeit.

TRULLA
setzt sich in Müllers Sessel; zu den Betrunkenen:
Losbinden. Schneller.

Die Betrunkenen binden Schlaghand los.

                    Woher kommt jetzt Rat.
zu Müller:
Du bist der Kläger.
zu Maria: Du machst Advokat.
zu den Betrunkenen:
Gerichtsdiener.
zu Napoleon und Don Juan:
        Zeugen.
               Sprecht, wer zu sprechen hat.
MÜLLER
Ingenieur Heinrich Schlaghand, welcher baun
Mußte, was er nicht wollte, weil er wollte
Was nirgends geht, kam zu uns; der Vertrag
War, er darf, was er will. Was er will ist
Die Menschheit in die Hölle, das wolln wir
Also gehört er uns.
TRULLA   Der Advokat.
MARIA
Schlaghand ist frei, er will noch viel.
TRULLA   Ah. Was.
Willst du zurück?
SCHLAGHAND   Warum hier ist mir, als
Hätte ich das schon erlebt, und ihr umsteht mich
Wie üble Träume, wenn das Blut voll Schnaps ist?
Ich habe baun gelernt; was ich baun mußte
Ist, daß man brüllen kann, wenn mans vergleicht
Mit dem, was Menschen ein Haus ist, und wäre möglich
Wär nicht der Fortschritt zäh, die Bauplätze
Organisierter Mangel; gut, und könnte
Ich sein, was ich sein will, auch ohne das
Und bloß privat, das geht nicht, weils nicht geht

Ich soll sein was ich hinstelle: Jammerbild
Aus Blindsinn, Materialfonds, Kompromissen
Also bin ich hier, hier bin ich ich und baue;
Dort steht mein Anfang, dafür brauch ich Menschen.
TRULLA
Was sagt der Advokat?
MÜLLER   Nichts, er blamiert sich.
MARIA
demaskiert sich
Der Advokat sagt nichts. Er demaskiert sich.
Muß Schlaghand hin sein, will ichs sein mit ihm.
SCHLAGHAND
Ist das wie oben hier. Raus, ich will raus!
MÜLLER
Zu spät für dich, Schlaghand. Das Spiel ist aus.
TRULLA
zu Müller:
Zurück.
MÜLLER
    Wer bist du?

Trulla demaskiert sich.

             Noch ein Mensch, ein neuer.
   Dann geh mit ein, in Donner, Nacht und Feuer!

Donner. Schlaghands Bau stürzt ein. Dunkel. Flammen schlagen aus dem Boden.

Epilog

Die Vorigen. Prologos als Epilogos.

Prologos als Epilogos, eilig.

PROLOGOS
  Damen und Herren, Sie sehn mich in hoher Eile
  Und gestatten, daß ich mich nicht verweile
  Sonst wächst unsere Komödie
  Sich am Ende aus zur Tragödie
  frißt die aus dem Boden schlagenden Flammen
  Was widerspräche ihrem Wesen
  So muß ich höllisches Feuer fressen
  Sowie mit entschiedener Umsicht handeln
  wirft Schlaghand ein nach oben führendes Seil zu
  Und unverzüglich die Szene verwandeln.

Verwandlung. Heide wie in Akt III.

Bunz. Heide. Prologos. Eva. Grit. Hurre. Dunty. Faktotum. Maria. Trulla. Schlaghand. Erster Betrunkener. Zweiter Betrunkener.

Morgen. Bunz und Heide, umschlungen schlafend. Vogelstimmen.

HEIDE *wacht auf* Wieso geht die Sonne auf. *schläft ein*
BUNZ *wacht auf* Soll ich sie dir verdecken. *schläft ein*
HEIDE *wacht auf* Es ist Morgen. *schläft ein*
BUNZ *wacht auf* Ja. *schläft ein*
HEIDE *wacht auf* Warum sind wir hier?
BUNZ *wacht auf* Soll ich dir zeigen, warum wir hier sind.
  küßt sie

Neben ihnen aus dem Boden Flammen.

HEIDE Das weiß ich selber. Aber wieso ist es hier heiß?
BUNZ Weil ich bei dir bin, Heide.

Küssen sich.

HEIDE Das verstehe ich, aber warum ist es heiß auch von der anderen Seite?
BUNZ Weil ich überall bin, Heide.

Küssen sich. – Aus dem Boden, Flammen fressend, Prologos mit einem Seilende.

PROLOGOS
 Bunz! Heide! Oh. Das liegt auf Gras wie Betten.
 zieht am Seil, frißt Feuer
 Denkt an die Welt, und helft mir Schlaghand retten!
 He, Freunde! An diesem Seil hängt Menschenglück!

Bunz und Heide unterbrechen den Kuß, helfen ziehen.

 Drei Wanderer müssen auf die Welt zurück.
 Zieht! Ich verbrenne! Ah! Ruft Hilfe, schnell!
BUNZ, HEIDE
 Eva! Grit! Hurre! Dunty!

Eva, Grit, Hurre, Dunty aus verschiedenen Richtungen.

EVA, GRIT, HURRE, DUNTY
             Sind zur Stelle.
HURRE
 Der Sonntagmorgen lockt zum Spazierengehn.
PROLOGOS
 Faßt an! Ihr werdet euch als Retter sehn!

Alle ziehen. – Hinter der Szene Wimmern. Faktotum.

 Du auch!

Faktotum zieht mit. – Aus dem Boden am Seil Maria, geschwärzt.

BUNZ, HEIDE, EVA, GRIT, HURRE, DUNTY, FAKTOTUM
    Maria!

Ziehen. Aus dem Boden am Seil, Trulla, geschwärzt.

               Der Erste Sekretär!

Ziehen. Aus dem Boden am Seil Schlaghand, ungeheuer geschwärzt.

  Schlaghand!
MARIA   Heinrich.
PROLOGOS   Geschafft.

Alle, außer Faktotum, lassen das Seil los.

FAKTOTUM
  wird fortgerissen
                         Es ist noch schwer!

Alle übrigen nehmen das Seil auf, ziehen.

PROLOGOS
  Halt!

Verharren.

FAKTOTUM
    Wenn der Teufel dranhängt!
PROLOGOS   Werft es rein.
DIE BETRUNKENEN
  Wir wollen auch gerettet werden! Nein!
  kriechen aus dem Boden
BUNZ, HEIDE, EVA, GRIT, HURRE, DUNTY, FAKTOTUM
  Die auch!

PROLOGOS
             Das hatten wir nicht mit erwogen.
Die Arbeit, wie man sieht, hat sie erzogen.
Damen und Herren, Herr Schlaghand hatte
Als Neuer Mensch sowie als Gatte
Gewisse Krisen zu überstehn
Desungeachtet Sie ihn hier sehn
Etwas geschwärzt, doch im Prinzip noch ganz
Unter des sonntäglichen Himmels Glanz
Fast alles nunmehr ist wie dieser klar
Ausgenommen Kleinigkeiten, und das nur ein paar
Wir hoffen sehr, wir haben Sie gerührt
Besonders, daß die Baukunst von uns profitiert
Sehn Sie die Szene! und genießen Sie
Ein Bild der allgemeinen Harmonie:
Ein jeder wünscht sie, zwar sie ist noch fern
Doch einmal sehen will sie jeder gern.

Maria, Eva, Grit küssen Schlaghand.

                              Vorhang

1971/72

Von Einem, der auszog, das Fürchten zu lernen

Film-Treatment

Ein quasi Breughelsches Bild: ein Dorf um 1490, knapp zwanzig Häuser, aus der Totale. Es ist Herbst, ein später, warmer Septembertag. Man erkennt Kirche, Mühle, Schmiede, Stellmacherwerkstatt. Jeder geht seiner Arbeit nach; Leute bei der Apfelernte, eine Kornfuhre zur, eine Mehlfuhre von der Mühle, Kinder spielen, ein Ritter kommt mit kleinem Gefolge von der Jagd, jemand pflügt seinen Acker. Alles in ruhiger Bewegung, fast statisch – es ist, wie es sein soll.

Dann Schwenk auf einen Hügel am Dorfrand, wo ein einzelnes Schaf grast; es trottet auf eine Biegung zu, läuft dann, von einem Hund getrieben. Schnitt. Wir sehen, aus Halbdistanz, hinter jenen Hügel; dort ist der Junge, unser Held, bei einer kleinen Schafherde, zu der sich das eingeholte Schaf eben gesellt.

Der Junge ist fünfzehn, sechzehn, mit kindlichem, wachem, doch nicht pfiffigem Gesicht, eher zart als kräftig; auch wenn er vor sich hinträumt, ist er fähig zu schnellen Reaktionen, die seine Arbeit, das Schafehüten, fordert. Die freilich läßt ihm viel Zeit; eben richtet er eine selbstgebaute Wolfsfalle, beködert sie, pfeift dem Hund, schärft ihm ein, da nicht heranzugehen; dann inspiziert er eine offenbar ebenfalls selbstgebaute Schlafhütte, probiert das Lager von innen – Stroh, Sackleinwand, seine Schaffellweste wird Kopfkissen, der Hund muß sich als Fußwärmer hinlegen. Zufrieden kriecht er heraus, steigt mit dem Hund auf die nahe Hügelkuppe, von der aus man das Dorf nun von der anderen Seite sieht: Es ist Feierabend, Läuten, man geht nach Hause; seltsame Vorabendbeleuchtung. Er läuft zurück, öffnet den Pferch, der Hund treibt die Schafe hinein. Währenddessen zündet der Junge ein kleines Feuer an, nimmt aus einem Leinensack Käse, Brot, Zwiebeln, ein Tonkrug mit Wasser ist auch da. Schließt den Pferch, setzt sich mit dem Hund zur Abendmahlzeit. Es dämmert, friedliches Bild. Der Junge verstaut die Reste der Mahlzeit im Sack, den Sack in der Hütte, holt eine einfache Flöte hervor, versucht zwei Melodien, eine gelingt, er wiederholt sie mit einer Verzierung. Legt Kloben aufs Feuer, sieht nach dem Wetter; es ist dunkler geworden, die Wolken sind höher gerückt; ein, zwei Windstöße fahren ins Feuer, das er sorgfältig löscht; legt sich dann in die Hütte, der Hund ihm zu Füßen.

Schnitt. Nacht, der Junge wacht auf, draußen ist Sturm. Er sieht hinaus, ferne Blitze; einen Moment wird es still, er versucht seine Laterne anzuzünden – da setzt der Wind doppelt stark wieder ein, die Hütte fliegt ihm um die Ohren; der Hund winselt, der Junge beruhigt ihn: er muß die Schafe nach Hause bringen. Er öffnet den Pferch, der Hund tut seine Arbeit; der Junge lädt sich das kleinste Lamm auf die Schulter, sie gehen los, es ist ja nicht weit. Das Unwetter kommt näher, Blitze sind die einzige Wegbeleuchtung; zweimal erkennt man die Kirche, sie laufen auf sie zu. Plötzlich stehen sie vor der Kirchhofsmauer, der Sturm drückt die Pforte auf, die Schafe drängen hinein; was bleibt dem Jungen übrig, als zu folgen, das Lamm auf der Schulter? Von innen versucht er die Pforte zuzukriegen, im Schein der Blitze irren die Schafe zwischen den Kreuzen, der Hund hält sie mühsam zusammen, wohin? Ganz in der Nähe schlägt es krachend ein, und nun fängt der Regen an. Der Junge rüttelt an der Kirchentür, die ist verschlossen, auch die Sakristei; was bleibt, ist das Beinhaus, unter dessen schmalem Vordach sich die Schafe drängen. Tatsächlich bekommt er die Tür auf, verliert seine Mütze dabei, schiebt das erste Schaf hinein, die anderen folgen; wo ist der Hund? Der treibt, abwechselnd winselnd und bellend, ein Schaf, das sich abgesondert hat, über die Gräber heran. Endlich sind alle innen, der Junge kann die Tür schließen; durch die winzigen Rundfenster zwei-, dreimal Blitzschein, er erkennt Knochen, einen Sarg, ist aber ganz mit den Schafen beschäftigt; der Hund hilft ihm, will dann auch beruhigt werden. Schließlich haben alle, halbwegs trocken, Platz gefunden, der Junge legt sich zwischen die Tiere, sie schlafen ein, während draußen das Unwetter tobt.

Schnitt. Am nächsten Morgen, der Junge und die Tiere schlafen. Geräusche und Stimmen von außen, der Hund schlägt an; die Tür öffnet sich, draußen stehen Leute vom Dorf, einer hat die Mütze des Jungen in der Hand. Die Herde samt Hund und Jungen drängt hinaus, die Dorfleute bekreuzigen sich, einer springt zur Seite, als ein Schädel mit hinausrollt; ein anderer, in Müllerkleidung – der ältere Bruder des Jungen –, gibt dem Jungen eine Ohrfeige, zählt dann die Schafe. Eine Frau kommt mit dem Weihwasserkessel aus der Kirche, besprengt Jungen, Hund und Schafe; der Bruder hält die Hand, mit der er geohrfeigt hat, zum Besprengen hin, stellt fest: »Es fehlt keins.« Anerkennend fragt er: »Hat dir nicht gegruselt?« »Es fehlt keins«, wiederholt der Junge, »was ist das, Gruseln?« Die anderen nehmen das für einen Witz, lachen, der Junge lädt sich das Lamm auf. Zug durchs Dorf zur Mühle, der Junge ist für ein paar Minuten Held des Tages; die mitgehen, erzählen den Gaffenden sein Abenteuer; er winkt, zum ersten Mal im Leben, einem blonden vierzehnjährigen Mädchen zu, die dreht sich weg, sieht ihm dann aber nach. Vor der Mühle wartet der Vater. »Es fehlt keins. Er hat im Beinhaus übernachtet«, meldet der Bruder; der älteste Bruder unterbricht seine Arbeit, zählt mißtrauisch die Schafe, zuckt die Schultern, arbeitet weiter. Der Vater, knapp sechzig, müde – die Frau ist ihm vor zwei Wochen gestorben –, aber durchaus noch Herr im Haus, sagt dem Jüngsten: »Versorg die Schafe im Stall; dann bist du frei heute.« Der mittlere Bruder verzieht das Gesicht, will meutern. »Was?« fragt der Vater laut, der Mittlere duckt sich, lädt Säcke auf.

Der Junge in der Küche, tut sich Suppe auf, bricht Brot, ißt heißhungrig. Wirft dem Hund ein in Suppe getunktes

Stück Brot zu, geht auf den Hof, versorgt die Schafe (und zählt sie noch einmal, nicht ohne Stolz).

Dann flaniert er durchs Dorf, genießt seinen Ruhm; aber eigentlich sucht er das Mädchen. Er findet sie beim Ziegenmelken. »Kommst du mit?« fragt er. »Ich habe eine Wolfsfalle gebaut.« Das Mädchen melkt weiter, sagt dann: »Du hast im Beinhaus übernachtet?« »Die Schafe durften nicht naß werden«, antwortet er. Sie nimmt die Milch, geht ins Haus; kommt wieder mit einem Kopftuch.

Totale. Die beiden gehen durch abgeerntete Felder; das Mädchen pflückt ein paar Blumen, dann sind sie wieder nebeneinander. Er ändert die Richtung – zum Kirchhof.

Auf dem Kirchhof zögert das Mädchen, er nimmt sie bei der Hand; vor einem halbfrischen Grab bleibt sie stehen, fragt: »Ist es schlimm, wenn einem die Mutter stirbt?« »Ja«, sagt der Junge erstaunt, »aber sie spüren es nicht.« Das Mädchen legt die Blumen aufs Grab, eine behält sie; läßt sich weiter führen. Vorm Beinhaus hält der Junge an, sagt: »Warte, ich habe meine Flöte vergessen.« Das Mädchen weicht zurück, er klinkt an der Tür, die sich leise quietschend öffnet, geht hinein; fast verrückt vor Angst hält sie aus, hört Gepolter innen; als der Junge herauskommt, in der einen Hand die Flöte, und ihr die andere hinstreckt, rennt sie weg. Der Junge, einen Augenblick verdutzt, läuft hinterher, holt sie ein, sagt: »Wir wollten die Wolfsfalle ansehen.« »Nein«, schreit sie, »mir gruselt«, reißt sich los, stürzt davon; die Blume bleibt liegen. Er hebt sie auf, geht zum Beinhaus, wirft die Tür zu, geht durch die Hinterpforte vom Kirchhof.

Auf dem Weideplatz liegen die Reste seiner Hütte verstreut; die Wolfsfalle aber hat gehalten; er probiert sie, richtet sie neu. Weiß nicht, was mit sich anfangen; geht in Richtung Dorf, die Blume nimmt er mit.

Abend in der Mühle; der Müller und die drei Söhne sitzen um den Tisch bei Kienspanbeleuchtung, man hat gegessen, schweigt. Draußen ist unwirtliches Herbstwetter, der Wind fährt in Stößen um die Mühle, alles knarrt. »Ist noch Bier da?« fragt der Älteste. »Im Keller«, antwortet der Mittlere, sieht auf den Vater, doch der ist mit sich beschäftigt; der Mittlere geht zur Tür. Als er sie öffnet, kracht irgend etwas in der Mühle, bleich bleibt er stehen, schließt die Tür, sagt: »Die Mutter geht um.« »Was?« brüllt der Vater, springt auf, stiert die drei an, setzt sich, versinkt in Lethargie. »Die Toten können nicht aufstehen«, sagt der Junge. Die Brüder fangen langsam, böse an zu lachen; der Junge begreift nicht, warum, sagt: »Ich hole das Bier«, geht. Schweigen. Nach kurzer Zeit kommt der Junge zurück mit einem Krug Bier. »Na«, fragt der Älteste, »hat dir gegruselt?«, schenkt sich und dem Mittleren ein. Der Junge, in einem Ausbruch, schreit: »Sagt mir endlich einer, was Gruseln ist! Sagt es mir endlich einer!«; gießt sich, da keine Antwort kommt, Bier ein, als würde ihn das erwachsen machen. Der Älteste nimmt ihm den Becher weg, setzt ihn dem Vater hin. Traurig und wütend legt sich der Junge im Alkoven schlafen; die älteren Brüder trinken einander zu, da steht der Vater abrupt auf, trinkt aus, sagt: »Ihr denkt, zu euch kommt der Tod nicht«, löscht die Kienspäne, geht schlafen. Die älteren Brüder tappen auf ihr Lager, murmeln ein Gebet, fangen an zu schnarchen. Der Junge steht auf, setzt sich an den Tisch, nippt vom Bier, aber das hilft auch nicht. Schläft am Tisch ein.

Am nächsten Morgen. Wieder ein bewegtes Breughel-Bild, diesmal näher: Geschäftiges Treiben vor und in der Mühle. Das Wetter ist wieder klar, der erste Wagen mit Kornsäcken eben angekommen, der Müller und die beiden älteren Söhne bei der Arbeit. Über eine Rutsche läßt der Bauer die Säcke vom Wagen gleiten, einer der Söhne packt sie auf drei oder fünf Esel, die sie zur Mühle tragen: die Mühle arbeitet. Zwei weitere Wagen nähern sich, ein Beauftragter des Ortsritters prüft das Korn und kassiert den Zehnten, Kinder gaffen. Der Junge hat die Schafe schon aus dem Stall geholt, sieht ein bißchen zu, zieht dann los mit Hund und Herde. Eben geht der Vater vom ersten Wagen zum zweiten; da gerät ein Sack schief auf die Rutsche, trudelt; der Bauer auf dem Wagen ruft, aber zu spät: der Sack fällt und trifft den Müller. Leute laufen zusammen, der Junge läßt den Hund bei den Schafen, stürzt hin; der mittlere Bruder und noch jemand zerren den Sack vom Vater, der bleich daliegt und atmet. Dann hält die Mühle an, der Älteste lädt sich den Vater auf, trägt ihn ins Haus.

Der Junge ist beiden gefolgt; der Älteste bettet den Vater, sieht den Jungen, sagt: »Hol die alte Katrin.« »Sie kann nichts«, sagt der Junge, »sie kann nicht heilen. In der Stadt ist ein Arzt.« Der Älteste geht auf ihn zu, schiebt ihn beiseite; der Junge insistiert: »Es kostet ein Goldstück.« »Und wovon sollen wir leben?« brüllt der Älteste, der Junge rührt sich nicht. Der Älteste geht ins Zimmer, wo der Vater liegt, nimmt aus einem Versteck ein Geldstück, gibt es dem Jungen. Es ist eine Silbermünze.

Beide treten aus der Mühle; der Junge läuft – nachdem er die Schafe in den Stall getrieben hat? – dem Wagen des Ortsritters nach, verhandelt mit dem Kutscher, sitzt auf.

Fahrt durchs Dorf, der Junge hält Ausschau nach dem Mädchen; als sie an ihrem Haus vorbeikommen, springt er ab, aber sie zeigt sich nicht. Er rennt dem Wagen hinterher, steigt wieder auf, der Wagen verschwindet um eine Biegung.

Einfahrt in die Stadt (Kleinstadt); der Junge steigt ab, fragt ein, zwei Leute, sucht das Haus des Arztes.

Findet das Haus, geht hinein. Allerlei Kranke mit und ohne Begleitung sitzen in einem rohen Wartezimmer, der Junge betrachtet sie, ein Panoptikum Leidender. Entschließt sich, geht durch die Tür in den Behandlungsraum.

Der Arzt, ein auf seine Art kunstfertiger Mann, gerissen, aber kein Scharlatan, setzt eben einer dicken Patientin Schröpfköpfe; sein Kabinett ist eher geeignet, das Gruseln zu lehren, als Vertrauen einzuflößen. Immerhin hängen neben astrologischen Tabellen auch anatomische Skizzen. Er sieht kurz hoch, macht dann weiter; der Junge entschließt sich, sagt: »Ein Kornsack hat meinen Vater getroffen. Es ist eine halbe Stunde zu Pferd«, hält das Silberstück hin. Der Arzt nimmt es, wiegt es in der Hand, sagt: »Das reicht für die Fahrt. Willst du Arznei?« Fast ohne zu überlegen sagt der Junge: »Ihr bekommt einen Wolfspelz.« Der Arzt, mißtrauisch, aber nicht ohne Sympathie für den Jungen, fragt: »Neu?« »Neu«, sagt der Junge, »er muß noch zum Gerber.« Der Arzt läutet, ein wüster Gehilfe tritt ein, der Arzt kippt eine Sanduhr, weist auf die Patientin. Wirft sich einen Mantel um, geht mit dem Jungen durchs Wartezimmer. »Morgen«, sagt er den Wartenden; als sich keiner rührt, wiederholt er schärfer: »Morgen.« Zum ersten Mal spürt der Junge eine Art Privilegiertsein, zufrieden und gespannt folgt er dem Arzt nach draußen.

Ein schaukelnder Einspänner mit Arzt und Jungen; vom Wagen aus sieht man das Dorf liegen. Als sie näher kommen, sagt der Junge: »Dort, die Mühle«; springt ab, läuft auf den Weideplatz zu. Der Arzt sieht ihm mißtrauisch nach, fährt aber weiter; der Junge dreht sich im Laufen um, freut sich: alles wird gut.

Läuft und läuft, zuletzt keuchend. Beim Weideplatz geht er langsamer, zuletzt ganz langsam, auf die Falle zu. Und tatsächlich ist ein Wolf darin! Der Junge holt einen Knüppel, erschlägt den Wolf sorgfältig, zieht ihn in Schweiß geratend ab, auch das schafft er. Lädt sich das Wolfsfell auf, der enthäutete Kadaver bleibt liegen. Läuft aufs Dorf zu.

Als er in der Mühle ankommt, liegt in der Stube der Vater, bleich, am Tisch sitzt der Arzt, trinkt Schnaps, neben ihm stehen die beiden Brüder. »Ich bins, Vater«, sagt der Junge, zeigt das Wolfsfell dem Arzt, der nicht reagiert. Der Müller bewegt die Hand, der Junge tritt näher; der Müller sagt: »Ich verteile mein Erbe. Was verlangt ihr?« »Ich will die Mühle«, sagt der Älteste laut. »Ich Vieh und Wagen«, sagt der Mittlere. Der Müller betastet das Fell. »Ein Wolfsfell für den Arzt«, sagt der Junge. »Ja«, sagt der Müller leise, »und was gebe ich dir?« »Ich möchte das Gruseln lernen«, flüstert der Junge; da erscheint, etwas außer Atem, in der Tür der Pfarrer; distanzierte Begrüßung zwischen Pfarrer und Arzt, der Arzt erhebt sich: Schichtwechsel. Plötzlich richtet sich der Vater auf, sagt, ganz wach, auf die Söhne deutend: »Er kriegt die Mühle, er das Vieh, er Lehrgeld, damit er das Gruseln lernt«, mustert noch einmal alle, sagt scharf: »Was?«, legt sich zurück. Der Junge gibt zögernd das Wolfsfell dem Arzt, der nimmt es, wechselt per Kopfnicken einen Gruß mit dem Pfarrer, geht; man hört seine Kutsche fortrollen. Der Pfarrer packt, während er ein Gebet murmelt, die Sterbesakramente aus; als er dem Müller die Oblate reicht, reagiert der schon nicht mehr. Der Pfarrer schließt dem Toten, weiter Gebete murmelnd, die Augen; die Söhne treten ans Bett, die beiden Älteren bekreuzigen sich, der Junge tut es ihnen nach. Dann geht der Älteste zum Tisch, gießt dem Pfarrer, sich und dem Mittleren Schnaps ein, hebt das Glas.

Glockengeläut, vom Friedhof kommt der Trauerzug ins Dorf zurück, der eine oder andere schert aus, die meisten gehen zur Mühle.

(In der Tür der Mühle steht der Älteste, empfängt und sortiert die Gäste.)

Leichenschmaus in der Mühle, man hat zwei Schafe geschlachtet, der Junge erlebt das alles fremd, wie einen Film. Es gibt Bier, die älteren Brüder, neue Mühlenbesitzer und damit Dorfhonoratioren, gehen von Familie zu Familie und besichtigen die Dorfschönen. Auch das blonde Mädchen ist da; der Junge will zu ihr, wird aber von Gästen aufgehalten, die ihn zum Trinken und Essen nötigen. Dann ist das Mädchen verschwunden; der Junge geht durch die Mühle, sucht, entdeckt sie mit dem mittleren Bruder im Mahlhaus. Der Mittlere lehnt an einem Balken, fragt: »Und was hat deine Mutter gesagt?« Das Mädchen, unsicher (aber heute ist, hat ihr die Mutter eingeschärft, ihre Chance), antwortet: »Sie hat gesagt: Wenn er dich rausführt, darfst du die Brüste zeigen, mehr nicht.« »Und«, fragt der Mittlere, »zeigst du sie?« Sie öffnet zögernd ihr Mieder, der Mittlere küßt sie grob, legt sie auf die Mehlsäcke; der Junge stolpert hinaus, stößt an der Tür beinahe mit dem Ältesten und einer drallen Schönen zusammen. Geht wieder zur Feier, als deren Krönung ein Krug Schnaps gebracht wird; gelockerte Stimmung, die Brüder kommen selbstsicher mit ihren Mädchen zurück. Der Pfarrer erhebt sich, schlägt ans Glas, sagt: »Ohne Last sind die Toten, ihre Bürde kommt auf uns.« Zum Ortsritter: »Mit Eurer Erlaubnis. – Des in Gott Ruhenden letzter Wille war: Ihm« *auf den Ältesten:* »hinterläßt er die Mühle« (Beifallsgemurmel der Gäste), *auf den Mittleren:* »ihm Wagen und Vieh« (schwächeres Gemurmel). Da drängt sich der Junge durch, stellt sich neben die Brüder. »Und der Jüngste«, sagt der Pfarrer, »darf das Gruseln lernen.« Die Gäste johlen und klopfen auf den Tisch – endlich ein Spaß, an den man sich erinnern kann. Der Junge, ganz konzentriert, sagt leise zum Pfarrer: »Für ein Lehrgeld. Er hat ein Lehrgeld ausgesetzt.« Der Pfarrer, mit Sinn für Wirkung, winkt Ruhe, verkündet, indem er einen Arm um den Jungen legt: »Damit er das Gruseln lernt, ist ein Lehrgeld ausgesetzt.« Beifall, Musikanten versuchen sich. Durch die Gäste drängt sich ein magerer, rotgesichtiger, frustrierter Mann zum Pfarrer und den Söhnen, fragt: »Das Lehrgeld. Wieviel?« Der Älteste hält ihn für betrunken, füllt ihm ein Glas; der Magere nimmt es, insistiert aber: »Ich bringe es ihm bei. Zehn Silberstücke.« »Zwei«, sagt der Älteste, mehr aus Gewohnheit und Handelslust. »Zehn«, beharrt der Magere. »Drei«, bietet der Älteste. »Acht«, schlichtet der Pfarrer, der Mittlere zahlt. »Du kannst morgen kommen«, sagt der Magere, »im übernächsten Dorf das Haus neben der Kirche«, verschwindet zwischen den Gästen. »Wer war das?« fragt der Älteste. »Mein neuer Küster«, sagt der Pfarrer, »er hat eine kranke Frau.« Die Brüder wenden sich ihren Mädchen zu, der Junge ist endgültig allein, geht nach draußen. Sieht nach den Schafen, steht wieder vor der Mühle; das alles sagt ihm nichts mehr.

Am nächsten Morgen – alles schläft noch – tritt der Junge mit einem Bündel aus der Mühle, geht los, ohne sich umzusehen. Auch am Haus des Mädchens geht er vorbei. Lange Einstellung, man erwartet, daß er sich umdreht, aber er tut es nicht.

Langt an im Nachbardorf, eins der Häuser am Dorfeingang hat seltsam bemalte Fensterläden. Neugierig betrachtet er alles, findet das Küsterhaus; ein Klopfer ist an der Tür, er schlägt ihn an. Heraus tritt der Küster; die beiden mustern einander, dann hält der Küster die Tür auf, der Junge geht hinein, der Küster folgt, die Tür schließt sich.

Abendbrot bei der Küsterfamilie: Eine verhuschte, bleiche, hustende Frau, ein blödes vierjähriges Kind, ein blaß-ernstes zwölfjähriges Mädchen, der Küster, der Junge. Man ißt schweigend, die Frau stößt einen Becher mit Milch um, der Küster sieht sie wortlos an; irr vor Angst holt die Frau einen Lappen, wischt die Milch auf, setzt sich wieder, wagt nicht hochzublicken. Der Küster steht auf: Ende der Mahlzeit; auch der Junge steht auf, fragt: »Wann?« »Was?« sagt der Küster. »Morgen ist Gottesdienst, du wirst helfen.« »Ich tue es«, sagt der Junge, »aber das Lehrgeld ist nicht dafür.« Der Küster dreht sich weg, beschäftigt sich mit irgendetwas; der Junge sagt: »Ich will lesen und schreiben lernen, der Pfarrer hat mir Blätter zum Üben geschenkt, gib mir zwei Kerzen.« Der Küster kramt, gibt ihm eine; der Junge zündet sie an, geht nach oben in seine winzige Dachstube.

Sitzt dort am Tisch, macht Schreibübungen.

Gottesdienst am nächsten Tag, der Junge ministriert, mustert dabei die Kirchengemeinde; welches der Mädchen könnte ihm gefallen? Vorm Schlußchoral geht er auf die Empore, tritt die Blasebälge, der Küster spielt Orgel. Die Leute gehen, der Junge löscht die Kerzen, steckt zwei oder drei ein, geht hinaus, schließt die Kirchentür.

Wieder Abendbrot, die gleiche gedrückte Stimmung; als der Küster aufsteht, fragt der Junge: »Wann?« »Meine Frau ist krank«, sagt der Küster, »du mußt warten. Heute um Mitternacht muß geläutet werden.« »Um Mitternacht im Glockenturm«, sagt der Junge, »aber vergiß es nicht, ich verlange mein Lehrgeld zurück sonst.« Streckt fordernd die Hand aus, bekommt eine Kerze.

Sitzt in der Dachkammer beim Licht von zwei Kerzen, macht Schreibübungen; überlegt es sich anders, geht nach unten, nimmt seine Jacke, eine Laterne.

Auf der Dorfstraße ist noch helle Dämmerung, er flaniert ein bißchen, bleibt dann vor dem Haus mit den bemalten

Fensterläden stehen. Von innen schnarrende Geräusche. Er zögert, öffnet die Haustür, im dunklen Vorraum ist eine weitere Tür, er klopft. »Herein«, sagt eine Stimme, er öffnet die Tür, ein Gerippe streckt ihm die Hand entgegen. Er schließt die Tür hinter sich, das Gerippe läßt die Hand wieder sinken. Öffnet und schließt die Tür von innen, das Gerippe wiederholt die Handbewegung. Der Raum, in den er blickt, ist überraschend gut eingerichtet; am Tisch steht ein knapp zwanzigjähriger junger Mann über einer Holzschneidearbeit, fragt: »Willst du Wein?« »Vielleicht«, sagt der Junge, »wozu ist das?«, weist auf das Gerippe. »Zum Zeichnen«, sagt der junge Mann, »außerdem hält es Einbrecher ab. Hast du dich nicht gegruselt?« »Ich soll es lernen«, sagt der Junge, »aber ich bin erst zwei Tage hier.« Der junge Mann gießt Wein ein, reicht ihm den Becher; der Junge betrachtet die Holzschneidearbeit – eine Totentanzszene –, fragt: »Willst du Maler werden?« »Es dauert lange«, sagt der junge Mann, legt ihm Skizzen hin, trinkt ihm zu. Der Junge betrachtet die Blätter, hält bei einem inne, fragt: »Woher weißt du das?« Das Blatt zeigt den todkranken Müller, die drei Söhne, den Arzt, den Pfarrer (ohne daß alles sehr ähnlich wäre, aber die Haltungen stimmen). »Man hat es mir erzählt«, sagt der Maler, zeigt ein anderes Blatt, auf dem der Leichenschmaus dargestellt ist, »nur dein Gesicht hat mir noch gefehlt«; beginnt den Jungen zu zeichnen. Der sieht sich um, sagt: »Es ist freundlich hier; bist du reich?« »Mein Vater ist Bischof«, sagt der Maler. Der Junge wird mißtrauisch, sagt: »Bischöfe haben keine Frauen.« »Meine Mutter war Magd bei ihm«, sagt der Maler, »spielst du Laute?« »Rohrflöte«, sagt der Junge, »aber ich habe sie nicht dabei.« Der Maler trinkt ihm zu, nimmt eine Laute von der Wand, stimmt sie kurz, singt (und zum ersten Mal im Leben fühlt sich der Junge in einem Haus wohl):

Des Abends Helle
Hat mildes Licht.

Wir wandern schnelle
Und dauern nicht.
Mensch, Tier, Hund, Esel, Baum
Sehn der Nachtwolke Saum
Und sind zur Stelle,
Wenn der Tag bricht.

An keinen Grenzen
Steht der Tod still.
Deines Leibs Glänzen
Ist, was er will.
Da du mich wild umschlingst
Und mich zur Wonne bringst –
Mit scharfem Sensen
Trifft er sein Ziel.

Wo wir auch gehen,
Kein Weg ist fest.
Gott läßt uns flehen
Und nimmt den Rest.
Eh mich dein Mund noch ruft,
Öffnet sich schon die Gruft;
Wind wird verwehen,
Was Nacht uns läßt.

Die nächtliche triste Dorfstraße entlang geht der Junge vom Malerhaus mit der Laterne; spärlicher Mondschein, ein paar Sterne.

Langt bei der Kirche an, geht hinein, die Laterne wirft seltsame Schatten; seine Schritte hallen. Öffnet die kleine Tür zum Glockenturm, steigt, müde und konzentriert, die Wendeltreppe hinauf, es schlägt Mitternacht. Dann führt die Treppe gerade nach oben, dort, am Schalloch, steht eine weiße Gestalt. Er sagt halblaut »Wer da?«, steigt näher, sagt lauter »He!«, keine Reaktion, ruft »Geh aus dem Weg!« Stellt die Laterne ab, wird wütend, zerrt an dem weißen Gewand; die Gestalt schwankt, verheddert sich, stürzt, rollt die Treppe hinunter. Von unten Gepolter, dann Stille. Er nimmt die Laterne auf, findet das Glockenseil, läutet. Steigt abwärts, findet unten an der Treppe ein schmutziges Laken, nimmt es mit.

Schließt die Kirchentür von außen, geht die paar Schritte zum Küsterhaus; davor stehen Dorfleute, jemand sagt: »Der Küster hat ein Bein gebrochen.« »War er so spät noch auf?« fragt der Junge, geht ins Haus.

In der Stube liegt der Küster mit geschientem Bein, die Frau legt feuchte Tücher auf; als die beiden den Jungen bemerken, verharren sie, stumm vor Haß; der Junge wirft das Laken zu zwei anderen, die in der Ecke liegen, hält die Blicke der beiden aus. »Gib ihm das Lehrgeld zurück«, sagt der Küster. Die Frau kramt irgendwo, zählt dem Jungen sechs Silberstücke in die Hand; er bleibt fordernd stehen, bis sie die beiden restlichen bringt; dann gibt er ihr drei zurück, sagt: »Für den Arzt«, schnell kramt die Frau das Geld weg.

Der Junge in seiner Dachkammer am Tisch, von außen Mondschein; er stützt den Kopf in die Hände, versucht die Melodie des Malers auf der Flöte.

Am nächsten Morgen kommt er mit seinem Bündel aus dem Küsterhaus. Am Haus des Malers klopft er gegen die Fensterläden, bis der verschlafene Maler heraussieht. »Ich gehe in die Welt«, sagt der Junge, »kommst du mit?« »Ich habe Besuch«, sagt der Maler, weist auf ein verwuscheltes Mädchen, das neben ihn tritt. Der Junge breitet verstehend die Arme, nimmt sein Bündel. »Warte!« sagt der Maler, gibt ihm ein zusammengerolltes Blatt, dann Brot und ein Stück Schinken. Während der Junge einpackt, fragt der Maler: »Wohin willst du?« »Dorthin«, sagt der Junge, zeigt in die seinem Heimatdorf entgegengesetzte

Richtung; der Maler nickt, sie grüßen einander, der Fensterladen wird geschlossen.

Der Junge geht durchs Dorf, dann durch Felder; Sonnenaufgang. Es ist milder Oktober, gut zum Wandern. Kommt in den Wald, hält nach einer Weile Rast auf einem Hügel. Ißt von Brot und Schinken, trinkt an einer Quelle; dann rollt er das Blatt auf, es ist die Leichenschmausszene, in der er nun, porträtiert, als Zentralfigur steht. Verstaut das Blatt und die restliche Wegzehrung, rekognosziert vorm Aufbrechen; da nähert sich jemand auf einem Maultier. Der Junge verharrt – es ist der Maler, gut versehen mit Gepäck und Satteltaschen für Malutensilien, Kleidung, Proviant. Jetzt ist er heran, sie begrüßen einander ohne Worte, ziehen weiter.

(Hier sollten drei Weg-Episoden – hart aneinandergeschnittene Szenen fast ohne Dialog – folgen, die zeigen, daß die beiden längere Zeit – bis zum Frühsommer – zusammen unterwegs sind und verschiedene Lebenskreise kennenlernen. Der Junge, ohne seine Neugier, Naivität, scheue Unbedingtheit zu verlieren, gewinnt an Erfahrung, lernt sich bewegen und kleiden, auch sein Gesicht wird reifer. Etwa:)

NOVEMBER. Die beiden guter Dinge im Wald marschierend, Regen setzt ein; sie retten sich in die Hütte eines Köhlers, helfen tagsüber bei der Arbeit, sitzen abends in der düstern warmen Hütte, pelzen Tiere ab, ziehen, jeder mit einer abenteuerlich gestückelten, aber soliden Pelzjacke in den Schneewinter weiter.

FEBRUAR. Klirrender Frost, die beiden im Hof einer Bürger-Wohnung einer mittleren Stadt, hacken Holz; am Abend dürfen sie in die Repräsentations-Stube, wo die Familie mit Gästen sich versammelt hat, ein Kamin brennt, es gibt Glühwein; die beiden musizieren (Laute und Flöte) und singen, angehimmelt von der Tochter des Hauses und der selbstverständlich unausgefüllten Hausfrau, zweistimmig den Hit der Saison:

Dunkle Violen
Und Akelei
Hab ich gestohlen,
Daß sie sich freu.
Blaß lag der Tau auf den Weiden.

Was ich ihr sagte,
Des schweigt mein Mund.
Wie sie mich fragte,
Wird keinem kund.
Blaß lag der Tau auf den Weiden.

Kuckuckskraut brach sie
Am lieben Ort.
Gestern noch sprach sie,
Sie geht nicht fort.
Blaß liegt der Tau auf den Weiden.

Besonders den Übergang ins lydische Moll der Schlußzeile bringen sie exzellent, ein Erfolg. Jeder geht in seine Kammer, der Junge sieht noch einmal hinaus durch den Türspalt: In die Nachbarkammer, zum Maler, huscht eine weibliche Gestalt im dicken Nachthemd, der Junge schließt die Tür, liegt allein; da öffnet sich seine Tür, herein kommt eine weibliche Gestalt in ebensolchem Nachthemd, er richtet sich auf, sie nimmt ihr Häubchen ab, es ist die Tochter; er fragt: »Ich dachte, du bist bei ihm?« »Das ist meine Mutter«, sagt sie, »lösch doch die Kerze«, er tut es. Junge und Maler ziehen im frühen März, solide, fast elegant gekleidet, aus dem Haus mit Gepäck und wohlgenährtem Maultier; Hausherr, Frau und Tochter winken den beiden nach.

APRIL. Die beiden vor einer halbverfallenen Burg, werden eingelassen; sitzen abends mit dem Ritter am Kamin und würfeln, verlieren; müssen sich beim Ritter als Knechte verdingen. Üben mit abenteuerlichen Waffen Stechen und Schießen, ziehen mit dem Ritter auf Raub, warnen durch vorzeitiges Schießen einen herankommenden Kaufmannswagen, der davonprescht und einen Sack mit Pfeffer verliert; fliehen selber, der Ritter verfolgt sie, ist zu Pferd schneller, Kampf, sie werfen ihn vom Pferd; laufen so schnell es geht in die Burg, holen das Maultier, ziehen los, laden aber den Pfeffersack noch auf; aus einem Hinterhalt zielt der Ritter, erschießt das Maultier, schießt dabei ein Loch in den Pfeffersack; die beiden füllen ihre Taschen mit Pfefferkörnern und fliehen in den Wald. – *Ende der Weg-Episoden, es ist Mai inzwischen.*

Junge und Maler, ziemlich derangiert, ziehen durch den Wald bei schönem Frühsommerwetter, fangen ein verirrtes mageres Huhn, rupfen es, machen ein Feuer, braten das Huhn; es ist versengt, zäh und schmeckt, trotz der Pfefferkörner, die sie dazu kauen, scheußlich. Ziehen weiter. Als es dämmert, sehen sie Licht, laufen darauf zu.

Das Licht kommt von einem Dorfgasthaus. Innen geht es laut zu, irgendein Fest?; die beiden verlangen zu essen, der Wirt streckt die Hand aus: haben sie Geld? Sie zahlen mit Pfefferkörnern, der Wirt kostet eins, muß niesen. Sie bekommen zu essen, verlangen Wein. Der Wirt streckt wieder die Hand aus, der Maler porträtiert ihn mit dem Holzschneidemesser auf die Tischplatte, die hübsche Wirtstochter bringt zu trinken. Dann greifen sie zu den Instrumenten, unterhalten die Gesellschaft mit einem Lied zum Mitsingen und -stampfen:

Lavendel wächst in Frankenland
Und Honig würzt die Luft.

Ich lach, da ich dich warten fand
Beim Rosmarin, im Thymiankraut –
Da lala lala lala dong,
Meine Schöne.

Malvasier blüht im Spanierland
Und Myrrhe würzt die Luft.
Ich lach, da ich dich warten fand
Am Klostertor, beim Malvenstrauch –
Da lala lala lala dong,
Meine Schöne.

Die Rübe grünt im Sachsenland
Und Weißlauch würzt die Luft.
Ich lach, da ich dich warten fand
Beim Küchenkraut, im Bratenrauch;
Da lala lala lala dong,
Meine Schöne.

Beifall, man spendiert besseren Wein, ein Bauer setzt sich zu ihnen, die Wirtstochter auch; was ist das für ein Fest? Ein Jahrestag. Vor Zeiten ist im nahegelegenen Schloß ein besonders grausamer Herzog umgekommen, seitdem ist es verwunschen, verwittert seltsamerweise auch nicht, und jeweils in der dem Fest folgenden Woche ist für den, der drei Tage im Schloß aushält und lebend wieder herauskommt, vom König eine Prämie ausgesetzt: die Königstochter und das halbe Reich. Gab es welche, die das versucht haben? Früher viele, die letzten Jahre niemand; keiner ist je zurückgekommen. Die Wirtstochter ist wirklich hübsch, weiß noch nicht, ob ihr der Maler oder der Junge besser gefällt; da fragt der Junge: »Ist es weit zum Schloß?« »Zehn Minuten zu Fuß«, sagt der Bauer, der Junge steht auf. »Wollt ihr nicht noch singen?« fragt die Wirtstochter. »Er kann es gut alleine«, sagt der Junge, zieht seine Jacke über, erbittet vom Wirt eine Laterne.

Draußen ist Nacht, leichter Wind, der Mond hinter Wolken; der Junge geht ruhig, konzentriert; dann taucht das Schloß vor ihm auf. Nachtvögel schreien, bewegt sich etwas hinter einem Fenster? Er geht die Mauern entlang, probiert eine Nebenpforte, dann das Haupttor, beide sind verschlossen; oben springt mit Lärm ein Fenster auf, aber darauf folgt nichts. Findet eine Stelle, die zum Ruhen einlädt, legt das Ohr auf die Erde, lauscht, wickelt sich dann in seine Jacke, die Nacht ist lau, schläft ein.

Kommt am nächsten Morgen, etwas verfroren, ins Gasthaus, dort sitzen Wirtstochter und Maler beim Frühstück, man sieht, sie gehören zusammen; außerdem ist noch ein Mädchen da, stiller als die Wirtstochter, etwas unsicher, aber lieb; der Junge ist erwartet worden, setzt sich an den Tisch, frühstückt, ohne zu reden, mit Appetit. »Gregor bleibt hier«, sagt die Wirtstochter, legt den Arm um den Maler, »für dich ist auch eine Kammer frei, Marle könnte deine Sachen nähen.« »Ja?« sagt der Junge, zieht sein Hemd aus, gibt es dem anderen Mädchen, die tatsächlich Nähzeug dabei hat und sich an die Arbeit macht. Er geht auf den Hof, wäscht sich am Brunnen, kommt zurück, zieht das Hemd an, sagt zum Maler: »Einmal muß ich es lernen.« Und, zu dem Mädchen: »Ich muß das Schloß erlösen.« Sie sagt nichts, der Junge gefällt ihr, aber richtig geglaubt an ihr Glück hatte sie nicht; packt ihm Wegzehrung ein, der Junge grüßt ohne Worte, geht.

Am Königshof – angenehme, lichte Architektur – wird er von der Torwache eingelassen; eine zweite Wache begleitet ihn durch Höfe, eine dritte durch Korridore.

Betritt eine Kanzlei, ein bleicher Schreiber fragt nach seinem Namen, der Junge sagt ihn. »Du willst das verwunschene Schloß erlösen?« fragt der Schreiber, der Junge nickt, der Schreiber trägt seinen Namen in ein dickes Buch ein, hinter allen anderen Namen auf der Seite sind Kreuze. »Du kennst die Bedingungen?« fragt der Schreiber. »Drei Tage, drei Nächte, die Prinzessin und das halbe Reich«, sagt der Junge. Der Schreiber läutet mit einer Handglocke, die Wache öffnet die Tür; während der Junge hinausgeht, macht der Schreiber hinter seinem Namen ein Kreuz.

Zurück mit der Wache durch Korridore, mit der zweiten durch Höfe. In einem Nebenhof sieht er hübschgekleidete Mädchen beim Ballspiel, ist die Prinzessin dabei?, die Wache stößt ihn an, er geht weiter; die Torwache übernimmt ihn.

Reitet mit Bedeckung – ein Offizier, zwei Mann – nachmittags zum verwunschenen Schloß. Sie sitzen ab, der Offizier übergibt ihm den Schlüssel, er schließt, das Tor öffnet sich mit enormem Knarren, die Pferde scheuen; als er von innen abgeschlossen hat, sieht er durch ein Guckloch, wie die Bedeckung sich fluchtartig entfernt, und muß lachen.

Geht durch den Hof, alles ist still, frühe Dämmerung; verschwindet im Schloß.

In den Schloßkorridoren hallen seine Schritte, aber nichts Ungewöhnliches ist zu merken; er inspiziert ein paar Zimmer, die teils verwahrlost, teils einigermaßen eingerichtet sind, entscheidet sich für das wohnlichste.

Im Zimmer sind Bett, Tisch, Sessel, Leuchter und ein Sarg, am Kamin liegt Holz bereit, daneben Feuerstein und Zunder. Er öffnet das Fenster, ohne daß etwas geschieht; sieht in und unterm Bett nach, zieht die Tischlade auf; dann versucht er den Sarg zu öffnen. Das mißlingt, er hebt ihn an einem Ende an, läßt ihn wieder fallen. Entzündet das Kaminfeuer, ißt und trinkt im Stehen von seiner Wegzehrung. Schließt das Fenster, als ein Nachtfalter hereinflattert, zündet die Kerzen des Leuchters an, schreibt etwas – das hat er gelernt inzwischen –, läßt es aber bald und legt sich zu Bett.

Es ist dunkel jetzt, da springt mit einem Krach der Sarg auf; der Junge fährt hoch, nimmt den Leuchter, sieht nach: Im Sarg liegt ein Toter. Der Junge redet und stößt ihn an, ohne Ergebnis. Untersucht den Sarg, ob da irgendein Mechanismus ist, findet keinen; holt ein paar Pfefferkörner aus seinem Bündel, kaut sie unter großer Willensanstrengung, appliziert sie dem Toten in Mund und Nasenlöcher. Der niest, richtet sich auf, öffnet die Augen, sagt: »Mich friert.« Der Junge trägt ihn ins Bett, legt Scheite im Kamin nach. »Mich friert, wärm mich«, sagt der ehemals Tote. Der Junge geht zum Bett, weiß nicht, was machen; da packt ihn der andere, beginnt ihn zu würgen. Der Junge wehrt sich, erstickt ihn schließlich mit dem Kissen; packt ihn in den Sarg zurück, findet in der Tischlade Nägel, nagelt mit einem Kloben den Sarg zu, es hallt gottserbärmlich. Entdeckt auf dem Kamin eine Karaffe – oder war die schon vorher da? –, öffnet sie, riecht daran, gießt sich von der Flüssigkeit in den Feldbecher, trinkt, das tut ihm gut. Legt sich, in der Rechten den Schürhaken als Waffe, zu Bett, das sich sogleich zu bewegen beginnt; die Tür springt auf, das Bett rollt in den Flur, dann treppab durch Gänge, irgendwo wird er schließlich ausgekippt. Tastet sich – ist unterwegs das Kissen zerrissen, so daß er der Spur der Federn folgen kann? – zurück ins Zimmer, verriegelt die Tür, legt sich neben dem Kamin schlafen.

Am nächsten Nachmittag sehen wir ihn im Schloßhof Holz spalten und Bretter richten; er bringt Bretter und Scheite ins Kaminzimmer und zimmert sich ein Lager, das er mit Ketten und Krampen an der Wand befestigt. Hält Mahlzeit, es dämmert, macht Feuer im Kamin. Da springt

– woher? – eine große Katze auf den Tisch, ein riesiger Hund folgt, die Tiere streiten sich um die Reste der Mahlzeit, der Junge schreit sie an, das hilft nichts, vielmehr kommen überallher neue, kleinere Katzen und Hunde und vollführen ein Höllenspektakel; der Junge greift zum Schürhaken, erschlägt etliche, wirft schließlich alle, lebend oder tot, aus dem Fenster und wuchtet, in Zorn geraten, den Sarg hinterher. Großes Gepolter, er sieht hinaus, aber nun ist alles ruhig, schließt das Fenster. – Legt sich erschöpft zu Bett, erwacht, als es Mitternacht schlägt. Aus dem Kamin fallen raschelnd längs- und quergehälftete Körper, setzen sich, ohne ihn zu beachten, teils richtig, teils falsch zusammen, eilen aus dem Zimmer. Er folgt ihnen; in der Schloßhalle stellen sie Kegel auf, öffnen eine Bodenplatte, holen Totenköpfe heraus, brauchen sie als Kugeln – ohne rechten Erfolg, weil die Schädel selten treffen, worauf die Spieler jedesmal in kollektives Winseln ausbrechen. Der Junge will behilflich sein, findet eine Drechselbank, drechselt ein paar Totenköpfe rund, gibt sie den Spielern, die nun wie besessen und treffsicher kegeln; der Junge tut mit, ist aber viel ungeschickter, was die anderem mit hohlem Gelächter quittieren. Da schlägt es eins, die Männer sind verschwunden, er steht allein in der riesigen Halle mit einem rundgedrechselten Schädel in der Hand, wirft, langsam rollt der Schädel auf die Kegel zu, die sich plötzlich im Gänsemarsch in Bewegung setzen, in dem Loch im Boden verschwinden; die Bodenplatte setzt sich selber ein, hebt sich noch einmal, damit der Schädel hineinrollen kann, senkt sich dann endgültig. Er geht zurück in sein Zimmer, alles hallt; legt sich zu Bett.

Am nächsten Tag wäscht er sich am Brunnen, irgendwoher dringen seltsame Laute; er geht ihnen nach, untersucht den Turm, den Keller, findet nichts. Probt in seinem Zimmer eine Melodie auf der Flöte, wieder die seltsamen Laute; er verriegelt die Tür, heizt den Kamin, setzt sich, schläft im Sessel ein. Da springt mit gräßlichem Krach die

Tür auf; in der Tür steht ein Riese, sagt: »Jetzt stirbst du.« Der Junge, ganz wach, greift die Karaffe – das ist der nächste Schlaggegenstand, der zur Hand ist –, fragt: »Warum?« – »Weil ich dich umbringe«, sagt der Riese, geht auf ihn zu; der Junge, plötzlich ganz sicher, sagt: »Das kannst du nicht.« »Wieso?« röhrt der Riese, bleibt stehen – hat ihm je jemand so widersprochen? –; der Junge gießt Flüssigkeit aus der Karaffe in ein Glas, hält es dem Riesen hin, der nimmt es, zittert ihm die Hand?, läßt es fallen, stampft mit dem Fuß auf, die Dielung splittert. »Weil ich stärker bin als du«, sagt der Junge. »Das wollen wir sehen«, brüllt der Riese, »komm!« Der Junge folgt ihm über Gänge und Treppen in einen Kellerraum, in dem neben zwei Ambossen allerlei Werkzeug liegt. Der Riese packt einen schweren Schmiedehammer, schlägt mit einem Schlag einen Amboß in den Grund. »Der Boden war morsch an dieser Stelle«, sagt der Junge, »zieh den Amboß heraus«; der Riese bückt sich. Wie um ihm zu helfen, lockert der Junge einen Stein im Fußboden, legt ihn beiseite; der Riese faßt den Amboß, zerrt ihn ein Stück aus dem Boden, sein langer Bart gerät in die freigelegte Stelle, der Junge setzt den Stein wieder ein, tritt ihn fest, schlägt dann mit dem Hammer auf den Amboß, der zurückrutscht und den Bart endgültig festklemmt. Der Riese brüllt vor Schmerz, will den Amboß wieder herausziehen, hat aber, zu tief gebückt, keinen Hebelpunkt; will sich den Bart abreißen, das tut weh; er röhrt nochmals, sagt dann: »Wenn du mich losmachst, bekommst du die Königstochter und das halbe Reich.« »Halt still«, sagt der Junge, sucht ein Messer, findet keins, nimmt die Axt, haut den Bart durch. Der Riese richtet sich auf, wirkt, ohne Bart, nun alt und mitleiderregend; unter Donner springen alle Türen des Schlosses auf, der Riese zerfällt zu Staub.

Der Junge geht zurück, vorbei an lauter offenen Türen; eine davon ist die zur Schatzkammer, in der goldene und silberne Gerätschaften durcheinanderliegen. Ohne sich aufzuhalten, nimmt er ein goldenes Zepter mit; geht weiter, gelangt zum Schloßtor, das auch offen ist. Steht müde in der Dunkelheit vorm Schloß, über ihm klarer Sternenhimmel. Da nähern sich Leute mit Fackeln: die Wache; verharren in gebührender Entfernung. »He! meldet dem König, das Schloß ist erlöst«, ruft der Junge; die Wache dreht ab, gibt ein Lichtzeichen, das sich, verzögert, durch die Landschaft fortpflanzt – man gibt dem Hof Nachricht.

Am nächsten Morgen erwacht der Junge in seinem Bett im Kaminzimmer von Fanfarenklängen; sieht aus dem Fenster: ein sonniger Tag. Er packt ruhig sein Bündel, hätte beinahe das Zepter vergessen; es ragt nun ein Stück heraus. Wieder Fanfarenklänge. Entriegelt sein Zimmer, geht hinaus durch den Hof zum Tor.

Nochmals Fanfaren; vor dem Tor, zwanzig, dreißig Meter entfernt, steht der König – senil-bieder, scharfen Verstands, ein Kaufmann der Macht – in einem Pulk Schwerbewaffneter, der Junge geht langsam auf die Gruppe zu. Als er auf zehn Schritt heran ist, hält der König – der entscheiden muß, ob er den Jungen umbringen läßt oder als Thronfolger annimmt – die Bewaffneten mit einer kleinen Handbewegung zurück, macht drei rasche Schritte: die Bewaffneten bilden Spalier, der König umarmt den Jungen. (Ein Stück hinter den Bewaffneten, sieht man jetzt, hält ein Wachkordon gaffendes Volk zurück; vor dem Kordon warten Würdenträger.) Der König faßt den Jungen unter, geht mit ihm auf den Kordon zu, Fanfaren, Jubel des Volks. Im Gehen fragt er: »Wie heißt du?« »Mathis«, sagt der Junge; der König fragt: »War es schlimm?« »Es ging«, sagt der Junge, der König klopft ihm auf die Schulter; bemerkt dabei das Zepter, zieht es aus dem Bündel, fragt: »Woher?« »Aus der Schatzkammer«, sagt der Junge, »sie liegt voll Gold- und Silberzeug.« Der König nickt, er hat sich nicht getäuscht; gibt das Zepter dem Jungen, hebt dessen Arm mit dem Zepter, faßt selber am Zepter an; so verharren sie einen Augenblick, ein Motiv für Bildhauer. Winkt dann mit einer Kopfbewegung einem der Würdenträger, flüstert ihm etwas zu; der geht zurück, gibt einen Befehl; der Kordon bildet eine Gasse, aus der ein schwerer Planwagen mit Bedeckung durchs Schloßtor rollt, der Würdenträger folgt mit einem Schreiber. Inzwischen sind die beiden beim Kordon angelangt, der öffnet sich, sie schreiten hindurch, die Würdenträger schließen sich an, neuer Jubel. König und Junge besteigen eine wartende Kutsche, die sich gleich in Bewegung setzt; der Junge sieht hinaus, erkennt den Maler, die Wirtstochter und deren Freundin, winkt ihnen zu; sieht er, daß die Wachen ein paar Leute umstoßen? Er ist verwirrt und euphorisch, und er muß das Grüßen üben.

Fahrt in der Kutsche durchs Land – vor ihr Berittene, dann eine Kutsche mit Würdenträgern, dann wieder Berittene. In den Dörfern haben sich die Leute versammelt, König und Junge grüßen, ohne daß das Tempo der Fahrt vermindert würde; nach einer Dorfdurchfahrt sehen sie einander an, sind im Einverständnis. »Die Prinzessin«, fragt der Junge, »wann sehe ich sie?« »Heute, wenn du willst«, antwortet er König, »über das halbe Reich reden wir später.« »Ich muß lernen zu regieren«, sagt der Junge. »Es lernt sich«, sagt der König, »aber die Menschen taugen wenig. Auch ich tauge wenig.« Unvermittelt beugt er sich vor, flüstert verkniffen: »Meine Minister sind Schurken.« »Ja?« sagt der Junge ungläubig, sieht den König an, ob der es ernst meint; der König bricht in Gelächter aus, lehnt sich zurück, schläft ein. Der Junge bleibt wach, betrachtet aus der Kutsche die Landschaft.

Ankunft im Schloßhof. Bedienstete umgeben den Jungen, nehmen ihm das Bündel ab, auch das Zepter; ratlos hält der Junge nach dem König Ausschau. Der, obgleich mit anderem beschäftigt, bemerkt den Fauxpas und bedenkt den übereifrigen Bediensteten mit einem leichten Schlag mit dem Handschuh ins Gesicht, gibt dem Jungen das Zepter zurück, lächelt ihm zu. Dann geht er wieder auf seinen Platz auf der Schloßtreppe: er erwartet die Ankunft des Schatzwagens, der schon mit schwerer Bedeckung heranrollt.

Der Junge wird gebadet, mit angenehmen Kleidern versehen, bekommt, allein, ein leichtes Mahl vorgesetzt; all das geht flink, fehlerlos, ohne Worte.

Dann wird er vom Kammerdiener ins Privatgemach des Königs geführt, der ihn mit der Prinzessin erwartet. Die Prinzessin ist fünfzehn, braunhaarig, schön; langsam geht der Junge auf sie zu, die beiden haben nur Augen füreinander. Noch eine kleine Zeremonie – der König reicht seiner Tochter einen bereitliegenden goldenen Apfel, die Verlobten tauschen Zepter und Apfel; dann sind sie frei, unsichtbare Diener öffnen eine Tür zum Park, die Prinzessin nimmt den Jungen bei der Hand, sie beginnen, sobald sie draußen sind, zu laufen. Kaum ist die Tür geschlossen, öffnet der König ungeduldig eine andere; der Raum, zu dem sie führt, enthält Gold- und Silbergegenstände aus der Schatzkammer des erlösten Schlosses. Bewaffnete bringen neue Stücke, aus dem Dunkel treten der Finanz-Würdenträger und sein Schreiber – der, der den Jungen ins Buch eingetragen hatte –; der Schreiber hakt das zuletzt Gebrachte auf einer Liste ab, reicht sie dem Finanz-Würdenträger, der bietet sie dem König, aber der winkt beide weg. Allein, betastet der König die Kostbarkeiten, wiegt sie in den Händen, wirft sich mit ausgebreiteten Armen an den Berg Reichtum. Stößt sich unvermittelt in aufrechte Position, dreht sich um und blickt – Großaufnahme – böse, verkniffen, irrsinnig und wissend, ins Publikum.

Der Junge und die Prinzessin aber sind im Park. Der ist mit äußerstem Kunst- und Naturverstand angelegt, ein Paradies in wüst-unsicherer Umgebung und Zeit, die er beide vergessen macht. Es ist goldenes Frühsommerwetter, die Prinzessin freut sich am Staunen des Jungen, führt ihm alles vor, staunt mit ihm; es dauert, bis sie sich zum erstenmal küssen, sie haben Zeit, spielen Werfen und Kugelstoßen mit Zepter und Apfel. Hören unerwartet Musik, glauben, sie bildeten sich das nur ein, aber auch die ist echt: In einem Pavillon, entdecken sie, probt ein kleines Orchester für die Hochzeit, ein Sänger singt:

Ihren Gürtel fand ich
Mit Rosen bestickt.
Vor dem Garten stand ich,
Ob sie mich anblickt.
O ihr leichter Gang
Macht, daß ich singe;
O ihr leichter Gang,
Daß ich zerspringe.

Die beiden haben es plötzlich eilig, suchen, finden eine Laube, gehen hinein. Entfernt hört man die Stimme des Sängers mit der zweiten Strophe:

Ihren Gürtel spür ich,
Fahr ich übern See.
Weidenblätter rühr ich,
Wenn ich von ihr geh.
O ihr blonder Leib
Macht, daß ich singe;
O ihr blonder Leib,
Daß ich zerspringe.

Spätnachmittags sitzen beide, eng beieinander, auf einem Aussichtshügel im Park, sehen ins Land. Der Junge steht auf, reckt sich, sagt unvermittelt: »Ach, wenn mir doch gruselte.« »Was sagst du?« fragt die Prinzessin. »Weißt du nicht, daß ich in die Welt gegangen bin, um das Gruseln zu lernen«, sagt der Junge nachdenklich. Die Prinzessin lacht, nimmt seine Hand, er kniet vor ihr, sieht sie an, sie küssen sich. Bedienstete kommen mit Mänteln, holen die beiden ab.

Am übernächsten Tag, früher Mittag, Glockengeläut: Aus einer schönen gotischen Kirche treten, feierlich gekleidet, Junge und Prinzessin, sind nun Mann und Frau. Die Hochzeitsgesellschaft folgt, an der Spitze der König, der eine offene Sänfte besteigt, sie aber bald, ungeduldig und mit Sinn für Schau, verläßt: er führt die beiden, zeigt sich mit ihnen dem Volk. Jubel und Hochrufe; doch sind die Leute mehr an Backwerk und Zuckerzeug interessiert, das von Soldaten in die Menge geworfen wird; an der Heftigkeit, mit der im Hintergrund um größere Wurfgaben – gebratene Tauben, halbierte Hühner – gerangelt wird, könnte der Junge, könnte er es sehen, etwas vom inneren Zustand des Landes lesen. Der König hilft dem jungen Paar in eine Kutsche, besteigt eine zweite, die Kutschen fahren ab zum Schloß. Unbewegten Gesichts schleudern Soldaten weiter Gaben in die Menge, dann sind die Körbe leer; große Verschläge, aus denen Rauch stieg, werden niedergerissen wie bei Denkmalsenthüllungen, es sind gebratene Ochsen am Spieß, zu denen die Menge nun drängt, Soldaten ordnen den Zugang.

Abends im Schloß das ungeheure Hochzeitsbankett; der Junge, erst Hand in Hand mit der Prinzessin, dann ohne sie, da sie von ihren Hofdamen beansprucht wird, denen sie erzählen soll, wie ER ist, bewegt sich sicher, mit neugieriger Distanz, durch all die Würdenträger und Bischöfe, die essen, saufen, tuscheln, Konversation machen, in seltsam starre Haltungen fallen, sobald sie in die Nähe des Königs kommen. Mit der Zeit fällt dem Jungen auf, wie ein stämmiger junger Mann ihm ständig folgt, er prüft das, hat sich nicht getäuscht; tritt durch eine Seitentür aus dem Saal, bleibt hinter der Tür stehen, packt den Stämmigen, der folgt, bei den Handgelenken, fragt: »Was läufst du mir nach?« – da ist er schon, nach zwei schnellen Bewegungen des anderen, auf den Knieen, hat einen Dolch auf der Brust. Der Junge, ungläubig und erstaunt, sagt: »Was?«, beide müssen lachen, der andere steckt den Dolch weg, der Junge fragt: »Wer bist du?« »Dein Leibwächter«, sagt der andere. »Haben sie alle welche?« fragt der Junge, weist in den Saal. »Bischöfe und Minister einen, Erzbischof und Herzöge drei, der König« – der Leibwächter, wir wollen ihn Eckhardt nennen, kehrt die Handflächen nach oben: das weiß er selber nicht.

Der Junge nickt, schlägt dem anderen freundschaftlich auf den Oberarm, geht zurück in den Saal, rennt dabei beinahe einen Höfling um. Hält Ausschau nach der Prinzessin, die im Gespräch mit ihren Gespielinnen ist, winkt ihr zu; sucht dann den König. Der thront, etwas erhöht, mit wachem, gelangweiltem Gesicht, trinkt; ein-, zweimal tritt jemand zu ihm, meldet, bekommt Anweisungen. Der Junge will zu ihm, da fällt ihm etwas ein; er wartet, bis Eckhardt heran ist, fragt: »Wenn etwas ernst ist, kann ich mich auf dich verlassen?« Ein Höfling nähert sich, der Leibwächter geht auf Distanz, sagt deutlich: »Unsere Saujagden sind berühmt in vielen Ländern, ich bin Fachmann, Sie können auf mein Wort bauen«, der Junge wundert sich, versteht dann, sie tauschen ein Lächeln. Er will zum König, da kommen zwei Würdenträger, einer, in geistlicher Tracht, sagt jovial: »Laßt Ihr die Prinzessin allein so kurz nach der Hochzeit?«; der Junge antwortet: »Ich kämpfe mich zu ihr durch am Freßtisch.« Amüsiert ob der Antwort sehen die Herren einander an, der Junge zählt die Gorillas um sie, es sind sechs, wendet sich an den zweiten Würdenträger, fragt: »Ihr seid der Herzog von?« »Jülich«, ergänzt der verwirrt; der Junge nickt, füllt am Büfett zwei Teller, reicht sie den beiden, nickt einen

Diener heran, nimmt Gläser vom Tablett, gibt sie den Herren, nimmt selber eins, trinkt ihnen zu, läßt sie höflich stehen. Sucht den König, der ist verschwunden; er entdeckt ihn nirgends, geht aus dem Saal.

Schlendert durch drei, vier von Kerzen erleuchtete Zimmer, steht schließlich vorm Privatgemach des Königs. Tritt nach kleinem Zögern ein, niemand ist darin; öffnet die Tür zum Park, aber da ist nichts als laue Nachtluft. Öffnet die dritte Tür; da steht der König, mit dem Rücken zu ihm, schräg an seine Schätze gelehnt. Der Junge redet ihn an, ruft, berührt ihn vorsichtig – da poltert der König zu Boden, ein paar von den Goldsachen rollen auf ihn. Der Junge geht langsam zurück, will rufen, aber vor der ersten Tür ist schon der Leibwächter, sieht, läuft. Diener erscheinen mit Fackeln, gleich darauf ein Arzt; während eine Menge angetrunkener Würdenträger hereinströmt, untersucht der Arzt den König, hält ihm Riechwasser unter die Nase usw., wendet sich dann, professionell ernst, an den Jungen (der ihn in diesem Augenblick erkennt: es ist der Arzt, den er zu seinem Vater geholt hatte), kehrt langsam die Handflächen nach oben, läßt die Hände sinken: Der König ist tot. Nun kommt auch die Prinzessin, tritt neben den Jungen, der legt den Arm um sie; durch die Gruppe der Würdenträger drängt sich der Erzbischof, schließt, Gebete murmelnd, dem König die Augen, wendet sich zum jungen Paar; sie stehen einander stumm gegenüber, dann beugt der Erzbischof ein Knie, küßt dem Jungen die Hand. Der nimmt das wie selbstverständlich entgegen, hilft dem Erzbischof auf. Eckhardt erscheint, mit ihm Diener mit einer Bahre, die den König betten.

Glockengeläut, öffentliche Beisetzung des Königs, deren Ende wir sehen. – *Ich gebe von hier an die Handlung summarischer, in der Hoffnung, die bisherige Ausführlichkeit läßt die Darstellungsweise, die mir vorschwebt, ausführlich genug lesen.*

Schon wechselt die Kapelle von Trauermusik zu einer Art Intrade, Junge und Prinzessin bekommen Purpurmäntel umgehängt, öffentliche Krönung. Dem Erzbischof, der ihm die Krone aufsetzen will, nimmt der Junge die Krone weg, setzt sie sich selber auf, auch die Prinzessin krönt er. Der Erzbischof erstarrt, aber der Junge lächelt ihm so entwaffnend zu, daß der Kirchenmann unsicher wird – vielleicht war das gar nicht politisch gemeint?

Zug des gekrönten Paars durch die Stadt, hinter ihnen die Würdenträger, um den Zug Bewaffnete; an einer Stelle hält der Junge an, erkennt in der Menge den Maler, will zu ihm, überlegt es sich aber anders, schickt Eckhardt mit einer Botschaft. Der drängt sich, während die Prozession weitergeht, durch die Menge, bittet den Maler, dann und dann dort und dort zu sein, drängt sich zurück, ist bald wieder an seinem Platz.

Ankunft im Schloß; Junge und Prinzessin lösen sich von allen, laufen durch Zimmerfluchten zu den Königsgemächern. Vor der Tür wartet der Kanzler, der Junge schickt ihn weg – morgen, im Kronrat. Der Junge verriegelt die Tür doppelt, sie werfen ihre Prachtkleider ab; die Prinzessin zeigt dem Jungen, als Überraschung, das neue Schlafzimmer, sie umarmen einander, sind glücklich.

Erwachen am Nachmittag, der Junge steht auf, zieht sich an. »Bleibst du nicht?«, fragt die Prinzessin. »Ich gehe zum Fest auf den Markt, verkleidet«, sagt der Junge. »Nimmst du mich mit?« fragt die Prinzessin; er nickt. Klopfen an der Tür, Eckhardt kommt mit einfachen Kleidern, die Prinzessin erbittet sich welche von der Kammerzofe, amüsiert begutachtet jeder des anderen Vermummung.

Das junge Paar, verkleidet, mit Eckhardt auf dem Volksfest; wie verabredet, treffen sie den Maler (der nur zum

Zuschauen hier ist? oder Holzschnitte feilbietet mit Totentanz-Szenen und Stationen aus dem Leben des Jungen). Ist es erst sieben Tage her, daß sie sich im Wirtshaus getrennt haben?; der Junge fragt ihn, ob er Hofmaler werden will, bestellt ihn für den nächsten Tag, mit allen Bildern, ins Schloß. – Junge und Prinzessin – die Prinzessin zum ersten Mal im Leben – vergnügen sich an den Attraktionen des Markts; dann erkennt sie ein Wachsoldat, macht seinem Vorgesetzten Meldung, binnen kurzem sperrt eine Rotte Soldaten die Pfannkuchenbude, vor der beide gerade stehen, gegen das übrige Volk ab, eine Kutsche kommt, Junge und Prinzessin werfen, während sie einsteigen, Pfannkuchen unters Volk, heitere Abfahrt.

Kommen, erschöpft und glücklich, in ihren Gemächern an; beim Zubettgehen sagt der Junge zum zweiten Mal: »Ach, wenn mir doch gruselte.«

Werden geweckt am nächsten Morgen, baden in schönen Wannen. Von der bereitgehaltenen Kleidung nimmt der Junge nur einen Teil, geht in Weste und Hemdsärmeln, Apfel und Zepter wie Spielzeug in den Händen, zum Kronrat.

Die Herren – der Kanzler, zwei Herzöge, der Erzbischof, die Ressortchefs Militär, Finanzen, Sicherheit, Sitte und Kunst – stehen auf, der Kanzler stellt vor, will dann mit der Tagesordnung anfangen. Der Junge unterbricht ihn, fragt: »Haben wir einen Hofmaler?«, ordnet Berufung, Wohnung, Gehalt an, teilt mit, der Maler werde ihn auf der Reise begleiten. Was für eine Reise? Eine Reise durchs Land mit der Königin, schließlich muß er sein Reich kennenlernen, Abfahrt morgen. Was gibt es sonst? »Die Steuern ...«, beginnt der Kanzler. »Ihr«, sagt der Junge, »werdet das Rechte tun, bis ich zurückkomme, von Steuern verstehe ich nichts.« Er erhebt sich, alle mit ihm, wendet sich zum Gehen; dann klopft er doch leicht mit dem Zepter auf den Tisch, fragt laut: »Wie viele Leibwächter habe ich?« »Es ist nicht üblich ...« beginnt der Sicherheits-Würdenträger; »Sag mirs ins Ohr«, unterbricht ihn der Junge. Das geschieht, er nickt, fragt: »Und welcher davon ist der oberste?«, hält wieder sein Ohr hin, wiederholt: »Ein gewisser Eckhardt. Er untersteht allein meinem Befehl, nicht?« Nimmt Apfel und Zepter, geht. Die Herren bleiben halbwegs ratlos zurück, der Kanzler wird Mäßigung empfehlen.

Nachmittags; das junge Paar beobachtet von einem Fenster die Einfahrt des Malers, dessen Habe wird ausgeladen.

Dann Abfahrt am nächsten Vormittag, drei Kutschen, kleine Bedeckung.

Zwei, drei Reisestationen je anderen Charakters; das Paar kommt nur mit Honoratioren zusammen, ist weniger durch die Soldaten als die Umstände abgeschirmt. Eine noch auszuführende Szene könnte dem Jungen zu denken geben, wäre er nicht glücklich und beschäftigt.

Beim Zubettgehen auf der dritten Station – ein Zimmer mit schöner Aussicht auf eine Landschaft mit Bach und Teich – zum dritten Mal der Seufzer des Jungen: »Aber wenn mir doch gruselte«. Er ist müde, schläft schnell ein; die Prinzessin steht leise auf, schleicht zur Kammerzofe, die beiden tuscheln und kichern.

Dunkel, die Kammerzofe weckt ihren Liebhaber; mit Eimer und Fischnetz gehen beide zum Bach, fischen Gründlinge mit dem Netz, kippen die in den Eimer. Im Quartier zurück, weckt die Zofe die Prinzessin, es dämmert inzwischen; mit vereinten Kräften kippen sie den Eimer über den Jungen. Der schreit, fährt hoch, kämpft mit den Fischen, wird ganz wach, sieht die Prinzessin, die

Zofe hat sich weggestohlen; er lacht, schüttelt sich, sagt: »Jetzt weiß ich, was Gruseln ist.« Sie bringt ein Handtuch, trocknet, umarmt ihn (oder sie laufen nach draußen, baden im Teich).

Zurüstung zur Heimfahrt am Morgen, der gastgebende Honoratior fragt nach Wünschen. Der Junge hat von einem italienischen Sänger gehört, der bald hier auftreten soll, ob man den ihm schicken könne? Abfahrt.

Ankunft und Empfang im Schloß; ein italienischer Sänger, meldet der Kanzler, wird übermorgen hier sein, der Junge wundert sich, wie schnell das alles geht. Fragt, im Gehen: »Was ist mit den Steuern?« »Wir haben erhöht, weil Majestät, anzunehmenderweise, viel bauen will«, antwortet der Kanzler. »Ja?« sagt der Junge, sein Blick trifft das verschlossene Gesicht des Malers, auch Eckhardt sieht ohne Regung geradeaus; der Junge nickt, nimmt die Prinzessin bei der Hand, geht.

Das Konzert, alle Reichswürdenträger sind da, morgen ist Kronrat. Seltsam gedrückte, dumpfe Stimmung, der Maler macht Skizzen. Musiziert wird exzellent; dann singt der Sänger ein melancholisch-süßes Lied (das erste des Malers etwa, oder etwas ähnliches), die Prinzessin bricht in Tränen aus. Der Junge sagt, nach dem Beifall, dem Sänger: »Ihr habt die Königin zum Weinen gebracht. Singt etwas Heiteres das nächste Mal«, geht mit der Prinzessin.

Wacht nachts neben der Prinzessin auf, hört Stöhnen und Schreien; zieht sich an, geht durchs Schloß. Kommt in Gänge, die er nicht kennt (jemand folgt ihm, aber er merkt es nicht); gelangt zum Verlies, aus dem das Stöhnen kommt. Ein Wachsoldat steht davor, der Junge befiehlt ihm, das Verlies zu öffnen; Schritte nähern sich, es ist Eckhardt. Der Soldat öffnet, im Verlies ist der Italiener, übel zugerichtet. »Wer hat das befohlen«, fragt der Junge. »Der

Wachhauptmann«, antwortet der Soldat. »Hol ihn her«, sagt der Junge, der Soldat geht. »Wie viele hast du, auf die du dich verlassen kannst«, fragt der Junge Eckhardt. (Der muß jetzt entscheiden, mit wem er es halten will, und entscheidet sich für den Jungen.)

Ich merke, daß ich, anstatt kurz zu werden, wieder in die Details komme, die freilich alles machen; indes muß ich den Termin halten. Das folgende also im Stenogramm.

Verhaftung der Minister, der Militärchef wird als letzter gebracht, erkennt die Lage, gibt in drei Sätzen einen zutreffenden Bericht vom Zustand des Landes, bleibt auf seinem Posten. Eckhardt wird Sicherheitsminister. Beginn der Großen Reform von oben, Halbierung des Zehnten, Verbringung der Schranzen ins Bergwerk usf. Für die Reform muß der Sold des Heeres verdoppelt werden. Frage an den Maler, ob er Kanzler werden will; aber der ist Künstler, lehnt ab: Er muß malen; der Junge, traurig, versteht das. – Besuch eines Geldmannes, der dem Jungen die Staatsschulden vorrechnet; Kompromiß angesichts der gefüllten Schatzkammer – ein großer Kredit. Entzücken des Geldmannes, als der König ablehnt, den Staatsschatz als Pfand mitzugeben: Was für ein Geschäftsmann! – Der Junge verstrickt sich in Staatsaffären, Melancholie der Prinzessin. Erneute Reise durchs Land, Eckhardt übernimmt solange die Staatsgeschäfte; unterwegs Begnadigung eines Diebes, dem die rechte Hand abgehackt werden soll, und dann von der Menge gelyncht wird. Das Königspaar muß, wegen der Reform, mit vervierfachter Bedeckung reisen. Fremde Begegnung mit den Brüdern im Heimatdorf; karge Auskunft des Mühlknechtes: Die Steuern sind gesenkt, dafür hat der Ortsritter ihnen den Schutz entzogen, Räuberbanden gehen um, die mehr als den doppelten Steuersatz nehmen. – Als stumme Bildfolge, beobachtet von Abgesandten Eckhardts, die Gegenverschwörung: Versammlungen der Geistlichen, der Grundherren; ein Spitzengespräch: die beiden Herzöge, der Erzbischof, der Geldmann. Dringende Botschaft Eckhardts, zurückzukommen.

Kutschfahrt bei Nacht, Ankunft am frühen Morgen; das Schloß ist seltsam leer, nur ein paar untergeordnete Diener. Nachricht, um acht Uhr tage der Kronrat.

Der Junge, übernächtigt, betritt den Raum, dort sitzen die alten Minister; er wendet sich an Eckhardt, der neben der Tür lehnt, stößt ihn an: er ist tot. Der General kommt mit dem Geldmann, Verhaftung des Jungen. Er wird ins Verlies gebracht, träumt; dann geht die Tür auf, zwei Wächter exekutieren ihn mit Messern.

Besuch des Kronrats beim Maler, der das Schlimmste befürchtet; aber die Herren suchen nur das Bild aus, das er von der Gründling-Szene geschnitten hat, bestimmen es zur Vervielfältigung.

Staatsbegräbnis des Jungen; großes Fest der neuen Junta im Schloßsaal, die Königin, schwanger, starr vor Angst, muß dabei sein. Mitten im Fest erscheint, aus einer Wand, das Gespenst des Jungen mit zwei Messern im Rücken; Sturm erhebt sich, bläst die Gesellschaft auseinander, die Mauern bröckeln, übrig bleibt eine Ruine.

Schluß: Die schwangere Königin, fliehend, rettet sich in eine Köhlerhütte, in der eine Kopie des Gründlingsbildes hängt, wird freundlich-ernst aufgenommen.

Januar-April 1979

Das Land Bum-bum

Oper für Kinder und Erwachsene

Personen

DER LUSTIGE MUSIKANT
DAS MÄDCHEN ZWÖLFKLANG
DOPPEL-B-MOLL II, KÖNIG VON BUM-BUM
SUBDOMUNKULUS, Minister
SEPTIMINIMOLL, Hofkomponist
KÖNIGLICHER SPION
PAUKE
PÄUKCHEN
TRÖMMELCHEN
WACHE
GEPANZERTE WÄCHTER
ZWEI LEUTE AUS TURURUM
VOGEL STRAUSS
KAPELLE
EIN ARZT
VOLK

Vorspiel vor dem Vorhang

Der Lustige Musikant.

Straße. Drehtür, darüber Schrift: KAUFHAUS. Auf der anderen Seite Verkehrsampel. Dunkel. Geräusch eines vorüberfahrenden Autos. Die Verkehrsampel beginnt zu arbeiten. Dämmerung. Mehr Autos, Straßenlärm. Die Sonne geht auf. Mehr Straßenlärm. Sonne steigt höher. Straßenlärm ebbt ab. – Der Lustige Musikant, mit einer Triola.

MUSIKANT Guten Tag. Ich heiße Karl. Aber das weiß niemand. Alle in der Stadt nennen mich den Lustigen Musikanten, weil ich alle lustigen Lieder der Welt kenne, und die Hälfte der traurigen. Außerdem kenne ich noch ein Lied, das außer mir niemand kennt.

Grün ist der Rhabarberstrauch
Freundlich ist ein satter Bauch
Bist du gut, kannst du dich freun
Laß die Schlechten grimmig sein:
Sie sollen schilpen wie Spatzen
Bis sie vor Ärger platzen –
Dann hats der Gute gut
Und kauft sich einen Hut.

Heute ist ein schöner Tag. Warum? Die Sonne scheint.

Eine Wolke schiebt sich vor die Sonne.

Wie?

Sonne steigt höher und ist wieder zu sehen.

Aha. Heute ist ein schöner Tag, die meisten Autos sind aus der Stadt gefahren, die Sonne –

Die Wolke schiebt sich vor die Sonne.

Heute ist ein schöner Tag, weil es schattig ist und man nicht schwitzt.

Gelb ist der Kartoffelstrauch
Traurig ist ein dürrer Bauch
Bist du schlau, kannst du dich freun
Laß die Dummen grimmig sein:
Sie sollen krächzen wie Krähen
Bis sie im Nebel stehen –
Dann hats der Gute gut
Und kauft sich einen Hut.

Während der letzten Takte Geräusch von Regentropfen.

Aufhören! *springt vor den Tropfen beiseite* Das sind zu viele. *flüchtet zur Drehtür* Ein Kaufhaus. Jetzt weiß ich, warum mir das Lied eingefallen ist. Seit drei Wochen will ich mir einen Hut gegen den Regen kaufen. *dreht die Tür* Offen. Ich werde mir einen Hut kaufen. *ab durch die Drehtür*

Regen. Regen läßt nach, hört auf. – Wind. Hinter der Drehtür der Musikant. Will heraus, ein Windstoß dreht die Tür zurück. Will andersherum heraus, ein Windstoß dreht die Tür zurück. Nimmt Schwung, stürzt aus der Tür mit einem Hut.

Ohne Anstehn! *setzt den Hut auf* Heute ist ein schöner Tag, der Regen hat aufgehört –

Windstoß.

dafür haben wir Wind.

Rot ist der Windrosenstrauch –

Langer Windstoß. Der Hut fliegt vom Kopf.

Wie? Mein Hut. Mein neuer Hut!

Verfolgung. Der Hut fliegt, rollt, hüpft, schwebt. Straßenlärm. Behinderung durch Verkehrsampel. Musikant in Verfolgung des Hutes ab.

Drehtür und Ampel werden weggenommen, dafür ein Vorstadtzaun. Sonne steigt höher, die Wolke bleibt zurück. Vorstadtgeräusche: Bus, Hühnergackern. Auf der dem Abgang entgegengesetzten Seite erscheint der Hut, dann außer Atem der Musikant. Der Hut läßt sich auf dem Zaun nieder; erhebt sich, als der Musikant ihn packen will. Musikant ab in Verfolgung des Hutes.

Der Zaun wird weggenommen. Stattdessen ein Stück Wiese mit einer Kuh. Die Sonne senkt sich. Dorfgeräusche: Traktor, Kühe. Auf der dem Abgang entgegengesetzten Seite erscheint der Hut, dann, erschöpft, der Musikant. Ab in Verfolgung des Hutes. Die Sonne geht unter. Dunkel.

Die Wiese mit Kuh wird weggenommen. Stattdessen Wald. Die Sonne geht auf. Auf der dem Abgang entgegengesetzten Seite erscheint der Hut, dann, ausgeruht, der Musikant. Sonne steigt höher. Mittagsgeräusche. Musikant läuft langsamer. Sonne sinkt. Bachgeplätscher. Musikant überspringt den Bach und schleppt sich hinter dem Hut her. Ab in Verfolgung des Hutes. Sonne geht unter. Dunkel. Sonne geht auf, beschreibt einen Bogen und senkt sich. Während der Geräuschablauf des zweiten Tages – munter, schwer, hinkend – sich gerafft wiederholt, geht der Vorhang auf.

1
Freies Feld mit Kartoffelstauden und Baum

Der Lustige Musikant. Zwölfklang. Zwei Soldaten.

Auf der dem Abgang entgegengesetzten Seite erscheint der Hut, dann, äußerst erschöpft, der Musikant. Der Hut läßt sich auf dem Baum nieder.

MUSIKANT Eine Unverschämtheit. Man kauft einen gewöhnlichen Hut, und dann ist er verzaubert. Drei Tage habe ich nichts gegessen. Ich werde mich beschweren! Wie? Er hat angehalten. *springt nach dem Hut, fällt, bleibt liegen* Ich werde mich beschweren. *schläft ein*

Die Sonne geht unter. Dunkel. Sonne geht auf, Musikant schläft. – Zwölfklang. Nimmt den Hut vom Baum.

ZWÖLFKLANG Guten Morgen. Ist das Ihr Hut?
MUSIKANT *wacht auf* Wie? Halt ihn fest, vielleicht beißt er!
ZWÖLFKLANG Er beißt? *läßt den Hut fallen*
MUSIKANT *wirft sich auf den Hut* Ahh! *setzt den Hut auf* Entschuldigung. Man hat mir einen verzauberten Hut verkauft, besser, ich bin vorsichtig. Ich heiße Karl.
ZWÖLFKLANG Ich bin Zwölfklang.
MUSIKANT Angenehm. Was für ein Name! Und wo bin ich?
ZWÖLFKLANG Im Land Bum-bum. Bum-bum ist das mächtigste Land der Welt und unser König Doppel-B-Moll der Zweite der mächtigste von allen Königen.
MUSIKANT Könige gibt es nicht mehr.
ZWÖLFKLANG Sicher haben Sie nicht gemerkt, wie Sie über den Bach Violinschlüssel gesprungen sind. Der Bach Violinschlüssel ist die Grenze zu unserem Land.
MUSIKANT Klar. Ich war hinter dem Hut her und habe es

nicht gemerkt. Mein Bauch! Ich bin drei Tage ohne Essen.

ZWÖLFKLANG Das mußten Sie gleich sagen. *singt eine Vokalise* Ist es jetzt besser?

MUSIKANT Machst du dich lustig über mich?

ZWÖLFKLANG Hat es Ihnen nicht geschmeckt?

MUSIKANT Eine Frechheit. Soll ich vielleicht mit den Ohren essen?

ZWÖLFKLANG Wir alle essen mit den Ohren.

MUSIKANT Mit den Ohren? Und mit dem Mund?

ZWÖLFKLANG Mit dem Mund essen die Vögel, Pferde und anderen Tiere.

Wir sind in Bum-bum geboren
Und wir essen mit den Ohren.
Glücklich, wer Ohren hat:
Er wird froh und satt.

MUSIKANT
Sie sind in Bum-bum geboren
Und sie essen mit den Ohren?
Glücklich, wer Ohren hat:
Er wird froh, aber satt?

ZWÖLFKLANG
Zum Frühstück ein Menuett
Mittags ein Konzert
Und zum Abend ein Quartett;
Hören nährt!

MUSIKANT Hören nährt?

ZWÖLFKLANG, MUSIKANT
Wir (sie) sind in Bum-bum geboren
Und wir (sie) essen mit den Ohren:
Glücklich, wer Ohren hat:
Er wird froh und satt (aber satt?)

Zwölfklang weint.

MUSIKANT Warum weinst du?
ZWÖLFKLANG Weil ich das Lied gesungen habe. Wir dürfen es nicht mehr singen. Es ist zu lustig. Unser König Doppel-B-Moll der Zweite hat herausgefunden, daß lustige Lieder schädlich sind.
MUSIKANT Ah. Warum?
ZWÖLFKLANG Er ist nicht nur der mächtigste, sondern auch der gelehrteste von allen Königen. Jetzt bekommen wir nur Langweiliges, sogar zum Nachtisch, und tanzen dürfen wir auch nicht mehr. *weint*
MUSIKANT Ist hier nichts, das man kaucn kann. Vielleicht lügt euer König?
ZWÖLFKLANG Lügt? Was ist das, lügen?
MUSIKANT Was? Auch klar. *sieht die Kartoffelstauden* Kartoffeln!
ZWÖLFKLANG Kartoffeln heißen die Blumen hier.
MUSIKANT *buddelt Kartoffeln* Bring mir Reisig.

Zwölfklang bringt Reisig.

Gleich siehst du, was Kartoffeln sind. *hält ihr Kartoffeln hin*

Zwölfklangs Tränen fallen auf die Kartoffeln.

Jetzt sind sie gesalzen, *zündet das Reisig an, legt Kartoffeln darauf* Und bis sie gar sind, spiele ich dir lustige Lieder, und wir sehen, ob sie dir schaden.

Vorspiel.

ZWÖLFKLANG Mm!
MUSIKANT Das war erst das Vorspiel.

Es war ein Hahn, es war ein Hahn
Der fing bei Nacht zu krähen an

Er flog auf eine Tonne
Und dachte, er wäre die Sonne.

ZWÖLFKLANG Mmmm!
MUSIKANT Das war erst die Vorspeise.

Es war eine Kartoffel
Die fand einen Pantoffel
Sie ist hineingerollt.
Der Pantoffel war aus Gold.
Da rief sie: Jetzt bin ich Kartoffelkönig!
Und ist nicht herausgekrochen
Doch schon nach sieben Wochen
Hat sie sehr schlecht gerochen
Und faulte gar nicht wenig.

ZWÖLFKLANG Woher weißt du solche Lieder?
MUSIKANT Gleich sind sie gar. Noch einen Nachtisch?

Einleitung. – Entfernt Marschtritte.

Wie? Besser, ich halte meinen Hut fest.

Zwei Soldaten im Gleichschritt, jeder an einem Ohr ein großes Hörrohr, halten das freie Ohr mit der freien Hand zu.

WACHE
Bum, bum, bum, bum!
Bum, bum, bum, bum!
Bum, bum, bum, bum!
Wir hören! wir hören!
Will wer die Ordnung stören?
Wir hören spät, wir hören früh
Wir prüfen jede Melodie
Ein Irrtum kommt nicht vor
Wir sind des Königs Ohr!

Hat hier jemand lustige Melodien gespielt?

ZWÖLFKLANG *versteckt sich* Lauf weg!
MUSIKANT Soll ich meine Kartoffeln im Stich lassen?
Außerdem bin ich Ausländer. – Ich habe gespielt. Ich
bin der Lustige Musikant, ich kenne alle lustigen Lieder
der Welt und die Hälfte der traurigen.

Wache klappt die Hörrohre weg, zieht Lassos, will den Musikanten fangen. Musikant springt beiseite, Wache wirft erneut Lassos, Musikant springt beiseite, will weglaufen.

Meine Kartoffeln! *steckt die heißen Kartoffeln ein*

Wache fängt den Musikanten, fesselt ihn.

Unverschämt! Wo bringt ihr mich hin?
WACHE
Wir hören spät, wir hören früh
Wir prüfen jede Melodie
Ein Irrtum kommt nicht vor!
Wir sind des Königs Ohr!

ab mit dem Musikanten

2
Thronsaal mit großer tönender Schloßtreppe

Doppel-B-Moll II., König von Bum-bum. Subdomunkulus, Minister. Septiminimoll, Hofkomponist. Wache. Zwölfklang. Pauke, Päukchen. Trömmelchen.

Zum Thronsaal führen Tür, Geheimtür und die Große Tönende Schloßtreppe, eine Art Riesenorgel. – König aus der Geheimtür. Er ist äußerst lang und hält seinen langen Königsmantel sorgsam über den Füßen zusammen. Setzt sich und genießt die Hymne.

CHOR *hinter der Bühne*
  Mein Bum-bum, in Stahl und Eisen
  Stehst voll Sonnenglanz du da
  Und wir werden es beweisen
  Deine Söhne sind wir, ja!
  Freche Mäuler, die dich schmähen
  Werden wir zu Staub zermähen
  Und dein stolzer Name klingt
  Bis Bum-bum! das Weltall singt.

  Mein Bum-bum, zum blauen Himmel
  Steigt gewaltig auf der Dampf
  Wir, des Landes Volksgewimmel
  Schwören standhaft vor dem Kampf:
  Der Bum-bumer stolze Herzen
  Werden jeden Feind hinmerzen
  Und dein schöner Name klingt
  Bis Bum-bum! das Weltall singt.

KÖNIG Ich bin Doppel-B-Moll der Zweite, König von Bum-bum, der mächtigste und gelehrteste von allen Königen. Hat jemand etwas zu bemerken? Minister!

Minister aus der Tür.

MINISTER Minister Subdomunkulus zum Morgenempfang.
KÖNIG Na! *Minister vollführt Verbeugungen.* Aha. Was steht auf der Tagesordnung?
MINISTER Auf der Tagesordnung Eurer Majestät steht Aufstehen –
KÖNIG Das hatten wir.
MINISTER Frühstück.
KÖNIG Das hatten wir auch. Die gedämpfte Hymne war mäßig.
MINISTER Zweites Frühstück –
KÖNIG Aha. Wo?

Minister ab; zurück mit einem Käfig mit zwei Katzen.

Was soll ich damit?
MINISTER An den Schwänzen drehen, Majestät.

König dreht den Schwanz der ersten Katze. Die Katze schreit.

KÖNIG Ah! *dreht den Schwanz der zweiten Katze, die zweite Katze schreit.* Ah! *dreht beide Schwänze*

Die Katzen schreien zweistimmig.

Ein schmackhaftes Frühstück. Wer hatte diese Idee?
MINISTER Majestät: Ich.
KÖNIG Du hast in letzter Zeit etwas viel Ideen. Weiter.
MINISTER Eure Majestät wollten regieren.
KÖNIG Richtig. Was macht das Volk?
MINISTER Der Königliche Spion meldet: Das Volk ist gehorsam.
KÖNIG Glaubt es alle Lügen, die wir ihm erzählen?
MINISTER Es glaubt sie, denn es weiß nicht, was lügen ist.
KÖNIG Und es ahnt nichts vom Großen Staatsgeheimnis?
MINISTER Das Volk ist dumm. Es ahnt nichts.
KÖNIG
Das Volk ist dumm

MINISTER
  Das Volk ist dumm
KÖNIG
  Es denkt nicht krumm
MINISTER
  Es denkt nicht krumm
  Es sieht nur grad
KÖNIG
  Was es grad hat:
KÖNIG, MINISTER
  Man muß es stramm regieren
  Und an den Nasen führen –
  Dann bleibt es dumm
  Und denkt nicht krumm!
  lachen
KÖNIG *hört auf zu lachen* Du lachst. Du lachst über das Große Staatsgeheimnis!

Minister vollführt abwehrend Verbeugungen, wirft sich zu Boden. – Schloßtreppe ertönt tief und zögernd.

Was ist das?
MINISTER Was ist das.
KÖNIG Die Schloßtreppe.
MINISTER Die Schloßtreppe!
KÖNIG Man betritt die Schloßtreppe ohne meine Erlaubnis!

Treppe tönt eiliger und höher, auf ihr Septiminimoll.

MINISTER Der Hofkomponist Septiminimoll.
SEPTIMINIMOLL Ma –
KÖNIG Habe ich verboten, daß man die Schloßtreppe ohne Erlaubnis betritt?
SEPTIMINIMOLL Maje –
MINISTER Du wirst als Hofkomponist abgesetzt, eingesperrt und mußt sieben Jahre deine eigene Musik anhören.

SEPTIMINIMOLL In der Stadt – In der Stadt – In der Stadt singt man lustige Lieder!
KÖNIG Das ist Verrat.
MINISTER Verrat!
SEPTIMINIMOLL Hochverrat!
STIMMEN DER WACHE
Wir hören spät, wir hören früh
Wir prüfen jede Melodie
Ein Irrtum kommt nicht vor!
Wir sind des Königs Ohr!

Schloßtreppe beginnt mit Dissonanzen und Querrhythmen mitzutönen. Auf ihr die Wache, in einem Ohr Holzpfropfen, im anderen Hörrohre. Führen vier gefesselte und in Kapuzen gesteckte Gefangene herein, salutieren.

KÖNIG Aha, Wer ist das?

Wache klappt Kapuzen zurück.

ZWÖLFKLANG Ich heiße Zwölfklang. Das sind meine Freunde.
PAUKE Pauke.
PÄUKCHEN Päukchen.
TRÖMMELCHEN Trömmelchen.
KÖNIG Weshalb bringt man euch?
WACHE Sie haben lustige Lieder verbreitet!
KÖNIG Das ist bedauerlich, denn es ist verboten. Ihr müßt vor ein Gericht.

Soldaten klappen Richtbeile aus den Hörrohren.

Ich ernenne mich selbst zum Obersten Richter und meinen Minister Subdomunkulus zum Obersten Staatsanwalt.

Septiminimoll nimmt ein Richtbeil und will Trömmelchen erschlagen.

hält das Richtbeil fest Wir sind ein ordentliches Land. Bevor ihr hingerichtet werdet, werdet ihr verhört. Minister!
MINISTER Ihr seid Untertanen Seiner Majestät Doppel-B-Moll des Zweiten, König von Bum-bum. Sie schweigen, sie geben es zu. Ihr habt Lieder gesungen. Sie schweigen, sie geben es zu. Was für Lieder? Sie schweigen, sie sind verstockt. Wache! Was für Lieder?
WACHE Lustige!
MINISTER Wie lustig?
WACHE Sehr lustig!
MINISTER Vorsingen!
WACHE
Es war ein Hahn, es war ein Hahn
Der fing bei Nacht zu krähen an.
MINISTER Ehem.
KÖNIG Das war nicht lustig.
ZWÖLFKLANG Sie haben falsch gesungen. Pauke! Päukchen! Trömmelchen!
ZWÖLFKLANG, PAUKE, PÄUKCHEN, TRÖMMELCHEN
Es war ein Hahn, es war ein Hahn
Der fing bei Nacht zu krähen an;
Er saß auf einer Tonne
Und dachte, er wäre die Sonne.

Der Wache zuckt es in den Gliedern, beginnt zu tanzen.

ZWÖLFKLANG, PAUKE, PÄUKCHEN, TRÖMMELCHEN
　Es war eine Kartoffel
　Die fand einen Pantoffel
　Sie ist hineingerollt.
　Der Pantoffel war aus Gold.
　Da rief sie: Jetzt bin ich Kartoffelkönig
　Und ist nicht herausgekrochen
　Doch schon nach sieben Wochen
　Hat sie sehr schlecht gerochen
　Und faulte gar nicht wenig.

Wache, Minister, Septiminimoll tanzen.

KÖNIG *hält sich Arme und Beine fest* Aus! *wirft den Thron um*

Alle verharren. Stille.

Na?

Wache stellt den Thron auf.

Aha. Ihr seid überführt und werdet hingerichtet.

Wache zieht den Gefangenen die Kapuzen über.

weint, hört auf zu weinen Alle haben gesehen, daß ich über meine ungehorsamen Untertanen geweint habe. Habt ihr einen letzten Wunsch?
PAUKE, PÄUKCHEN, TRÖMMELCHEN Wir möchten noch einmal trommeln!

König kichert. Minister, Septiminimoll, Wache kichern mit.

KÖNIG Ihr wollt mich zum Tanzen bringen und den Thron umstürzen. Der Wunsch ist abgelehnt. *zu Zwölfklang* Sie ist hübsch! Hast du einen letzten Wunsch?
ZWÖLFKLANG Ich möchte wissen, was eine Lüge ist.
KÖNIG Wie?
MINISTER Wie?
KÖNIG, MINISTER Wie? Das Land ist in Gefahr!

Septiminimoll nimmt ein Richtbeil und will Zwölfklang erschlagen.

KÖNIG *hält das Richtbeil fest* Du bist nur zwei Jahre Hofkomponist und wirst erst im nächsten Jahr zum Henker befördert. Ich berufe eine geheime Staatsberatung!
MINISTER Staatsberatung. Den Schweigekanon. *verschließt*

Septiminimoll beide, der Wache die freien Ohren mit Holzpfropfen
WACHE, SEPTIMINIMOLL
    Umm, umm, umm!
    Schweiget stumm!
    Die großen Herrn beraten
    Wir stehen stumm und warten
    Umm, umm, umm!
    Schweiget stumm! *usf.*

KÖNIG *zu Zwölfklang* Woher kennst du dieses Wort?
ZWÖLFKLANG Das Wort Lüge?
KÖNIG Das Wort Lüge! Woher kennst du es?
ZWÖLFKLANG Das sage ich nicht.
KÖNIG Und wenn du nicht hingerichtet wirst?
ZWÖLFKLANG Sage ich es auch nicht.
KÖNIG Minister! Was schlägst du vor?
MINISTER Hinrichten.
KÖNIG Dummkopf! Wie erfahren wir dann, wer ihr das Wort »lügen« beigebracht hat? Ich befehle dir, eine Idee zu haben!

Minister ohrfeigt sich.

    Na?

Minister ohrfeigt sich.

    Na?

Minister läßt sich von der Wache ohrfeigen; flüstert dem König ins Ohr.

    Aha. Ich spreche zum Volk.

Minister zieht Septiminimoll und der Wache die Pfropfen aus den Ohren.

Mein Volk! Ich, Doppel-B-Moll der Zweite, König von Bum-bum, verkünde Unseren Entschluß, die Verbrecherin Zwölfklang zu begnadigen und zu Unserer Gemahlin zu nehmen. Die Hochzeit ist übermorgen.
ZWÖLFKLANG Majestät –
WACHE, MINISTER, SEPTIMINIMOLL
Wie? Sie wagt zu widersprechen?
Widersprechen ist Verbrechen!
PAUKE, PÄUKCHEN, TRÖMMELCHEN
Wie? Sie wagt zu widersprechen?
Widersprechen ist Verbrechen!
ZWÖLFKLANG
Morgens lag im Tau das Feld
Und mein Tag war klein.
Mittags steh ich in der Welt
Und ich bin allein.

Ach, die Worte, die wir sagen
Können lösen und erschlagen
Die Gedanken, die wir sprechen
Können heilen und zerbrechen –

Steh ich zwischen hier und dort
Leicht kam früh der Tag –
Schweres hängt an meinem Wort
Keiner, den ich frag.

Majestät, ich bitte um Bedenkzeit.
KÖNIG Du hast vierundzwanzig Stunden Bedenkzeit.

Wache nimmt Zwölfklang die Fesseln ab.

ZWÖLFKLANG Und meine Freunde müssen freigelassen werden.
KÖNIG Sie sind frei und bleiben im Schloß.

Wache nimmt Pauke, Päukchen, Trömmelchen Kapuzen und Fesseln ab.

ZWÖLFKLANG Und kein Gefangener im Land darf hingerichtet werden!
KÖNIG Wache! wieviel Gefangene sind im Verlies?
WACHE Ein Ausländer. Er hat bei einer Kartoffelpflanze lustige Lieder gesungen.
KÖNIG Aha. Bewachen und keinen Ton zu essen.

Wache salutiert, klappt die Richtbeile ein.

Hofkomponist! Du komponierst bis morgen die Königliche Hochzeitsmahlzeit. Mit sieben Gängen.
SEPTIMINIMOLL *zieht Papier und Stift, komponiert* Majestät! Der Auf – Der Auf – Der Auftrag ist erfüllt!
KÖNIG Einstudieren und üben.
MINISTER Einstudieren und üben! *befördert Septiminimoll mit einem Fußtritt zur Treppe*
KÖNIG Der Morgenempfang ist beendet. Na?

Wache öffnet die Tür, dirigiert Pauke, Päukchen, Trömmelchen, Zwölfklang durch die Tür, schließt diese, postiert sich davor.

Aha. *ab durch die Geheimtür*
SEPTIMINIMOLL *singt vom Blatt und begleitet sich, auf- und abwärts springend und laufend, auf der Schloßtreppe*
O großer Tag!
O großer Tag!
Die Majestät
Ist groß und steht!
Dem Volk wird unverdienter Lohn
Denn Hochzeit hält sein größter Sohn!

rutscht aus, rollt die Schloßtreppe abwärts

3
Kellergewölbe mit Verlies

Der Lustige Musikant. Königlicher Spion.

Im Verlies der Musikant, schlafend. Es ist dunkel, feucht, schimmlig. Aus dem Kellergang der Spion.

SPION *horcht an der Verliestür, bohrt mit einem kreischenden Bohrer in die Tür; horcht, bohrt, horcht, bohrt, horcht* Er wacht nicht auf. Ich werde Mittagspause machen.

O Leben ohne Himmel
In trüber Kellernacht
In Ratten und in Schimmel
Dien ich des Königs Macht.
Im schweigenden Gewölbe
Die Tropfen fallen hohl
Wo Tag und Nacht dasselbe
Dien ich des Königs Wohl.

In den feucht- und finstern Mauern
Muß ich horchen, muß ich lauern
Spionieren, denunzieren –
Doch wie herrlich ist der Lohn
Für den eifrigen Spion.

O Leben ohne Himmel
In trüber Kellernacht
In Ratten und in Schimmel
Dien ich des Königs Macht.

Musikant ist aufgewacht. Spion horcht und bohrt durch die Tür

MUSIKANT Eh!
SPION Er ist aufgewacht. *horcht*
MUSIKANT Wer ist da? Willst du mich befreien?

SPION Willst du befreit werden?
MUSIKANT Wenn es geht schnell! Hier gibt es Asseln!
SPION Du willst also befreit werden. Ich werde es notieren und denunzieren.
MUSIKANT Wie?
SPION Melden.
MUSIKANT Wem?
SPION Dem König.
MUSIKANT Wozu?
SPION Das ist meine Arbeit. Ich bin der Königliche Spion.
MUSIKANT Pfui. Da hast du aber eine Dreckarbeit.
SPION Ja. Man erkältet sich, und spioniert man schlecht, kommt man selber ins Verlies. *bohrt das Loch größer*
MUSIKANT Weshalb spionierst du dann?
SPION Wenn nicht jeder jedem nachspioniert und nicht jeder jeden denunziert, bricht das Land zusammen. Unser König Doppel-B-Moll der Zweite hat das entdeckt. Nur der König selbst spioniert sich selbst nach und denunziert sich selber.
MUSIKANT Und wenn euer König lügt?
SPION Lügt? Ein neues Wort. Ich muß es notieren und denunzieren.
MUSIKANT Wenn cr nicht die Wahrheit sagt.
SPION Wahrheit! Wieder etwas neues. *notiert*

In den feucht- und finstern Mauern
Muß ich horchen, muß ich lauern –

Oh! jetzt habe ich gesungen. Dabei sollst du keinen Ton essen, bevor du hingerichtet wirst.
MUSIKANT Wie? Aber ich bin unschuldig!
SPION Noch ein neues Wort. Du sitzt im Verlies, also bist du ein Verbrecher, also wirst du hingerichtet. *bohrt*
MUSIKANT Ein Spion, der sagt, daß er ein Spion ist. Vielleicht weiß er wirklich nicht, was lügen ist? Ich werde ein Lied für meinen Kopf singen, damit mir etwas einfällt.

Kopf, der bald am Galgen hängt –
Kopf, den bald der Hanfstrick zwängt –
Kopf, bald kalt, geknickt, verrenkt –
Sei ein Kopf, der schnell was denkt!

SPION *hört auf zu bohren* Wie? *bohrt weiter*
MUSIKANT
Kopf, eh dich das Beil abschlägt –
Kopf, eh man im Sack dich trägt –
Kopf, eh man ins Grab dich steckt –
Sei ein Kopf, der was entdeckt!

Mir fällt nichts ein.
SPION *hört auf zu bohren* Wie?
MUSIKANT Nichts.

Spion bohrt weiter.

Vielleicht hilft es, wenn ich eine Kartoffel esse. *ißt*
SPION *hat fertig gebohrt, sieht durch ein Rohr ins Verlies* Ihh! Du ißt mit dem Mund! Ich muß es sofort denunzieren. *will ab*
MUSIKANT Warte. Du weißt nicht, was lügen ist, und hast nicht gewußt, daß ich mit dem Mund esse. Du weißt auch nicht, daß ich ein großer Zauberer bin. Wenn ich will, kann ich dich zu Eis frieren lassen.
SPION Nein!
MUSIKANT Oder Stecknadeln auf dich regnen lassen. Ich tue es nicht, wenn du mir sofort frisches Wasser bringst.

Spion holt Wasser, leitet es durch das Rohr ins Verlies.

trinkt Soll ich dir jetzt einen Buckel wachsen lassen?
SPION Bitte tu es nicht.
MUSIKANT Dann sag mir, wie man aus dem Verlies kommt.
SPION Man braucht dazu den Großen Doppelschlüssel.

Unser König Doppel-B-Moll der Zweite trägt ihn Tag und Nacht um den Hals. Danach muß man vorbei an sieben Gepanzerten Wächtern, durch einen Zwinger mit siebzig Fleischerhunden und durch eine Grube mit siebentausend Giftschlangen.
MUSIKANT Gibt es keinen anderen Weg?
SPION Es gibt einen geheimen Gang zum Schloß. Man hat mich durch ihn geführt, mit verbundenen Augen.
MUSIKANT Danke. Du kannst gehen und mich denunzieren.
SPION Du bist ein freundlicher Mensch. Denunzieren werde ich dich erst morgen, jetzt habe ich Feierabend. *geht, kommt zurück* Ich werde dir Hundefutter mitbringen, weil du mit dem Mund ißt. Möchtest du lieber Knochen oder gebratene Leber?
MUSIKANT Leber.
SPION Leber. Trotzdem bist du ein freundlicher Mensch.

In den feucht- und finstern Mauern .
Muß ich horchen, muß ich lauern –

ab
MUSIKANT Uff. Wie schön die Freiheit ist, merkt man erst im Verlies. Was soll ich machen? Ich werde ein Freiheitslied singen.

Als ein Sturm ins Städtchen kam
Und den Rathausturm mitnahm
Samt dem grünen Kupferdach
Schrie der Bürgermeister: Ach!

Der König kam mit Soldaten und sprach
Als alle Leute gafften:
Man muß den Sturm verhaften!
Ein Marschall rief: Mir nach!

Da ist die Armee marschiert

Zehn Generale haben sie geführt
Sie marschierten hinter dem Sturmwind her
Erst sah man noch Staub, dann sah man nichts mehr
Erst sah man noch Staub, dann sah man nichts mehr.

Der König stand vorm Schlosse
Und heulte in die Gosse:
Er war ein König ohne Armee.
Da ertränkte er sich in der grünen See.

So geht es im Lied. Aber in Wirklichkeit sitzt man im Gefängnis. Was wird dieses Mädchen machen? Zwölfklang. Vielleicht ist sie auch gefangen. Oder sie hat mich schon verraten.

4
Thronsaal mit großer tönender Schloßtreppe

König. Frühstückskapelle. Wache. Minister. Zwölfklang. Septiminimoll. Pauke. Päukchen. Trömmelchen.

König am Tisch, Wache mit Stöpseln in den Ohren. Frühstückskapelle spielt auf zwei singenden Sägen und einem Schleifstein, der gleichzeitig Messer schleift, das Königliche Frühstück.

KÖNIG Das Frühstück war nicht schlecht. Minister!

Minister.

MINISTER Minister Subdomunkulus zum Morgenempfang.
KÖNIG Orden für die Kapelle.

Minister heftet Orden an. Kapelle spielt Tusch.

Für den Schleifstein zwei.

Minister heftet noch einen Orden an. Tusch.

Was steht auf der Tagesordnung?
MINISTER Auf der Tagesordnung Eurer Majestät –

Klopfen an der Tür.

KÖNIG Was ist das.

Klopfen.

MINISTER Was ist das.

Wache geht in Drohhaltung gegen die Tür. Klopfen.

KÖNIG Herein.

Zwölfklang.

ZWÖLFKLANG Guten Morgen.
MINISTER Majestät –
ZWÖLFKLANG Die Bedenkzeit ist noch nicht zu Ende, trotzdem habe ich mich entschieden. Ich nehme den ehrenvollen Antrag, Ihre Frau und Gemahlin zu werden, an.
KÖNIG Sie nimmt ihn an!
MINISTER Sie nimmt ihn an!
FRÜHSTÜCKSKAPELLE Was nimmt sie an?
KÖNIG, MINISTER Den Antrag an!
KÖNIG Den Hofkomponisten!
MINISTER *nimmt der Wache die Stöpsel aus den Ohren* Den Hofkomponisten!
WACHE Den Hofkomponisten!

Die Treppe beginnt zu tönen. Auf ihr Septiminimoll mit Notenmappe. Wache befördert ihn mit Fußtritt zum Thron.

SEPTIMINIMOLL Es lebe unser König Doppel-B-Moll der Zweite von Bum-bum!
schlägt die Mappe auf Eine Hinrichtung?
MINISTER Seine Majestät haben sich verlobt
SEPTIMINIMOLL *dreht die Mappe um, schlägt sie auf* Eine Verlobung. Es lebe unser Konig Doppel-B-Moll der Zweite von Bum-bum! *verteilt Noten, gibt Töne*
KÖNIG Warten. *zu Zwölfklang:* Ich begrüße deinen Entschluß. Du bist hübsch. Du wirst mir jetzt sagen, welcher Verbrecher dir lustige Lieder beigebracht hat. Welcher Staatsfeind, welches Schwein
SEPTIMINIMOLL
   Hund,
KAPELLE
         Verräter,

WACHE Hanswurst,
SEPTIMINIMOLL Schuft
KÖNIG, MINISTER, SEPTIMINIMOLL
  Gab die Schmutzmusik dir ein?
KÖNIG, MINISTER, SEPTIMINIMOLL, WACHE, KAPELLE
  Ab mit ihm in eine Gruft!
ZWÖLFKLANG
  Majestät, zwar bin ich jung
  Doch ich weiß: Die Königin
  Die ich nun zukünftig bin –
  Sie darf klug sein, sie darf treu sein
  Und ihr Kleid muß täglich neu sein –
  Doch sie darf nicht schwatzhaft sein!
  Eine schwatzhafte Königin würde vielleicht Staatsgeheimnisse verraten. Wer mir die Lieder vorgesungen hat, werde ich sagen, sobald wir Mann und Frau sind.
KÖNIG Minister. Ich sehe, sie hat Talent zur Königin. Die Hochzeit ist heute abend. Den Chor!
SEPTIMINIMOLL, WACHE, KAPELLE
  Doppel-B-Moll, unser König
  Vater unserm Vaterland
  Tritt mit Zwölfklang, jung und lieblich
  In der Ehe heilgen Stand.
  Um und um, um und um
  Singt ihr Lob das Land Bum-bum.
  Um und um, um und um
  Singt ihr Lob das Land Bum-bum!

KÖNIG Mäßig! Im Land verbreiten.

Wache befördert Septiminimoll mit Fußtritt zur Treppe. Kapelle zur Treppe.

SEPTIMINIMOLL Es lebe unser König Doppel-B-Moll der Zweite von Bum-bum! *dirigiert*
SEPTIMINIMOLL, KAPELLE *treppauf*
  Doppel-B-Moll, unser König

Vater unserm Vaterland
Tritt mit Zwölfklang, jung und lieblich
In der Ehe heilgen Stand!
ab
KÖNIG Wir kommen zur Politik.
MINISTER Zur Politik

Wache steckt sich Stöpsel in die Ohren.

zu Zwölfklang: Zur Politik!
ZWÖLFKLANG Ich habe eine Bitte.
MINISTER Majestät!
ZWÖLFKLANG Mit mir sind drei Personen hier im Schloß. Sie heißen Pauke, Päukchen, Trömmelchen. Ich will sie nicht mehr sehen.
KÖNIG Wie!
ZWÖLFKLANG Ich habe sie satt.
KÖNIG, MINISTER
O heilsame Wirkung
Der Mauern des Schlosses!
Gestern noch verstockt und stumm
Heut schon spürt man Besserung!
O heilsame Wirkung
Der Mauern des Schlosses!
KÖNIG Wache!

Auf Zeichen des Ministers Wache ab durch die Tür. Aus der Tür gestoßen werden Pauke, Päukchen, Trommelchen. Wache zurück.

PAUKE, PÄUKCHEN, TRÖMMELCHEN Guten Morgen, Majestät!
MINISTER *nimmt der Wache die Stöpsel aus den Ohren* Fesseln.
PAUKE, PÄUKCHEN, TRÖMMELCHEN
Wir sollen die Wache fesseln?
Nein, das bringt uns in die Nesseln!

Wache fesselt Pauke, Päukchen, Trömmelchen.

Wir protestieren!

König nimmt den Verliesschlüssel vom Hals, gibt ihn dem Minister.

Zwölfklang, rette uns!
MINISTER *gibt den Schlüssel der Wache* Ab ins Verlies.
PAUKE, PÄUKCHEN, TRÖMMELCHEN
Wie? Wie ist das zugegangen?
Zwölfklang schweigt, wir sind gefangen!
Ach! Wie wollen wir das fassen?
Wir sind verraten und verlassen!
ZWÖLFKLANG Werden sie ins allertiefste Verlies gebracht?
MINISTER Ins tiefste.
ZWÖLFKLANG Ich möchte zusehen, wie sie eingeschlossen werden.
KÖNIG Zusehen!
ZWÖLFKLANG Außerdem bitte ich um Heftpflaster aus der Königlichen Hausapotheke. Falls sie lustige Lieder singen, werde ich ihnen den Mund zukleben.
KÖNIG Zukleben. Hübsch.
MINISTER *gibt Zwölfklang zwei Rollen Heftpflaster und eine Sprühdose* Schmales Heftpflaster. Breites Heftpflaster. Die Königliche Schlafmittelsprühdose. Die Hälfte zu versprühen in der Grube mit den siebentausend Giftschlangen, die andere Hälfte bei den Fleischerhunden. Leider hält das Mittel nicht lange vor, darum nehmen Sie den Rückweg durch den Geheimen Gang. Abführen!
WACHE *nimmt die von der Frühstücksmusik liegengebliebenen Messer, führen Pauke, Päukchen, Trömmelchen ab über die Schloßtreppe*
Wir führen, wir führen
Hinter verschlossne Türen!
Wir führen spät, wir führen früh
Hin führt der Weg, doch rückwärts nie!

König, Minister lachen.

KÖNIG Du lachst.
MINISTER Ich habe aufgehört.
KÖNIG Wenn sie uns betrügt.
MINISTER Sie weiß nicht, was lügen ist.
KÖNIG Wenn sie es doch weiß.
MINISTER Haben wir die Königliche Abhöranlage. Sie war meine Idee.
KÖNIG Du hast in letzter Zeit etwas viel Ideen. Wozu ist sie?
MINISTER Wenn wir durch die Königliche Abhöranlage hören, daß jemand anderes den Geheimen Gang betritt als die Wache oder Zwölfklang, lassen wir den Königlichen See in den Geheimen Gang, und wer darin ist, ertrinkt.
KÖNIG Aha.
MINISTER Aha.
KÖNIG Aha!
MINISTER Aha!
KÖNIG Aha!
  Das Volk ist dumm
MINISTER
  Das Volk ist dumm
KÖNIG
  Es denkt nicht krumm
MINISTER
  Es denkt nicht krumm
KÖNIG, MINISTER
  Es sieht nur grad
  Was es grad hat:
  Man muß es stramm regieren
  Und an den Nasen führen –
  Dann bleibt es dumm
  Und denkt nicht krumm!

5
Kellergewölbe mit Verlies

Der Lustige Musikant. Königlicher Spion. Wache. Pauke. Päukchen. Trömmelchen. Zwölfklang.

Im Verlies der Musikant, schlafend. Vor dem Verlies der Spion, schlafend.

SPION *wacht auf*
 O Leben ohne Himmel –
 sieht ins Verlies Er schläft. *schläft ein; wacht auf*
 In trüber Kellernacht –
 sieht ins Verlies Er schläft noch. *schläft ein; wacht auf*
 In Ratten und in Schimmel –
 Jemand kommt. *versteckt sich*
STIMMEN DER WACHE
 Wir führen, wir führen
 Hinter verschlossne Türen
 Uh!

Während der folgenden Musik Getöse. Aus dem Kellergang stürzen Päukchen und Trömmelchen, verfolgt vom mit zwei Messern bewaffneten Ersten Wächter. Stellen ihm ein Bein. Erster Wächter stürzt. Aus dem Kellergang Zweiter Wächter mit Messern, hinter ihm Pauke. – Zwölfklang. – Zweiter Wächter stürzt über den Ersten, der sich erhebt, tritt Pauke gegen den Trommelbauch, Pauke prallt gegen den Ersten, der wieder umfällt, usf. Kampf, in dessen Verlauf Pauke, Päukchen und Trömmelchen Messerstiche in die Trommelfelle erhalten, die Zwölfklang mit Heftpflaster wieder zuklebt, und an dessen Ende die Wache sowie Pauke, Päukchen, Trömmelchen am Boden liegen.

ZWÖLFKLANG Pauke!
PAUKE Hier.

Zwölfklang klebt Paukes Wunden mit Heftpflaster zu, Pauke trommelt auf sich, steht auf.

ZWÖLFKLANG Päukchen!
PÄUKCHEN Hier.

Zwölfklang klebt Päukchens Wunden mit Heftpflaster zu, Päukchen trommelt auf sich, steht auf.

Trömmelchen!

Trömmelchen trommelt auf sich, steht auf.

ZWÖLFKLANG, PAUKE, PÄUKCHEN, TRÖMMELCHEN
 Musikant!
MUSIKANT Hier!

Zwölfklang schließt mit dem Großen Doppelschlüssel das Verlies auf.

ZWÖLFKLANG Guten Tag. Das sind meine Freunde Pauke, Päukchen und Trömmelchen.

Pauke, Päukchen, Trommelchen trommeln auf sich.

MUSIKANT Dann bin ich befreit?
ZWÖLFKLANG Befreit.
PAUKE, PÄUKCHEN, TRÖMMELCHEN Befreit!

 Wir erfuhrn, was Lügen ist
 Und gebrauchten eine List!
 Doppel-B-Moll, deine Lügen
 Können uns nicht mehr besiegen.

PAUKE, PÄUKCHEN, TRÖMMELCHEN, ZWÖLFKLANG
 Doppel-B-Moll, deine Wache
 Liegt jetzt platt in einer Lache.

Und dein finsteres Verlies
Ist geknackt, das knackte süß.

PAUKE, PÄUKCHEN, TRÖMMELCHEN, ZWÖLFKLANG, MUSIKANT
Wir sind befreit zur rechten Zeit!
Zur rechten Zeit sind wir befreit!

Inzwischen hat die Wache sich erholt, sich erhoben, ein Netz zwischen sich gespannt, sich genähert. Holt mit dem Messer aus.

WACHE Uhhhh!

Im letzten Moment bemerkt Zwölfklang die Wache und besprüht sie aus der Schlafmittelsprühdose.

Ohhhh! *sinkt um*
MUSIKANT Ich glaube, wir haben den Sieg zu früh gefeiert. Sperren wir sie ein.

Sperren die Wache ins Verlies.

Und was jetzt?
ZWÖLFKLANG An den Gepanzerten Wächtern führt uns niemand vorbei. Und die siebzig Fleischerhunde und die siebentausend Giftschlangen werden längst aufgewacht sein.
PÄUKCHEN Und die Schlafmittelsprühdose?
ZWÖLFKLANG Ist leer.
PAUKE, PÄUKCHEN, TRÖMMELCHEN Leer.
MUSIKANT Leer.
MUSIKANT, ZWÖLFKLANG, PAUKE, PÄUKCHEN, TRÖMMELCHEN
Kaum befreit, kaum befreit
Sehn wir, ach: Der Weg ist weit.
Schlangen wollen in uns beißen
Hunde wollen uns zerreißen

Und die Nacht, und die Nacht
Faßt uns an, eh wirs gedacht.

MUSIKANT Wir müssen durch den geheimen unterirdischen Gang.
SPION *sieht aus dem Versteck* Den unterirdischen Gang. Ich werde mir selber die Augen verbinden, den Gang suchen und mich darin verstecken, damit ich notieren und denunzieren kann. *verbindet sich die Augen, ab*
ZWÖLFKLANG Und wer zeigt uns den Weg?

Wache schnarcht zweistimmig.

MUSIKANT Die Wache? *horcht an der Verliestür* Pst! sie reden im Schlaf.
WACHE
  Chch, wir möchten wen erstechen
  Und die Knochen ihm zerbrechen
  Chch, wir möchten wen ergreifen
  Und an wilden Pferden schleifen
  Warmes Blut, warmes Blut
  Wolln wir sehn, das tut uns gut
MUSIKANT Ich glaube, wir suchen den Gang besser selber. Der Spion! *ruft* Spion!
ECHO Spion!
STIMME DES SPIONS *entfernt:* Nein!

Gehen der Stimme nach.

MUSIKANT, ZWÖLFKLANG Spion!
ECHO Spion!
STIMME DES SPIONS Nein! – Hilfe! Wasser!
MUSIKANT Jemand leitet Wasser in den unterirdischen Gang.
ZWÖLFKLANG Dann müssen wir doch zurück.
TRÖMMELCHEN Vorbei an den Gepanzerten Wächtern?
PÄUKCHEN Und den siebzig Fleischerhunden?

PAUKE Und den siebentausend Giftschlangen?
MUSIKANT Besser kämpfen als ertrinken. Pauke, du führst die anderen. Ich rette den Spion und komme nach. Er ist zwar ein Spion, aber immerhin ein Mensch.

Pauke, Päukchen, Trömmelchen trommeln auf sich Wirbel; ab in den Kellergang.

ZWÖLFKLANG Musikant! Meinst du, wir sehen uns wieder?
MUSIKANT Vielleicht. Wenn nicht, wäre es schade.
ZWÖLFKLANG Sehr schade. *küßt den Musikanten* Auf Wiedersehen, Musikant. *ab in den Kellergang*
MUSIKANT Spion!
ECHO Spion!

Musikant ab nach der dem Abgang der anderen entgegengesetzten Seite. Wassermusik.

6
Finstere Gewölbe

Der Lustige Musikant. Königlicher Spion. Gepanzerte Wächter.

Das folgende zur Musik. Musikant, durchnäßt. Trägt den durchnäßten Spion. Setzt ihn ab, wringt seinen Hut aus.

SPION Uh! *holt einen Frosch aus seinem Hemd, wirft ihn weg*

Frosch springt eilig davon.

Gleich müssen wir bei den Gepanzerten Wächtern sein.
MUSIKANT Führst du mich an ihnen vorbei?
SPION Ich bin nur ein kleiner Spion Außerdem ist mein Geheimausweis weggeschwommen. Verzaubere sie lieber.
MUSIKANT Ich kann nicht zaubern.
SPION Wie? Aber du hast es gesagt!
MUSIKANT Ich habe es gesagt, aber ich kann es nicht. Es war eine Lüge.
SPION Eine Lüge! Und unser König Doppel-B-Moll –
MUSIKANT Sagt, daß lustige Lieder schädlich sind, aber sie sind es nicht.
SPION Du hast mir das Leben gerettet, und ich habe gelernt, was lügen ist. Du bist ein freundlicher Mensch.

Gehen vorwärts. Halten an.

MUSIKANT Hörst du etwas?
SPION Nein.

Gehen vorwärts. Halten an.

Siehst du etwas?
MUSIKANT Nein.

SPION Aber ich!

Aus dem Dunkel die Gepanzerten Wächter.

GEPANZERTE WÄCHTER
    Rassel, rassel, rassel!
    Der Mensch ist eine Assel.
    Der Mensch ist eine Made.
    Es ist um ihn nicht schade.
    Man tritt ihn in den Dreck
    Dann ist die Assel weg.

    Rassel, rassel, rassel!
    Der Mensch ist eine Assel.
    Der Mensch ist eine Milbe.
    Er hat nur eine Silbe.
    Man tritt ihn in den Dreck.
    Dann ist die Silbe weg.

MUSIKANT Ich glaube, mit denen kann man nicht reden. Was sollen wir machen?
SPION Die Staatshymne! Wenn wir sie singen, müssen sie strammstehen!
SPION, teilw. MUSIKANT
    Mein Bum-bum, in Stahl und Eisen
    Stehst voll Sonnenglanz du da
    Und wir werden es beweisen
    Deine Söhne sind wir, ja!
    Freche Mäuler, die dich schmähen
    Werden wir zu Staub zermähen
    Und dein schöner Name klingt
    Bis Bum-bum! das Weltall singt.

Wächter vollführen zur Hymne einen Präsentierritus, verlegen dabei Spion und Musikant den Weg.

SPION Sie versperren den Weg! Wir müssen die Hymne rückwärts singen!

SPION, teilw. MUSIKANT
   Singt all welt das bum-bum bis
   Klingt me na ner schö dein und
   Hen mä zer Staub zu wir den wer
   Hen schmä dich die ler mäu che fre
   Ja wir sind ne söh ne dei
   Sen wei be es den wer wir und

Wächter vollführen den Präsentierritus rückwärts, geben dabei den Weg frei. Musikant und Spion kommen vorbei.

MUSIKANT Und die Hunde?

Hundegejaul.

SPION Vielleicht schlafen sie noch. Aber die Schlangen?

Schlangengezisch.

MUSIKANT Vielleicht schlafen sie auch noch.
SPION Wir müssen laufen, laufen und laufen!
   laufen zur Musik
GEPANZERTE WÄCHTER *zur Musik, verfolgen Musikant und Spion*
   Rassel, rassel, rassel
   Der Mensch ist eine Assel
   Rassel, rassel, rassel
   Der Mensch ist eine Assel!

7
Blumenwiese, im Hintergrund Grenzpfähle und Steppe

Der Lustige Musikant. Spion. Zwei Leute aus Tururum. Wache. Vogel Strauß.

Auf der Wiese der Musikant und der Spion, schlafend. Sonne, Schmetterlinge, Hummeln.

MUSIKANT *wacht auf* Spion!
SPION *wacht auf* Wie?
MUSIKANT Wo sind wir?
SPION Auf einer Wiese.
MUSIKANT Lebendig?
SPION Lebendig.
MUSIKANT Wieso!
SPION Wieso.

Zwei junge Leute aus Tururum, in schönen langen Gewändern gemessen schreitend.

TURURUMER *verneigen sich* Guten Tag.
MUSIKANT *steht auf, verbeugt sich* Guten Tag.
SPION *springt auf* Es lebe Seine Majestät Doppel-B-Moll – Entschuldigung. Guten Tag.
TURURUMER Wir heißen euch willkommen in unserem Land.
MUSIKANT Danke.
SPION Musikant! Vielleicht sind wir doch tot, und das hier ist das Paradies?
MUSIKANT Was? Entschuldigung. Ist hier das Paradies?
ERSTER TURURUMER Es ist Mittagszeit.
MUSIKANT Sie verstehen es nicht.
ZWEITER TURURUMER Sie sollten etwas zu sich nehmen. Seien Sie unsere Gäste.

MUSIKANT Ah. Gestatten Sie, daß auch wir etwas beitragen.
MUSIKANT, teilw. SPION
Orangen, Pomeranzen
Blühn im kühlen Laub
Die braunen Mummeln tanzen
Im goldnen Mittagsstaub.
Grün ist der Abend, blau die Nacht
Und der Tag aus Luft gemacht.

Tururumer applaudieren höflich.

ERSTER TURURUMER Als Vorspeise empfehlen wir ein gemischtes Beet aus Krokus, Gänseblümchen und gelbem Löwenzahn.
MUSIKANT Wie?
ZWEITER TURURUMER Als Hauptgang Lilien oder Rosen.
SPION Wie.
TURURUMER Als Nachspeise einen Pfirsichbaum vor blauem Himmel. *lassen sich nieder*
MUSIKANT Entschuldigung.
SPION Entschuldigung.
MUSIKANT Essen Sie vielleicht mit den Augen?

Tururumer erheben sich.

ERSTER TURURUMER Wir haben Sie willkommen geheißen im Land Tururum.
ZWEITER TURURUMER Sie haben die Grenze überschritten zum Lande Tururum.
TURURUMER Alle im Land Tururum essen mit den Augen.
MUSIKANT Klar. Unglücklicherweise ißt mein Freund mit den Ohren, während ich mit dem Mund esse. Mein Freund ist von unserem Lied schon etwas satt, ich dagegen –
ERSTER TURURUMER In vergangenen barbarischen Zeiten aßen auch unsere Vorfahren mit dem Mund.

ZWEITER TURURUMER In vergangenen trüben Zeiten aßen auch unsere Vorfahren mit den Ohren.
ERSTER TURURUMER Vielleicht bedienen Sie sich an diesem Pfirsichbaum?

Musikant pflückt einen Pfirsich und verschlingt ihn. Tururumer verziehen schmerzlich das Gesicht.

ZWEITER TURURUMER Oder an diesem Feigenbaum?

Musikant pflückt eine Feige und verschlingt sie.

TURURUMER *verziehen schmerzlich das Gesicht* Oder an dieser Kokospalme?

Musikant schüttelt eine Kokosnuß, schlägt sie auf, trinkt sie aus, verschlingt den Inhalt. Tururumer verziehen höchst schmerzlich das Gesicht.

MUSIKANT Danke. Dafür werden wir Ihnen noch ein Lied singen. Spion!
MUSIKANT, teilw. SPION
  Als ein Sturm ins Städtchen kam
  Und den Rathausturm mitnahm
  Samt dem grünen Kupferdach
  Schrie der Bürgermeister: Ach!

  Der König kam mit Soldaten und sprach
  Als alle Leute gafften:
  Man muß den Sturm verhaften!
  Ein Marschall rief: Mir nach!

  Da ist die Armee marschiert
  Zehn Generale haben sie geführt
  Sie marschierten hinter dem Sturmwind her
  Erst sah man noch Staub, dann sah man nichts mehr
  Erst sah man noch Staub, dann sah man nichts mehr.

Der König stand vorm Schlosse
Und heulte in die Gosse.
Er war ein König ohne Armee.
Da ertränkte er sich in der grünen See.

Tururumer wenden sich ab.

MUSIKANT Entschuidigung. Hat es Ihnen nicht gefallen?
ERSTER TURURUMER Wir im Lande Tururum sind immer ehrlich.
ZWEITER TURURUMER Andererseits sind wir immer höflich.
TURURUMER Aber die Wahrheit ist wichtiger als die Höflichkeit.
MUSIKANT Stimmt.
ERSTER TURURUMER Sie haben kein schönes Lied gesungen.
ZWEITER TURURUMER Es war ein freches politisches Lied.
TURURUMER Lieder sollen schön sein und von schönen Dingen Schönes sagen. Von Liedern, die nicht schön sind, wird ein schönes Land schmutzig und häßlich. *verneigen sich*
ERSTER TURURUMER Bitte seien Sie weiter unsere Gäste.
ZWEITER TURURUMER Bedienen Sie sich mit Liedern und Früchten.

Marschtritte. Aus dem Hintergrund jenseits der Grenzpfähle Wache. Macht an der Grenze halt.

WACHE Hauhaihauhau!
MUSIKANT Wie?
WACHE Hauhaihauhühaihauhau!
SPION Wie?
WACHE Hauhaihühauhühau haihau hauhühau haihau! Kommt sofort rüber!
MUSIKANT Warum?
WACHE Über die Grenze auf das Gebiet von Bum-bum! Wir wollen euch verhaften!

MUSIKANT Und wenn wir nicht kommen?
WACHE Bestraft man uns mit hundert Stockhieben!
SPION Besser euch als uns.
WACHE Nein! Besser euch als uns! Kommt sofort! Es geschieht euch nichts, ihr werdet höchstens hingerichtet!
MUSIKANT *zu den Tururumern:* Ein häßlicher Anblick.
ERSTER TURURUMER Sehr häßlich.
SPION Und häßliche Worte.
ZWEITER TURURUMER Äußerst häßlich.
TURURUMER Möchten Sie unsere Obstbäume besichtigen?
WACHE *marschiert im Kreis, macht zu den Sprüchen jeweils an den Grenzpfählen halt*
Rüberkommen, rüberkommen
Sonst wird uns der Sold genommen!

Tut im Guten, was wir wollen
Sonst wird unser König grollen!

Die Verbrecher nach Bum-bum
Sonst pflügt euch Krieg die Wiese um!

Im Hintergrund Staubwolke, sich nähernd.

SPION Musikant! Eine Staubwolke! Die Armee von Bum-bum!
TURURUMER Wir werden euch in einem Rosenbeet verstecken.

Staubwolke näher.

WACHE Hurra! Hurra! Hurraaohoauh.

Ein Vogel Strauß. Überläuft, der Wache Sand in die Augen schleudernd, die Grenze.

Hauhaihaihauhau! Ein zweibeiniges Wesen hat die Grenze überschritten! Das ist verboten!

VOGEL STRAUSS Guten Tag. Ich bin das ganze Land abgelaufen, um euch zu finden.

Tururumer verneigen sich.

Übers Gras hin und durch Wälder
Durch Gestrüpp und über Sand
Über Sumpf und Schotterfelder
Suchte ich, bis ich euch fand.

Man hatte mich nach Bum-bum gebracht, damit man mir die Federn ausreißt und der König meine Schmerzensschreie zum Abendbrot genießt.

Meine Qualen zu genießen
Saß der König schlimm bereit;
Mich zu quälen und zu spießen
Harrte er zur Abendzeit.

Tururumer wenden sich ab und halten sich die Ohren zu.

Da kam Zwölfklang mit den drei Trommeln und befreite mich. *will wieder singen*
MUSIKANT Zwölfklang?
SPION Und die drei Trommeln?
MUSIKANT, SPION Was ist mit ihnen? Bitte sing nicht erst, sondern sag es gleich!
VOGEL STRAUSS Sie sind verhaftet und sollen hingerichtet werden.
MUSIKANT Wie? Ich muß nach Bum-bum! *stürzt auf die Wächter los*
SPION *zieht ein Lasso, fängt den Musikanten* Halt.
MUSIKANT Wie? Du verrätst mich?
SPION Das wirst du sehen. *flüstert mit den Tururumern*

Tururumer verneigen sich, geben dem Spion etwas in die Hand. Spion geht auf die Wache zu, die sich sprungbereit macht, streut Körner um die Wache, kommt zurück.

MUSIKANT Was hast du gemacht?
SPION Gesät. Die Tururumer sind große Pflanzenzüchter. Sie haben mir Samenkörner gegeben, und ich habe sie ausgesät.
MUSIKANT Und was für Samenkörner?
SPION Lianen. Schnellwüchsige Lianen.

Aus dem Boden wachsen Lianen und schließen die Wache ein. Spion bindet den Musikanten los.

SPION Jetzt haben sie bis morgen zu tun, und wir kommen lebendig ins Schloß.
MUSIKANT Ins Schloß!
VOGEL STRAUSS Steigt auf meinen Rücken.
MUSIKANT, SPION *steigen auf; zu den Tururumern:* Wir danken für die Gastfreundschaft.
TURURUMER Bitte besuchen Sie uns wieder in unserem Land.

Strauß ab mit Musikant und Spion.

8
Thronsaal mit großer tönender Schloßtreppe

König. Minister, Septiminimoll. Zwölfklang. Pauke. Päukchen. Trömmelchen. Drei Gepanzerte Wächter. Der Lustige Musikant. Spion. Volk.

König auf dem Thron. Minister, Septiminimoll neben dem Thron. Zwölfklang, Pauke, Päukchen, Trömmelchen gefesselt. Gepanzerte Wächter verabreichen Pauke, Päukchen, Trömmelchen Schläge auf die Trommelfelle

WÄCHTER Siebenundneunzig. Uh! Achtundneunzig. Uh! Neunundneunzig. Uh! Hundert.
KÖNIG Die restlichen neuntausendneunhundertundein Schläge später. Die Hauptangeklagte. Minister.
MINISTER Die Angeklagte hat lustige Lieder verbreitet, sich in das Vertrauen des Königs geschlichen, einen Staatsverbrecher befreit und versucht, das Große Staatsgeheimnis herauszubekommen.
KÖNIG Sie ist vierfach zum Tode verurteilt.

Wächter packen Zwölfklang.

Warten. Ich gebe einen Beweis meiner Gnade.
MINISTER, SEPTIMINIMOLL, WÄCHTER
 Der König gibt
 Der König gibt
 Einen Beweis
 Einen Beweis
 Seiner Gnade!
KÖNIG Der Angeklagten werden drei Todesstrafen erlassen, und nur eine wird vollstreckt.
SEPTIMINIMOLL Es lebe Seine Majestät Doppel-B-Moll der Zweite von Bum-bum!
MINISTER, SEPTIMINIMOLL, WÄCHTER Hurra!

KÖNIG *zu Zwölfklang:* Hast du einen letzten Wunsch?
ZWÖLFKLANG Ich möchte ein Lied singen.
KÖNIG Ein Lied!
MINISTER, SEPTIMINIMOLL Ein Lied!
WÄCHTER Ein Lied!
KÖNIG Ein lustiges Lied, was?
ZWÖLFKLANG Ein trauriges.
KÖNIG Ein trauriges. Falls das Lied lustig wird, sofort hinrichten.
ZWÖLFKLANG *zu Pauke, Päukchen, Trömmelchen:* Ich singe es für euch. Vergeßt mich nicht.

Blumen blühen auf dem Feld
Die ich nicht mehr seh.
Vögel singen in der Kält
Die ich nicht versteh.
Immer wenn ich an dich denk
Wird der Blick mir schwer.
Und die Schritte, die ich lenk
Spür ich schon nicht mehr.

Schön war die Sonne, kühl der Tau
Wenn ich geh, weiß ichs genau.

Wächter weinen. Minister weint. König weint.

KÖNIG *applaudiert* Eine Künstlerin!
MINISTER Eine Künstlerin. *gibt Septiminimoll einen Fußtritt*
SEPTIMINIMOLL *weint* Eine Künstlerin!
KÖNIG Aha. Lange habe ich nicht so gut zu Mittag gegessen. Hinrichten!
GEPANZERTE WÄCHTER
Rassel, rassel, rassel
Der Mensch ist eine Assel!
Der Mensch ist eine Made
Es ist um ihn nicht schade.
Man tritt ihn in den Dreck
Dann ist die Assel weg.

holen aus

KÖNIG *Reaktion auf die Musik:* Was war das?

Wächter holen erneut aus. Schloßtreppe tönt.

MINISTER Was war das?!

Wächter holen erneut aus. – Musikant. Bläst furchtbar in seine Triola.

KÖNIG, MINISTER Was ist das?!!
MUSIKANT Du darfst sie nicht hinrichten lassen! Du bist selber ein Verbrecher! Ich werde dem Volk sagen, was lügen ist, dann ist deine Macht zu Ende!
KÖNIG Minister! Warum hat die Wache offene Ohren?

Minister stöpselt den Wächtern die Ohren zu. Musikant stößt die Wächter in die Rücken.

WÄCHTER Uhh! *wenden sich, jeder in der Annahme, ein anderer habe ihn gestoßen, gegeneinander*
MUSIKANT *löst Zwölfklang, Pauke, Päukchen, Trömmelchen die Fesseln*
Dorthin! Wir müssen fliehen!

Zwölfklang, Pauke, Päukchen, Trömmelchen ab durch die Geheimtür. Musikant will folgen.

SEPTIMINIMOLL *stürzt sich auf den Musikanten* Es lebe seine Majestät Doppel-B-Moll der Zweite von Bum-bum!
WÄCHTER Ahh! *packen den Musikanten*
KÖNIG Aha. Sofort hinrichten.

Minister macht den Wächtern Zeichen. Wächter verstehen nicht.

Hinrichten!

Minister macht den Wächtern Zeichen, Wächter verstehen nicht. Minister nimmt ihnen die Pfropfen aus den Ohren. König, Minister klappen den Mund auf und zu, doch es ist nichts zu hören: die Schloßtreppe tönt fortissimo. Auf der Schloßtreppe Spion, Volk; in den Saal.

SPION Halt!
MUSIKANT Spion! Singen! Laut!
SPION, VOLK *durch hinzukommendes Volk auf der Schloßtreppe begleitet:*
Es war eine Kartoffel
Die fand einen Pantoffel
Sie ist hineingerollt.
Der Pantoffel war aus Gold.
Da rief sie: Jetzt bin ich Kartoffelkönig!
Und ist nicht herausgekrochen
Doch schon nach sieben Wochen
Hat sie sehr schlecht gerochen
Und faulte gar nicht wenig!

Zwölfklang, Pauke, Päukchen, Tronmelchen während der letzten Zeilen aus der Geheimtür; Pauke, Päukchen, Trömmelchen trommeln die letzte Zeile mit.

KÖNIG Aus! *wirft den Thron um*

Alle verharren.

MUSIKANT Weiter!

Pauke, Päukchen, Trömmelchen trommeln ein neues Thema. Hof und Wächter müssen tanzen. Musikant kommt frei. Tanz. Spion, Volk stampfen den Rhythmus mit, entwaffnen, demontieren und fesseln im Tanzen die Wächter, rasseln und blasen auf Teilen der demontierten Rüstungen. König tanzt immer heftiger, fällt um. Ende des Tanzes.

MINISTER Das Staatsgeheimnis! Das große Staatsgeheimnis! *ab durch die Geheimtür*
SEPTIMINIMOLL Seine Majestät Doppel-B-Moll der Zweite ist gestürzt! *ab durch die Tür*
SPION Gestürzt.
MUSIKANT Gestürzt. Hebt ihn auf.
VOLK *fassen an einem Bein* Ho –

Das Bein geht ab: es ist eine Stelze.

fassen das andere Bein Ho –

Das Bein geht ab: es ist eine Stelze. König wird aufgerichtet. Er ist ein Zwerg.

MUSIKANT Das war das Große Staatsgeheimnis!
PAUKE, PÄUKCHEN, TRÖMMELCHEN Das!
SPION Das!
VOLK Das!
PAUKE, PÄUKCHEN, TRÖMMELCHEN
  Daß der große König klein ist
  War das große Staatsgeheimnis!
PAUKE, PÄUKCHEN, TRÖMMELCHEN, MUSIKANT, ZWÖLFKLANG, SPION, VOLK
  Daß der große König klein ist
  War das große Staatsgeheimnis!
KÖNIG
  Hunde! Lurche! Larven! Brut!
  Ratten! Wanzen! Milben! Kröten!
  Pest! Schorf! Aussatz! Krankes Blut!
  Meine Flüche solln euch töten!
PAUKE, PÄUKCHEN, TRÖMMELCHEN
  Der König ist ein Zwerg!
  Er tat, er wäre ein Berg!
VOLK
  Er tat, als wäre er ein Berg
  Und ist doch nur ein Zwerg!

PAUKE, PÄUKCHEN, TRÖMMELCHEN, ZWÖLFKLANG,
SPION, MUSIKANT, VOLK
tanzen und trommeln
Doppel-B-Moll, deine Nasen
Sind jetzt in den Wind geblasen.

Doppel-B-Moll, dein Gefängnis
Bringt uns nicht mehr in Bedrängnis.

Doppel-B-Moll, deine Macht
Ging auf Stelzen, ist zerkracht!

MINISTER, SEPTIMINIMOLL *sehen aus Geheimtür und Tür*
Ohohohohoh! *fliehen durch den Saal, springen und rollen die Schloßtreppe hinunter, ab*

Volk hebt den Musikanten auf die Schultern. Ziehen während des folgenden Liedes zur Treppe.

MUSIKANT, ZWÖLFKLANG, SPION, PAUKE, PÄUKCHEN,
TRÖMMELCHEN, VOLK
Als ein Sturm ins Städtchen kam
Und den Rathausturm mitnahm
Samt dem grünen Kupferdach
Schrie der Bürgermeister: Ach!

Der König kam mit Soldaten und sprach
Als alle Leute gafften:
Man muß den Sturm verhaften!
Ein Marschall rief: Mir nach!

Da ist die Armee marschiert
Zehn Generale haben sie geführt
Sie marschierten hinter dem Sturmwind her
Erst sah man noch Staub, dann sah man nichts mehr
Erst sah man noch Staub, dann sah man nichts mehr.

Der König stand vorm Schlosse
Und heulte in die Gosse:
Er war ein König ohne Armee.
Da ertränkte er sich in der grünen See.

Nachspiel

Der Lustige Musikant. Spion. Ein Arzt. Zwölfklang.

Vor dem Palast. Musikant, danach Spion.

SPION Musikant!
MUSIKANT Spion.

Schloßtreppe tönt hoch.

SPION Das haben wir gut gemacht.
MUSIKANT Ganz gut.

Schloßtreppe tönt abwärts.

SPION Ziemlich gut.
MUSIKANT Ziemlich.

Schloßtreppe tönt tief. Aus dem Palast Arzt.

ARZT Gesundheit sei mit euch.
SPION Danke. Wie?
ARZT Mit euch sei Gesundheit.
MUSIKANT Sind Sie ein Arzt?
ARZT Man hat mich gerufen in den Palast.
SPION Das war ich.
ARZT Um den einstigen König zu untersuchen.
SPION Er sitzt unter dem Thron, sagt nichts und faucht! Haben Sie die Krankheit gefunden?
ARZT Ich habe in sieben Ländern siebzigtausend Kranke geheilt! Der König ist von seiner Bosheit vergiftet und an seinen eigenen Flüchen ertaubt. Kein Arzt der Welt kann ihm helfen. Ich habe in sieben Ländern siebzigtausend Kranke geheilt!
SPION Wir danken für die Mühe. Was sind wir schuldig?

Entfernt Musik.

ARZT Es ist Mittagszeit. In der ganzen Stadt singt man Lieder. Lustige, traurige, alberne, ernste, laute und leise. Ich werde hier zum Mittagessen bleiben.
SPION Vielleicht auch zum Abendbrot?
ARZT Vielleicht auch zum Frühstück. Dann habe ich ein gutes Honorar. Eben höre ich etwas äußerst Schmackhaftes. Mit euch sei Gesundheit! *ab*

Zwölfklang.

ZWÖLFKLANG
Schattenbäume wachsen
Kühl am Straßenrand.
Was ich seh, sind Wolken
Was ich spür, ist Regen
Was ich hör, ist Sand.

Aber ich, wo geh ich hin
Wenn ich auf den Wegen bin
Wo die satten Blumen blühn.

Musikant!
MUSIKANT Zwölfklang.
ZWÖLFKLANG Wenn ich dich sehe, bin ich froh.
MUSIKANT Auch ich bin froh, wenn ich dich sehe.
ZWÖLFKLANG, MUSIKANT
Fang ich einen Blick von dir
Bin ich aus der Welt.
Endlos ists von dir zu mir
Wenn ein Schatten fällt.
ZWÖLFKLANG
Frag ich dich: Wo gehst du hin
MUSIKANT
Sag ich: Ich geh fort.
ZWÖLFKLANG
Wärst du dort, wo ich auch bin

MUSIKANT
  Wärs ein guter Ort.
MUSIKANT, ZWÖLFKLANG
  Ach, die Himmel, ach, die Straßen
  Über die die Winde blasen
  Ach, die Dornen, ach die Schlehen
  Durch die früh die Regen gehen –
ZWÖLFKLANG
  Frag ich dich: Wo gehst du hin
MUSIKANT
  Sag ich: Ich geh fort.
ZWÖLFKLANG
  Wärst du dort, wo ich auch bin
ZWÖLFKLANG, MUSIKANT
  Wärs ein guter Ort.
ZWÖLFKLANG Wohin wirst du gehen?
MUSIKANT In meine Heimat, wo es Hirschbraten, Kartoffelsalat und duftende Gemüsesuppen gibt.
ZWÖLFKLANG Nimmst du mich mit?
MUSIKANT Du bist aus dem Märchenland und ißt mit den Ohren. Bei uns essen die Leute mit dem Mund, darum ist es sehr laut. Autos hupen, Straßenbahnen kreischen, und überall spielen Kofferradios. In ein paar Tagen hättest du dir den Magen verdorben und müßtest sterben.
ZWÖLFKLANG Dann gehst du allein. Das ist schade.
MUSIKANT Sehr schade.

Wind.

  Wind. Als ich gekommen bin, blies er aus der anderen Richtung. *wirft seinen Hut in die Luft*

Der Hut bleibt in der Luft und entfernt sich langsam.

  Leb wohl, Zwölfklang.
ZWÖLFKLANG Leb wohl, Musikant.

MUSIKANT Leb wohl. *folgt dem Hut*

Rot ist der Windrosenstrauch
Freundlich riecht ein Bratenrauch
Denkst du schnell, kannst du dich freun
Laß die Faulen langsam sein:
Sie sollen glotzen wie Eulen
Bis sie im Finstern heulen –
Dann hats der Gute gut
Und kauft sich einen Hut.

ab

1974/75

Münchhausen

Ballett-Libretto

Personen

BARON MÜNCHHAUSEN	*ein Landedelmann Mitte Fünfzig*
MARLIES	*Serviermädchen im Gasthof zu Hameln, siebzehn; in den Episoden auch russisches Bauernmädchen, Serailschöne, Marsianerin, Venus*
WIRT	*in den Episoden auch russischer Bauer, Haushofmeister bei Fürst Jussupow*
WIRTSHAUSKNECHT	*in den Episoden auch russischer Diener bei Fürst Jussupow*
EIN JUNGER ARZT	*in den Episoden auch Marsianer, Vulkan, Zolloffizier*

Tafelrunde:

APOTHEKER	*kurzsichtig, apoplektisch, verträgt wenig Alkohol; in den Episoden auch russischer General, Scharfschütze*
RITTMEISTER	*dürr, mit Holzbein; in den Episoden auch Wolf, Gast bei Fürst Jussupow, Schnelläufer*
BÜRGERMEISTER	*nervös, schwerhörig; in den Episoden auch Fürst Jussupow, Scharfhörer*
VON NEMZIG	*Gutsbesitzer; in den Episoden auch Gast bei Fürst Jussupow, türkischer Sultan; gleichgekleidet wie und verfeindet mit*
VON KLEMZIG	*Gutsbesitzer; in den Episoden auch Gast bei Fürst Jussupow, russischer Feldmarschall, türkischer Scharfrichter*

Eine zahme Wildente und sieben Entchen. Hofdamen bei Fürst Jussupow. Russische Soldaten und Offiziere. Eine Sängerin. Türkische Patrouille. Eunuchen. Seraildamen. Drei Lieferanten. Marsianer. Zyklopen. Zöllner. Bankier. Bankbedienstete. Touristen.

Die Handlung spielt 1790 in Hameln und Bodenwerder.

Ouvertüre

Mit Knarren, Quietschen, Rasseln, Schurren und Rauschen geht der Vorhang auf. Wirt und Wirtshausknecht werden sichtbar, sie bedienen den Vorhang an zwei Handkurbeln. Verbeugen sich nach getaner Arbeit vorm Publikum.

1. Akt
Gaststube im Wirtshaus »Zum Hamelner Eber«

Wirtshausschild. Kleine Tafel mit sechs Gedecken und Suppenterrine. (Falls eine Introduktion gewünscht wird, können Wirt und Wirtshausknecht die Tafel decken.) Jagdtrophäen, zwei davon, ein Hirsch- und ein Eberkopf, in größerer Ausführung auch am Bühnenrahmen. Ein Ständer mit Tabakspfeifen, Tür, Fenster. Alles auf wenig Raum vorn seitlich. Dahinter, durch einen Zwischenvorhang abgetrennt und noch nicht sichtbar, die Spielfläche für die Episoden.

1.1   *Einzug der Tafelrunde*

Der Apotheker, kurzsichtig, apoplektisch, verträgt wenig Alkohol. Bekommt, wie auch die Folgenden, vom Wirtshausknecht Mantel und Hut abgenommen, wird vom Wirt begrüßt, verbeugt sich vorm Publikum. Der Rittmeister, dürr, mit Holzbein. Der Bürgermeister, nervös und schwerhörig. Von Nemzig und von Klemzig, Gutsbesitzer, gleich gekleidet, miteinander verfeindet. – Münchhausen.

1.2   *Vorsuppe und Erwartung*

Alle zur Tafel. Wirt öffnet die Suppenterrine. Genußvolles Stöhnen. Wirt tut auf. Sechsmal genußvolles Stöhnen. Man setzt sich und schlürft. – Während des Essens singen zwei Sänger im Orchester, eventuell mit Mundbewegungen akkompagniert von Hirsch- und Eberkopf:

> Wenn uns die Welt mit Messern packt
> Duftet die Suppe doch.
> Es schießt der Mensch das Vieh zur Jagd.
> Was bleibt, stiftet der Koch.

Kleiner Beifall der Tafelrunde. Man harrt auf den Braten.

1.3 *Braten und Marlies*

Der Braten erscheint, vom Wirtshausknecht auf einer Platte getragen. Die Herren eskortieren den Braten zur Tafel, er wird feierlich niedergesetzt. Wirtshausknecht ab. Zeremonie des Platznehmens. Der Wirt schenkt Rotwein ein. Nimmt die Wärmehaube vom Braten. Höhepunkt der Vorlust: Man wartet auf das Tranchierbesteck. Das wird auf einem Tablett gebracht, statt vom Wirtshausknecht von Marlies, dem neuen Serviermädchen, die der Wirt hiermit den Herren präsentiert. Die Herren erheben sich, applaudieren dem Wirt.

(Bis hier war alles Ritus, den die Herren mehr oder weniger ernst nehmen; allen macht er Spaß. Marlies' Auftreten – kleine Aufmerksamkeit des Hauses zur Appetiterhöhung – modifiziert den Ritus, stört ihn aber nicht.)

Marlies bietet jedem der Herren das Tranchierbesteck, jeder weist es an den nächsten, Münchhausen nimmt es. Macht zeremoniell den ersten Schnitt. Dann, mit einem plötzlichen Entschluß, eine Geste oder Schrittfolge, mit der er künftig seine Erzählungen einleiten wird; er weist auf Hirsch- und Eberkopf: die weinen aus Trauer, daß ein Artgenosse gefressen wird. Entzücken der Tafelrunde; man setzt sich. Zur Musik der eben gehörten Strophe tranchiert der Wirt weiter, Marlies serviert, zuletzt für Münchhausen. Man ißt, trinkt, Marlies füllt die Gläser nach.

1.4 *Tabakscollegium*

Die Herren, sobald sie satt sind, treten – in der Reihenfolge von Klemzig, von Nemzig, Rittmeister, Bürgermeister, Apotheker, Münchhausen – mit gefülltem Glas vor die Tafel und bilden dort um ihre erhobenen, sich berührenden Gläser ein Emblem. Während der Wirtshausknecht die Pfeifen stopft, reicht der Wirt Marlies einen silbernen Becher, gibt die Kugel hinein und verbindet ihr die Augen; Marlies kehrt über den Gläsern den Becher um, so daß die Kugel in eins der Gläser fällt. Marlies bekommt die Binde abgenommen, die Herren trinken aus. Wer keine Kugel findet, geht auf seinen Platz, bekommt seine Pfeife und von Marlies Feuer. Übrig bleibt von Nemzig, er muß erzählen. – Die Sänger singen:

> Denn des Mannes Lust nach Tisch
> Sind ein Rauch und ein Gespräch.
> Lügen hält den Körper frisch.
> Lange Weile macht ihn träg.

Die Musik zieht von Nemzig hinter den Zwischenvorhang. Das folgende als Schattenspiel.
> Plätschernder Bach. Hinter Bäumen Jäger. Ein Hirsch, der am Bach trinkt. Die Jäger schießen, alle vorbei. Von Nemzig kommt, spuckt dreimal auf seine Kugel, lädt, schießt, trifft den Hirsch.

Wird von der Musik zurückgezogen. Mäßiger Beifall der Tafelrunde. Von Nemzig wirft die Kugel wütend dem Apotheker ins Glas. Der muß nun erzählen. Die Musik zieht ihn hinter den Zwischenvorhang. Schattenspiel.
> Plätschernder Bach. Hinter Bäumen Jäger. Hirsch mit bedeutend größerem Geweih. (Das Geweih kann auf Bewegungen des Apothekers wachsen.) Die Jäger schießen, alle vorbei. Apotheker kommt, begießt seine Kugel mit Medizin, lädt, schießt, trifft den Hirsch.

Wird von der Musik zurückgezogen. Noch mäßigerer Beifall der Tafelrunde. Wirft seine Kugel auf den Tisch, sie springt in Münchhausens Glas. Die Musik zieht Münchhausen zum Zwischenvorhang. Der öffnet sich auf die schon bekannte Bewegung, und durch ein paar Tanzschritte entsteht eine farbige imaginierte Welt:
> Bäume, ein Teich, Horizont, Himmel, der Bach. Münchhausen in Jagdkleidung, ein paar Wachteln über der Schulter. Macht Rast zur Vesper. Eine Kette Enten kommt. Münchhausen greift zur Flinte, doch die Munitionstasche ist weg. Lädt seinen Ladestock in die Flinte, drückt ab, nichts. Schlägt sich ins Auge, ein Funke springt über; schießt mit dem Ladestock fünf Enten, die an diesem vor ihm niederfallen.

Beifall der Tafelrunde.
> Vespert weiter – er hat Kirschen mitgenommen –, da erscheint ein Hirsch. Ißt eilig Kirschen, spuckt die Kerne aus, lädt damit die Flinte, schüttet Pulver auf, schlägt sich ins Auge, ein Funke springt über; trifft den Hirsch auf der Stirn, der Hirsch geht in die Knie.

Sehr großer Beifall der Tafelrunde.
> Der Hirsch schüttelt sich und läuft weg.

Die Musik zieht Münchhausen zurück. (Die Grenze zwischen imaginiertem und Realraum wird beim Rück-Übergang endgültig deutlich.) Beifall dauert an. Gibt die Kugel nacheinander dem Rittmeister, von Klemzig, dem Bürgermeister, die sie ihm jeweils zurückgeben: Münchhausen soll weitererzählen. Doch der hüllt sich in Tabakwolken, gibt die Kugel schließlich Marlies, die sie ihm zurückgibt. Kleiner pas de deux, dem der Wirt wohlwollend zusieht, während er neu einschenkt. Münchhausen akzeptiert, bietet Marlies seinen Platz an. Wird von der Musik zum Zwischenvorhang gezogen, der sich öffnet zu

EPISODEN I: KLEINE JAGDWELT MIT RUSSLANDREISE

2. Russischer Winter in russischer Weite. Münchhausen reitend, nicht sehr warm bekleidet. Alle Wegzeichen verschwinden, nur Weiß. Das Thermometer fällt, fällt und fällt, bis das Quecksilber unten heraustritt. Bläst um Hilfe ins Jagdhorn, ohne daß die Töne herauskommen.

Wenn der Rittmeister den Wolf spielt, wird er jetzt auf eine Geste Münchhausens von der Musik in die Imaginationsebene gezogen: Münchhausens Erzähltalent ist derart, daß es die Zuhörer »mitreißt«.

Eine Gestalt taucht auf im Weiß, kommt näher: es ist ein Wolf. Der Wolf verfolgt den reitenden Münchhausen. Kommt näher. Verbeißt sich im Pferd. Münchhausen springt ab, packt, während das Pferd weitergaloppiert, den Wolf am Schwanz und karbatscht ihn mit der Reitpeitsche aus seinem Pelz. Wirft sich den Pelz um. Springt wieder aufs Pferd. Der Wolfskadaver bleibt liegen (und frißt sich, wenn der Regisseur will, selber).

Der Rittmeister wird wieder in die Realebene gezogen, wo ihn die Tafelrunde mit Beifall begrüßt.

Reitet weiter. Es wird Nacht. Im Schnee taucht ein Doppelkreuz auf. Bindet sein Pferd daran fest, legt das Jagdhorn neben sich, schläft in den Wolfspelz gehüllt ein.

3.1 Tauwetter. Der Schnee schmilzt. Münchhausen sinkt schlafend tiefer und tiefer. Erwacht am Morgen im langsam steigenden Nebel, findet sich auf einem Friedhof. Sucht sein Pferd.

Die Musik zieht Marlies, Wirt und Wirtshausknecht in die Episode. Letztere werden russische Bauern, Marlies wird Maryschka, ein junges Bauernmädchen.

3.2 Dorfbewohner kommen mit Brot, Speck, Wodka.

Begrüßung. Maryschka bringt einen Punschkessel oder Samowar, stellt ihn ab, serviert Münchhausen einen Becher dampfendes Getränk. Münchhausen trinkt und erwärmt sich, der Nebel steigt. Bittet um einen zweiten Becher. Maryschka serviert ihn, findet das Jagdhorn, versucht darauf zu blasen, ohne Erfolg. Auch die anderen Bauern versuchen sich vergeblich. Maryschka legt das Jagdhorn auf dem Punschkessel ab. Während Münchhausen noch trinkt und ißt, beginnt das Jagdhorn erst stockend, dann flüssig zu spielen (erst deutsch, dann russisch). Wenn man will, können die zunächst entsetzten Bauern dazu tanzen. Als der nun gestärkte und erwärmte Münchhausen das Horn in die Hände nimmt, schmettert es in voller Stärke. Der Nebel hebt sich. An der Spitze des Kirchturms – am Doppelkreuz – hängt Münchhausens Pferd. Münchhausen durchschießt das Halfter, das Pferd kommt herunter und wird mit Hafer und Wodka belebt.

3.3 Münchhausen bedankt sich bei den Bauern mit Geld und schenkt Maryschka, die ihm sehr gefällt, ein Halskettchen. Maryschka schenkt ihm dafür eine lebende Ente, die er in die Tasche steckt. Hängt das Jagdhorn um, sitzt auf, reitet davon.
Wirt, Wirtshausknecht, Marlies zurück in der Realebene. Beifall der Tafelrunde. Eventuell tanzt jeder ein paar Schritt zur russischen Musik, die das Jagdhorn eben gespielt hat.

4. Weglose Gegend. Es schneit weiter. Münchhausen reitet. Das Pferd geht mühsamer, bleibt im Schnee stecken. Die Ente in Münchhausens Tasche beginnt zu flattern. Münchhausen nimmt sie heraus, sie bringt durch ihr Flattern das Pferd ein Stück vorwärts. Nochmals das gleiche. Münchhausen schneidet ein großes und kleines Stück vom geschenkten

Speck, bindet die Stücken an die Enden einer Schnur, gibt der Ente das kleine Stück zu fressen; sobald es hinten wieder herauskommt, hält er die Schnur fest und läßt die Ente daran fliegen. Die Ente zieht fliegend Pferd und Reiter vorwärts und legt im Flug sieben Eier, die Münchhausen sich vorn in den Rock steckt und – noch vom Punsch oder durch Schlucke aus der Wodkaflasche erwärmt – an seiner Brust ausbrütet, so daß er nacheinander sieben Entchen aus dem Rock holt, sie mit dem Speckstück auf die Schnur fädelt und fliegen läßt, bis Pferd und Reiter sich schließlich in die Luft erheben. Flug. Am Horizont erscheint die Silhouette von Petersburg. Münchhausen vermindert die Flughöhe, indem er eins der Entchen nach dem anderen zu sich heranzieht, von der Schnur schneidet und fliegen läßt; zuletzt steckt er die Ente in die Tasche und landet im Hof des Jussupowschen Palais. Aus einem geöffneten Fenster ertönt Tafelmusik. Münchhausen sport sein Pferd, Sprung durchs Fenster.

5. Saal im Jussupowschen Palais. Gedeckte Tafel, Kerzen. Quadrille.
Die Musik zieht Tafelrunde, Wirt und Wirtshausknecht in die Episode. Es werden: Apotheker russischer General, Bürgermeister Fürst Jussupow, Rittmeister, von Nemzig und von Klemzig adlige Gäste, Wirt Haushofmeister, Wirtshausknecht Diener. – Gleichzeitig Damen und Herren des Corps de ballet als Jussupows Gäste aus der Dekoration.

5.1 Man tanzt Quadrille. Münchhausen landet auf dem Pferd im Saal. Alle verharren. Münchhausen verbeugt sich, zwingt das Pferd, auf den Tisch zu springen und dort Quadrille zu tanzen. (Oder landet gleich auf dem Tisch und läßt das Pferd tanzen.) Springt schließlich vom Pferd und bringt die Tänzer wieder in Gang, während das Pferd allein weitertanzt. Hebt das Pferd vom Tisch, Diener führt das tanzende Tier hinaus. Großer Beifall der Anwesenden. Fürst Jussupow weist Münchhausen einen Ehrenplatz an, läßt ihm auftragen.

5.2 Währenddessen steht der General mit Kopfbedeckung am Tisch, schon von einer Reihe geleerter Flaschen umgeben, und vertilgt ungeheure Mengen Rum, ohne betrunken zu werden; mit den geleerten und vollen Flaschen führt er eine Generalstabsübung vor oder macht sonstige militärische Kunststückchen. Haushofmeister muß den Diener antreiben, der nicht schnell genug neue Flaschen heranschafft. Der General säuft weiter, ohne Wirkung zu zeigen; lüftet von Zeit zu Zeit mit einer Art Magneten seinen Hut. Münchhausen hat gespeist, läßt sich einen Fidibus bringen, stellt sich hinter den General und hält ihm, als er wieder den Hut lüftet, den Fidibus über den Kopf; die entströmenden Alkoholdünste entzünden sich, der General steht im Heiligenschein. Ist entzückt, als er sich im Spiegel sieht, und trinkt mit Münchhausen Bruderschaft; demonstriert den Vorgang noch einmal ohne Hut: trinkt eine Flasche Rum, öffnet mit dem Magneten eine Silberklappe auf seinem kahlen Schädel, Münchhausen entzündet den Alkoholaura, der General tanzt ein Solo mit Aura.

5.3 Der General führt an einem silbernen Teller vor, wie der Magnet Silber nur anzieht, wenn man ihn berührt, schenkt den Magneten Münchhausen. Sobald Münchhausen ihn in die Hand nimmt, zieht der Magnet sämtliches Silbergeschirr vom Tisch an, ferner den Herren die Degen an deren silbernen Griffen aus den Scheiden und die Damen an ihrem Silberschmuck zu Münchhausen. Münchhausen läßt den Magneten los, die Silbersachen werden frei. (Der Diener kann hier ein Solo haben: war er schon beim Wegführen von Münchhausens Pferd, beim Servieren für Münchhausen und den General angetrieben worden, muß er nun wie der Blitz hin und her jagen, um alles wieder an seinen Platz zu bringen.) Münchhausen gibt den Herren die Degen zurück und die Damen frei, ordnet alles wieder zur Quadrille. In der Hand behält er nur ein silbernes Medaillon, das der Fürstin gehört; will es zurückgeben, sie läßt es ihm als Geschenk. Die Ente in seiner Tasche beginnt zu flattern; er nimmt sie heraus, gibt ihr das Medaillon in den Schnabel, sie entfliegt aus dem Fenster.

5.4 Simultan: Flug der Ente, Quadrille.
Im Hintergrund erscheint – oder war die ganze Zeit zu sehen – klein die Dorfkirche aus 3. – Die Musik zieht Marlies in die Episode, zur Kirche.

Die Ente fliegt und fliegt, bis sie bei Maryschka anlangt, die das Medaillon nimmt und an ihrem Kettchen befestigt. Währenddessen Quadrille; Münchhausen tanzt mit jeder Dame ein paar Figuren. Fürst Jussupow verabschiedet die Gäste und läßt Münchhausen ein Gastzimmer mit üppigem Bett zuweisen. Beim Abschied steckt jede der Damen, ausgenommen die Fürstin Jussupow, Münchhausen ein Billett zum Stelldichein zu.
Von Klemzig, von Nemzig, Rittmeister, Apotheker, Bürgermeister, Wirt, Wirtshausknecht zurück in die Realebene. – Die übrigen Gäste ab.

5.5 Münchhausen ist allein, sieht aus dem Fenster in den Mondschein, will zu Bett. Die sieben Damen, die ihm Billetts zugesteckt haben, kommen nacheinander zurück, machen Münchhausen dringende Avancen und kämpfen untereinander um den Vor-

tritt. Münchhausen muß sich entscheiden oder alle sieben nehmen; fleht den Himmel um Kraft an und berührt dabei den Magneten. Dessen Kraft zieht Maryschka an ihrem Silbermedaillon durch die Luft und durchs Fenster ins Palais. Pas de deux. Die Salondamen müssen sich ankleiden und tanzen türenknallend ab. Münchhausen löscht die Kerzen, öffnet die Tür zum Gastzimmer, das Paar steht vorm prächtigen großen Bett.
Münchhausen und Marlies zurück in die Realebene.

6. *Aufbruch in den schönen Morgen*

Großer Beifall der Herren. Der Wirt öffnet die Fenster, man verabschiedet sich voneinander, bricht auf in den schönen Morgen. Marlies allein mit Münchhausen. Sie bemerkt, daß sie das Kettchen mit dem Medaillon noch hat, will es Münchhausen zurückgeben. Doch der hängt es ihr wieder um. Läßt dann, als freundliche Fata morgana, den Hirsch aus 1.4 auftreten:
Der Hirsch erscheint, nun mit einem Kirschbaum voll reifer Kirschen, der ihm aus der Stirn wächst. Verneigt sich vor Marlies.
Marlies läuft zu ihm, will von den Kirschen pflücken, da verschwindet das Bild. Abschied, Zögern, nochmals Abschied.

2. Akt
Saal mit Kamin auf Münchhausens Gut
in Bodenwerder, am nächsten Abend

Eher dürftige Einrichtung. Wappen, Ahnenporträts. Jagdtrophäen. Pfeifenständer. Ungedeckter Tisch mit sechs Stühlen. Im Kamin Feuer.

7.   *Ankunft der Gäste*

Münchhausen allein. Draußen stürmisches Herbstwetter. Herein Marlies: Münchhausen hat sie für diesen Abend zum Bedienen engagiert. Nimmt ihr den Mantel ab, läßt sie den Tisch decken, mit Punschgläsern. Ankunft der Gäste: Rittmeister, Bürgermeister, Apotheker, von Nemzig und von Klemzig, alle fröstelnd. Marlies nimmt ihnen die Mäntel ab. Jeder hat irgendeine Flasche mitgebracht, gibt sie Marlies, die damit abgeht. Die Herren wärmen sich am Kamin, bilden dann Spalier. Marlies zurück mit dampfendem Punschkessel, den die Herren zum Tisch eskortieren. Marlies schenkt ein, man setzt sich, trinkt, ahh. Draußen heult der Wind. Marlies füllt erneut die Gläser. Man stopft die Pfeifen, Marlies reicht Feuer. Bietet jedem die silberne Kugel an, jeder weist sie zurück, Marlies überreicht sie Münchhausen. Der geht zum Kaminplatz, beginnt zu erzählen. Der Zwischenvorhang öffnet sich zu

EPISODEN II:
GROSSE WELT DER SCHLACHTEN UND POTENTATEN

8.   Vor einer türkischen Festung. Links das russische
       Belagerungsheer, rechts die türkische Armee in der
       Festung. Musik: russischer und türkischer Marsch,
       gegeneinander.
Die Musik zieht Münchhausen – als Offizier in russischen Dien-

sten –, von Klemzig – als russischen Feldmarschall – und von Nemzig – als türkischen Sultan – in die Episode.

8.1 Kanonade. Tote, die meisten auf der russischen Seite: die russischen Kanonen schießen fast immer vorbei.

8.2 Der russische Feldmarschall braucht dringend Kundschaft über die Festung; fordert einen nach dem anderen seiner Untergebenen zum Spähtruppunternehmen auf, die Aufgeforderten fallen oder drücken sich. Münchhausen meldet sich freiwillig, springt auf eine eben abgefeuerte Kanonenkugel, ergreift im Flug den vor dem türkischen Generalstab liegenden Lageplan der Festung, springt von der russischen auf eine türkische Kanonenkugel, läßt sich zurücktragen und liefert die Karte beim russischen Feldmarschall ab. Die Kanonen werden gerichtet, jetzt schießt die russische Seite besser als die türkische, Türkenköpfe fliegen durch die Luft. Jubel der russischen Seite, es wird Abend.
Von Nemzig zurück in die Realebene.

8.3 Schlachtpause. Man veranstaltet zu Ehren Münchhausens ein Wodkagelage und verleiht ihm einen Orden. Auf dem Gelage tritt eine Sängerin auf.
Von Klemzig zurück in die Realebene.

8.4 Münchhausen bleibt mit der Sängerin allein. Nacht. Fleht die Sängerin um einen Gunstbeweis an, den er nach vielerlei Weigern (Parodie auf klassisches Ballett?) bekommt: eine Kadenz mit Triller, die er am Lagerfeuer in einem Weckglas sogleich einweckt. Sängerin ab.

8.5 Münchhausen allein. Schläft am Lagerfeuer ein. Eine türkische Patrouille schleicht sich an. Nimmt

Münchhausen gefangen, legt ihn in Ketten, führt ihn ab.

9.1 Auf dem Weg in die Gefangenschaft (eventuell Verwendung des Zuschauerraums) besticht Münchhausen mit Goldstücken, die er aus Hut und Kleidung zieht, seine Wächter, so daß ihm zunächst die Fuß-, dann die Handfesseln abgenommen werden und er zum Schluß in einer Sänfte transportiert wird, die die Patrouille zusammengeklappt bei sich führt. Es wird Morgen.
Die Musik zieht den Rittmeister in die Episode, er wird Schnellläufer.

9.2 In der Ferne erscheint ein ungeheuer schnell laufender Mensch, der unerwartet rasch näher kommt. Münchhausen hält ihn an, Begrüßung. Münchhausen engagiert den Schnelläufer, der schließt sich dem Zug an. (Möglicherweise mit zwei schweren Kugeln am Bein zur Bremsung, immer rasend schnell vor- und zurücklaufend.)
Die Musik zieht den Bürgermeister in die Episode, er wird Scharfhörer.

Im Hintergrund wird der Sultanspalast von Konstaninopel sichtbar. Seitab des Wegs ein Mensch, der sich immer wieder hinwirft und sein Ohr an den Boden hält; schließlich verharrt er an einer Stelle, und dort wächst Gras aus dem Boden. Begrüßung, Münchhausen engagiert den Scharfhörer. Marschieren.
Die Musik zieht den Apotheker in die Episode, er wird Scharfschütze.

Der Sultanspalast kommt näher, plötzlich zeigt der Scharfhörer äußerste Irritation, hält sich die Ohren zu und ist verzweifelt. Des Wegs kommt ein Scharfschütze, sieht des Scharfhörers Verzweiflung, blickt um sich, schießt in den Himmel, eine summende

Fliege fällt herunter und verendet am Boden. Münchhausen engagiert den Scharfschützen.
Die Musik zieht Marlies in die Episode, sie wird Serailschöne.

9.3 Marschieren samt Gefolge in den Hof des Sultanspalastes ein. Aus dem Serail blicken verschleierte Damen. Eine, unverschleiert (Marlies) wird gerade von einer Wache ins Serail gebracht, winkt Münchhausen zu. Der hat nur Gelegenheit, aus der Sänfte zu springen und sich zu verbeugen, dann packt ihn die Eskorte, fesselt ihn, klappt die Sänfte zusammen und führt ihn in den Sultanspalast. Schnelläufer, Scharfhörer und Scharfschütze bleiben draußen und spielen Schafskopf.

Die Musik zieht von Nemzig und von Klemzig in die Episode; von Nemzig wird türkischer Sultan, von Klemzig Scharfrichter.

10.1 Thronsaal des Sultans. Eine Wand wird von einer Reliefkarte Europas eingenommen; auf den Hauptstädten die Porträtköpfe der Landesherren, z. B. auf Wien Maria Theresia. Sultan und Scharfrichter beim Sandkastenspiel: sie exerzieren auf der Karte, unter Verwendung kleiner Kanonen, Schiffe, Soldaten, den nächsten europäischen Krieg durch. Eskorte herein, wirft sich zu Boden, liefert den gefesselten Münchhausen ab, geht oder robbt rückwärts ab. Münchhausen überreicht dem Sultan das Weckglas aus 8.4, läßt es den Scharfrichter öffnen (mit dem Krummsäbel). Es ertönt die eingeweckte Kadenz mit Triller der Sängerin. Der Sultan ist entzückt, befiehlt, Münchhausen die Fesseln abzunehmen, Scharfrichter schlägt sie mit dem Krummsäbel durch.

10.2 Der Sultan läßt den Scharfrichter an allen Türen und Vorhängen nachsehen, ob niemand lauscht; Scharfrichter tut es, dreimal ein Schrei, kommt mit drei abgesäbelten Ohren zurück; nagelt die Ohren

an eine Leiste, wo schon viele Ohren angeheftet
sind. Sultan holt aus einem Geheimfach eine Flasche Tokajer, öffnet sie, riecht, kostet, trinkt mit
allen Zeichen des Genusses. Scharfrichter gebärdet
sich, als dürfte er selber mittrinken. Sultan bietet
Münchhausen ein Glas an. Münchhausen riecht,
kostet, trinkt, bleibt gleichgültig-abschätzig. Empö-
rung des Sultans. Scharfrichter will Münchhausen
die Zunge abschneiden. Münchhausen deutet mit
Hilfe der Landkarte an, daß er schon weit besseren
Tokajer getrunken hat – bei Maria Theresia. Wettet
seinen Kopf, binnen einer Stunde eine Flasche
davon zu beschaffen. Sultan akzeptiert. Scharfrichter bringt eine große Sanduhr, der Sand rinnt.
Münchhausen kritzelt eine Botschaft, ruft den
Schnelläufer.

10.3 Der Schnelläufer bindet die Kugeln von den Beinen
und saust mit der Botschaft ab. Scharfrichter übt an
drei Puppen (oder hereinzitierten Sklaven) das
Köpfen und bekommt vom Sultan Noten: muß sich
beim erstenmal selber ohrfeigen, beim zweitenmal
sich die Bastonade verabreichen und kriegt beim
drittenmal einen Orden. Nach 55 Minuten (Sanduhr) ist Münchhausens Wein noch nicht da, der
Scharfrichter wetzt seinen Krummsäbel. Münchhausen ruft den Scharfhörer herein. Scharfhörer
legt sich auf den Boden und hört Schnarchen zwischen Wien und Konstantinopel (Verwendung der
Karte zum Zeigen). Münchhausen ruft den Scharfschützen, der hält Ausschau und entdeckt den
Schnelläufer unter einem Eichbaum, schlafend.
An geeigneter Stelle im Hintergrund wird ein Eichbaum sichtbar,
darunter der schlafende Schnelläufer.
  Scharfschütze schießt in den Eichbaum, die herab-
prasselnden Eicheln wecken den Schnelläufer, der
mit der Tokajerflasche losrast. (Eventuell Benut-

zung des Zuschauerraums.) Trifft, als eben der letzte Sand verrinnt, mit der Flasche ein. Scharfrichter, der schon zum Köpfen angesetzt hatte, muß Münchhausen loslassen. Münchhausen schickt Scharfhörer, Scharfschützen und Schnelläufer hinaus. Überreicht dem Sultan die Flasche. Sultan öffnet, riecht, kostet, trinkt, schmilzt hin vor Wohlbehagen. Überreicht Münchhausen als Belohnung den Schlüssel zum Serail. Münchhausen ab mit dem Schlüssel, der Scharfrichter schleicht hinterher.
Die Musik zieht von Nemzig zurück in die Realebene.

11.1 Vorraum im Serail. Münchhausen kommt, drei riesige Obereunuchen halten ihn nacheinander an und wollen ihn mit wüsten Todeswerkzeugen (Sichel, Vorschlaghammer, Garotte) hinmachen oder kastrieren. Münchhausen weist jedem den Schlüssel vor, darf sich frei bewegen.

11.2 Verschleierte Seraildamen. Will der ersten den Schleier lüften, sie zieht ihn hinter einen Vorhang. Tanz der übrigen Seraildamen mit den Eunuchen. Münchhausen kommt, mit der sehr zufriedenen Dame, hinter dem Vorhang vor, will der nächsten den Schleier lüften. Die zieht ihn gleichfalls hinter den Vorhang. Tanz der anderen. Münchhausen kommt mit der gleichfalls zufriedenen Dame heraus, will der dritten den Schleier lüften. Als diese ihn wiederum hinter den Vorhang ziehen will, ruft er den Scharfhörer, den Schnelläufer und den Scharfschützen zu Hilfe, sie arbeiten nun zu viert, kommen hinter dem Vorhang (oder den Vorhängen) vor, nehmen vier neue Damen usf. Währenddessen Solo des lauernden Scharfrichters, der Ungeheures leidet, da er nicht kastriert ist.
Auch von Nemzig, der ja als einziger zuschaut, leidet ungeheuer.

11.3 Schließlich, nach dem soundsovielten Versuch (Strichliste des Scharfrichters?) findet Münchhausen die Serailschöne, die ihm zugewinkt hatte (Marlies), sie lüftet, ohne ihn hinter den Vorhang zu ziehen, den Schleier, sie fliehen miteinander. Eunuchen, Scharfrichter und Seraildamen verfolgen das Paar. (Schnelläufer, Scharfhörer und Scharfschütze retten sich, Kostümballast abwerfend, in die Realebene.)
Rittmeister, Bürgermeister und Apotheker in die Realebene, wo sie erschöpft umfallen. Von Nemzig belebt sie mit Punsch, nur der Apotheker bleibt liegen. Von Nemzig eilt nach einem Arzt, man hört das Rollen der sich entfernenden Kutsche.

12.1 Münchhausen mit der Serailschönen auf der Flucht, hinter ihnen die drei Eunuchen, die ihre Todeswerkzeuge schwingen, der Scharfrichter und die Seraildamen; letztere überholen die ersteren. Münchhausen rettet sich mit der Serailschönen in den streng bewachten Heißluftballon des Sultans; schlägt die Wächter mit dem Serailschlüssel auf die Köpfe, so daß sie umfallen; der Scharfrichter schlägt säbelschwingend in der Rage die Seile durch. Münchhausen bringt durch sein liebesglühendes Herz den Ballon zum Aufsteigen. Als die Wächter wieder aufstehen und die gekappten Seile ergreifen wollen, stürzen sich die Seraildamen auf sie – ein Mann ist besser als keiner –, und der Ballon steigt auf. Der Scharfrichter köpft sich vor Enttäuschung selber.

12.2 Münchhausen und die Seraildame segeln im Ballon quer durch Europa, landen in Bodenwerder und steigen aus.
Von Klemzig zurück in die Realebene.

13. *Aufbruch, ein glückliches Paar*

Noch während des Fluges Kutschenrollen, von Nemzig

zurück mit einem jungen schwarzbärtigen Arzt, Arzt behandelt den Apotheker, der wieder zu sich kommt und sich noch für den türkischen Sultan oder den Scharfschützen hält.
Münchhausen und Marlies zurück in die Realebene.
Großer Beifall der Tafelrunde. Marlies kredenzt ein letztes Glas Punsch, auch dem jungen Arzt. Man verabschiedet sich, bricht auf in die kalte Herbstnacht. Münchhausen begleitet die Herren hinaus. Marlies räumt die Gläser ab, macht sich schön. Münchhausen kommt zurück, schenkt ihr den goldenen Serailschlüssel. Sie nimmt ihren Mantel, wirft ihn ins Kaminfeuer. Pas de deux. Wir haben ein glückliches Paar.

3. Akt
Saal mit Kamin auf Münchhausens Gut in Bodenwerder, ein paar Wochen später

Eleganteres Mobiliar, neue Tapeten.

14.1 *Nachmittag mit Lieferanten*

Münchhausen allein. Herein ein Möbelhändler mit zwei Gehilfen, die einen Trumeau schleppen. Stellen ihn nach Münchhausens Anweisungen auf, bekommen Trinkgeld, ab. Möbelhändler überreicht die Rechnung. Münchhausen legt sie zu einem Stapel schon vorhandener, komplimentiert den Möbelhändler hinaus. Herein ein Schneider mit einem Gehilfen, der Kartons trägt. Schneider öffnet einen der Kartons, entnimmt einen neuen Rock, Münchhausen zieht ihn an, ist zufrieden. Schickt den Gehilfen mit den übrigen Kartons nach hinten, Gehilfe kommt ohne Kartons zurück, bekommt ein Trinkgeld, ab. Schneider überreicht die Rechnung, Münchhausen legt sie zu den übrigen, komplimentiert den Schneider hinaus. Herein ein Silberschmied mit einem Paket, das Leuchter enthält. Münchhausen läßt ihn die Leuchter aufstellen, ist zufrieden. Silberschmied überreicht die Rechnung, Münchhausen legt sie zu den übrigen, komplimentiert den Silberschmied hinaus.

14.2 *Schöne Häuslichkeit, aber etwas fehlt*

Es wird Abend. Münchhausen steckt Kerzen in die Leuchter, zündet sie an. Entzündet den Kamin bzw. legt nach. Von hinten (aus der Wohnung) Marlies, in neuen Kleidern. Münchhausen führt sie zum Trumeau, Marlies ist nun Gutsherrin, er läßt sie die Möbel begutachten und probieren. Doch sie scheint wenig gerührt von den neuen Sachen, ist mehr an den Fenstern. Kommt denn niemand? Münchhausen merkt nichts von ihrer Unruhe, er braucht nichts als die nun perfekte Zweisamkeit. Setzt sich zum Kamin, Marlies bringt Wein, setzt sich zu ihm. Münchhausen beginnt zu erzählen, der Zwischenvorhang öffnet sich zu

EPISODEN III: KOSMOS UND GÖTTER, ZOLL

Die Musik zieht Münchhausen in die Episode.

15. Münchhausen besteigt den Ballon aus 12. Zündet das Feuer an, steigt auf. Ein Sturm erfaßt den Ballon, trägt ihn höher, durch die Wolken. Der Ballon nähert sich dem Mond, auf den Münchhausen sein Wappen abwirft. Wird von der Sonne angezogen, seine Kleider beginnen zu rauchen, da hält er der Sonne Marlies' Konterfei entgegen, die Sonne erblaßt. Genießt den um ihn kreisenden Kosmos.

16.1 Landet auf dem Mars und steigt aus. Um ihn eine seltsame Welt, alles geometrisch, science fiction von 1790. Im Hintergrund drei Kessel, einer grün, einer schwarz, einer rot. Links eine Art Kürbisfeld mit großen Walnüssen als Früchten. Rechts senkrechte, stangenartige Prismen. Am Himmel der Saturn. Im Vordergrund Marspromenade, auf der Marsianer und Marsianerinnen nach Geschlechtern getrennt promenieren. Ein schwarzbärtiger Marsianer, der dem jungen Arzt aus 13. ähnlich sieht, begrüßt Münchhausen, bringt ein Tablett mit Speisen. Lädt ihn ein zuzugreifen, öffnet eine Klappe in seinem Bauch, schiebt das Essen hinein; Münchhausen dagegen ißt wie ein Mensch. Der erstaunte Marsianer nimmt seinen Kopf ab und führt ihn rund um Münchhausen, ihn so genau betrachtend. Marsianer und Marsianerinnen unterbrechen ihre Promenade, tun es dem Schwarzbärtigen nach, promenieren dann weiter. Münchhausen wird es zuviel, er verbirgt sich im Nußfeld.

Marsianer und Marsianerinnen ordnen sich in einem Werbungsritual zu Paaren; hat sich ein Paar gefunden, legt es die Köpfe ab und steckt sie an die Prismen, wo die Köpfe munter parlieren. Die Körper-Paare promenieren weiter, umschreiten einander in gemessener Erregung.

Die Musik zieht Marlies in die Episode, sie wird Marsianerin.
Münchhausen eilt Marlies entgegen; doch der schwarzbärtige Marsianer ist schneller, und Marlies hat nur Augen für ihn. Marlies und der Schwarzbärtige legen ihre Köpfe ab, beteiligen sich am kopflosen Schreittanz, der sich auf eine mechanische Weise steigert. Münchhausen (er sieht hier zum ersten Mal seine Geschichte ihm »entgleiten«) versucht zweimal vergeblich, in das Werbungsritual einzubrechen; er wird sozusagen von der Zentrifugalkraft immer wieder an den Rand geschleudert. Die Paare, die sich »reifgetanzt« haben, begeben sich zum Nußfeld, pflücken eine Nuß, pflanzen sie ein und begießen sie aus einer dort deponierten Kanne; schreiten dann zu den Prismen, setzen ihre Köpfe wieder auf und trennen sich, gleichgültig füreinander.

Sobald die erste Nuß begossen ist (oder etwas eher) erscheint eine schwarzgekleidete Astrologenkommission, begutachtet die Nuß, trägt sie feierlich zum grünen Kessel und wirft sie unter Beschwörungen hinein; aus dem dampfenden Kessel steigt (= wird geboren) ein marsianischer Bauer, der sofort im Nußfeld zu jäten beginnt. Gleiche Prozedur mit der zweiten Nuß und dem schwarzen Kessel, dem ein marsianischer Astrologe entsteigt, der sofort zu beschwören beginnt und in die Kommission aufgenommen wird. Die dritte Nuß kommt in den roten

Kessel, dem entsteigt ein marsianischer Soldat, der sofort zu exerzieren beginnt.
Marlies und der Schwarzbärtige gelangen, obgleich sie später angefangen haben, als vierte zur Klimax (vielleicht tanzen sie doppeltes Tempo?); als sie ihre Nuß begießen wollen und Münchhausens dritter Versuch, Marlies auf sich aufmerksam zu machen, scheitert, ergreift er wütend die Nuß und schleudert sie ins Weltall Richtung Saturn.

16.2 Alles hält an. Die Nuß fliegt pfeifend zum Saturn, wo sie eine immense Explosion verursacht. Der Saturn verfärbt sich, sein Ring wird größer, beginnt zu rotieren und schießt Blitze auf den Mars. Alle Marsianer werfen sich zu Boden.
Marlies flüchtet sich verwirrt in die Realebene. Dort erscheinen eben die Herren der Tafelrunde, etwas verlegen: man war wohl längere Zeit nicht da, hat aber dafür ein großes eingewickeltes Geschenk mitgebracht. Jeder der Herren versucht auf seine Weise, die verstörte Marlies zu erheitern, was mißlingt; doch alle sehen dem Schauspiel zu:
Münchhausen, blitzeumfahren, übernimmt das Kommando: Er veranlaßt die Astrologen, sämtliche Nüsse in den roten Kessel zu werfen, und legt selbst mit Hand an; dem Kessel entsteigt sogleich eine marsianische Armee. Münchhausen nimmt das Landeseil des Ballons, an dem ein Haken ist; dehnt es mit ungeheurer Kraftanstrengung und schwingt es wie ein Hammerwerfer im Kreis (die Armee rotiert mit), bis es in den Kosmos fährt und der Haken sich am Saturnring festhakt; nun muß die Armee ziehen. Der Ring verformt sich, die Blitze schlagen neben dem Mars ein oder vernichten sich vorm Mars gegenseitig; als sich Münchhausen mit ans Seil hängt, reißt der Ring, die Marsianer fallen um, Münchhausen wird vom zurückschlagenden Seilende getroffen und in den Kosmos geschleudert.

17. Sturz Münchhausens durch den Kosmos, vorbei an Sonne und Mond, durch Wolken auf die Erde, auf den Krater des rauchenden Ätna zu.

Die Geschichte vom Ätna kennen die Herren der Tafelrunde schon; sie sehen eine willkommene Gelegenheit, Marlies zu erheitern, und ziehen sie in die Imaginationsebene; Marlies wird Venus, die Herren werden Zyklopen in 18.

18.1 Ätna innen. Venus' Boudoir, ringsum Schmiedewerkstatt mit schmiedenden Zyklopen; Tanz der Zyklopen um Venus, die sie vergeblich zu verführen suchen; sie gehen nacheinander an die Ambosse zurück und schmieden wütend.

18.2 Der vom Sturz ramponierte und geschwärzte Münchhausen fällt direkt in Venus' Bett. Venus betreut Münchhausen mit einem Bad, Tinkturen, Salben, neuen Kleidern und einem aphrodisiakischen Trank. Erotische Hochspannung, während ringsum die Zyklopen schmieden; zweimal unterbricht Venus, obwohl auch sie erregt ist, die Hochspannung durch neue Dienstleistungen. Beim drittenmal, als Münchhausen schon die Vorhänge des Boudoirs geschlossen hat, erscheint Vulkan, der dem jungen Arzt aus 13., dem schwarzbärtigen Marsianer aus 16. ähnlich sieht. Reißt die Boudoirvorhänge auf, Münchhausen aus Venus' Armen, schleudert Münchhausen aus dem Ätna. Bewirft die Zyklopen, die Venus so schlecht bewacht haben, mit glühenden Kohlen.

Die Herren der Tafelrunde zurück in die Realebene, ziehen Marlies mit. Das war ein Spaß, finden sie, nehmen einen Schluck und bauen sich vor dem Geschenk auf, das sie Münchhausen und Marlies überreichen (= enthüllen) wollen; doch Münchhausen erzählt weiter, schon ist das nächste Bild da:

19.1 Landschaft mit Grenze und Zollstation. Münchhau-

sen mit dem Morgenmantel, den ihm Venus gegeben hat, steuernd, geht nieder; neben ihm schlagen noch ein paar Lavabrocken ein (die Kohlen, die Vulkan ihm hinterhergeworfen hat). Rafft sich auf, orientiert sich.
Die Musik zieht Marlies in die Episode, sie wird Schöne Reisende.
Erkennt jenseits der Grenze die Schöne Reisende, winkt ihr zu.
Die Musik zieht die Herren der Tafelrunde in die Episode; sie werden Reisende, Münchhausens Weggefährten.
Die Reisenden mit Münchhausen machen sich auf zur Zollstation.

19.2 Die Zollstation wird geöffnet; maskierte und uniformierte Zöllner und Wächter um eine große Waage, auf deren Skala ein dicker roter Strich das Normalgewicht anzeigt. Als erster wird der Apotheker auf die Waage gebeten, sie zeigt viel zu viel an; er wirft Gepäck und Mantel von sich, noch immer zu viel; die Zöllner und Wächter amputieren ihm ein Bein, stellen ihn auf die Waage: nun stimmt das Gewicht, er darf passieren. Von Nemzig und von Klemzig, die sich gegenseitig den Vortritt lassen wollen, haben beide das rechte Gewicht und passieren; der Rittmeister ist zu leicht, ihm wird das Bein des Apothekers (oder ein anderes der Gliedmaßen, die in der Zollstation herumhängen) angenäht. Der Bürgermeister, der etwas zu schwer ist, reißt sich selber einen Arm aus und kann passieren. Nun Münchhausen, der drei Kilo zu schwer ist, die ihm aus dem Hintern geschnitten werden sollen; kämpft mit Zöllnern und Chirurgen, schwitzt dabei stark; als er während des Kampfes zufällig auf die Waage tritt, zeigt die das rechte Gewicht, und er darf unter Höflichkeitsbezeugungen passieren.
Die Herren der Tafelrunde sind inzwischen sämtlich wieder in der Realebene.

19.3   Münchhausen tritt aus der Zollstation; sieht sich um nach der Schönen Reisenden: da ist sie, etwas entfernt. Gibt ihr Zeichen, pas de deux, die Zollstation samt Personal verschwindet.

Die Herren der Tafelrunde, die die beiden allein sehen, ziehen sich diskret zurück, nicht ohne das Geschenk – ein Gemälde, das Münchhausen, auf einer Kanonenkugel reitend mit Venus-Marlies im Arm, darstellt, enthüllt zu haben.

Da steht, für Münchhausen unerwartet, neben der Schönen Reisenden plötzlich ein Zolloffizier, der dem jungen Arzt aus 13., dem schwarzbärtigen Marsianer, Vulkan ähnlich sieht; ärgerlich will er zu ihnen, da ist das Paar verschwunden. Sucht nach ihnen.

20.1   *Flucht bei Nacht*

Simultan zum Schluß von 19: Marlies allein im Saal, sie ist aus der Episode »ausgestiegen«. Die Tür öffnet sich, herein der junge Arzt. Kurzer pas de deux. Marlies nimmt ihre Kleider, ihren Schmuck, geht mit dem Arzt weg.

20.2   *Leeres Haus*

Münchhausen zurück in die Realebene. Betrachtet das geschenkte Bild, setzt sich zum Kamin, freut sich auf Marlies. Die kommt nicht. Sucht sie, das dauert nicht lange. Ist allein.

Zwischenmusik

Nachspiel
Saal mit Kamin auf Münchhausens Gut
in Bodenwerder, einige Tage später

21. *Praktisches Leben (1): Die Gläubiger*

Münchhausen allein. Herein Möbelhändler, Schneider, Silberschmied und andere Lieferanten, die Münchhausen ihre Schuldscheine vorweisen. Münchhausen kann nicht zahlen. Herein ein Bankier mit zwei Begleitern (Buchhalter und Gerichtsvollzieher). Die Gläubiger überlassen dem Bankier ihre Schuldscheine, der Buchhalter zahlt sie aus. Lieferanten ab. Bankier legt Münchhausen einen Vertrag vor. Münchhausen will nicht unterschreiben, Gerichtsvollzieher beginnt ein Stück nach dem anderen zu pfänden. Als er bei den Ahnenbildern ist, unterschreibt Münchhausen.

22. *Praktisches Leben (2): Der Markt*

Herein uniformierte Bankbedienstete, rücken Möbel um, nehmen den Zwischenvorhang weg und stellen auf dem gewonnenen Raum Dekorationsstücke aus den Episoden auf. Richten für Münchhausen einen Erzählerplatz ein (er bekommt Wein und Tabak), außerdem einen »Eingang« mit Kasse, wo es außer Eintrittskarten Bücher mit Münchhausens Geschichten gibt.

Schon kommen touristische Schloßbesucher, bezahlen Eintritt und kaufen die Bücher, gehen unter Ahh und Ohh von Dekorationsstück zu Dekorationsstück und schlagen in den Büchern nach, was es damit auf sich hat. Auf ein Zeichen des Bankiers erhebt sich Münchhausen; Beifall der Besucher. Münchhausen beginnt zu erzählen (Hirsch-Episode), doch ohne optischen Effekt: es stellt sich keine Imagination her. Verärgert schlagen die Besucher in ihren Buchern nach und skandieren die Texte (Silben, etwa Arhh oi auff hirrsch / Kein oii blei wass), und einige versuchen sie dilettantisch-parodistisch darzustellen. Der verzweifelte Münchhausen trinkt drei Glas Wein hintereinander, erntet dafür Beifall, gebietet Ruhe, versucht zu erzählen (Wolf-Episode), wieder stellt sich keine Imagination her. Noch verärgerter schlagen die Schloßbesucher nach, skandieren den Text und produzieren sich als Darsteller, wozu sie Stücke der Dekoration benutzen. Die Bankbediensteten stellen mit Mühe Ordnung her. Münchhausen versucht es zum drittenmal (Sultan-Episode), wieder ohne Ergebnis. Allgemeines Murren, die Besucher bedrängen Münchhausen und schlagen auf die Texte. Münchhausen versucht zu entkommen, vergeblich; da zieht er sich am eigenen Zopf in die Höhe. Großer Beifall der Schloßbesucher; Münchhausen, schon über ihnen, zieht eine türkische Bohne aus der Tasche, pflanzt sie in die Sultan-Dekoration, begießt sie mit Wein; die Bohne wächst blitzschnell und rankt sich zum Dach. Unter dem Ahh und Ohh der Besucher klettert Münchhausen an der Bohnenranke empor, durchstößt mit seinem westfälischen Schädel das Dach und klettert himmelwärts. Ungeheurer Beifall der Besucher, die Münchhausens Rückkehr erwarten. Münchhausen bleibt verschwunden. Tumult.

Verwandlung zu
Gaststube im Wirtshaus »Zum Hamelner Eber«, abends

23. *Apotheose*

Herein die Herren der Tafelrunde, von Wirt und Wirtshausknecht begrüßt. Man will zu Tisch, wartet auf Münchhausen. Der kommt nicht. Wirtshausknecht geht nachsehen, nichts. Wirt geht nachsehen, nichts. Wirt öffnet das Fenster; da, im Mond, zu dem die Bohnenranke führt, sitzt Münchhausen, zieht den Dreispitz und grüßt, seine eigene Apotheose, herunter.

Münchhausen kappt die Ranke mit einem Messer; auf die Bühne fällt eine nicht endende trockene Bohnenranke, die alles zudeckt. – Die Sänger singen:

> Des Abends Licht liegt still im Wein
> Und läßt die Welt im Glase sehn.
> Es fließt die Wahrheit in uns ein
> Damit wir mit ihr schlafen gehn.

1978

Frau Holle

*Märchenstück
nach den Brüdern Grimm*

Personen

KORNBAUER
OBSTBAUER
HASE
WOLKE
FRAU SCHLOSSERMEISTER SCHWERTFEGER
MARIE I, ihre Stieftochter
MARIE II, ihre Tochter
WÜNSCHELRUTENGÄNGER
FRAU HOLLE

Vorspiel

Kreuzweg am Moor mit Wegweiserbaum

Kornbauer. Obstbauer. Hase. Wolke.

Sturmnacht mit Regen. – Kornbauer von rechts mit Tragkorb und Laterne.

KORNBAUER Es regnet. Es stürmt. Es ist finster! man weiß nicht, wo man ist. Hier ist ein Wegweiser. *stellt den Tragkorb unter das Schutzdach des Wegweiserbaums, versucht mit Hilfe der Laterne die Aufschriften zu lesen* Hier steht gar nichts. Hier wächst Moos. Hier steht DIP – ah! POL – ah! – IS –

Regen und Sturm setzen aus.

Wie?

Im Dunkel erscheint ein Gesicht mit großen gebleckten Zähnen.

Uh! Der Teufel! Uh! *flieht, ab*

Regen, Sturm. – Obstbauer von links mit Tragkorb und Laterne.

OBSTBAUER Es stürmt. Es regnet. Es ist finster! man weiß nicht, wo man ist. Hier ist ein Wegweiser. *setzt, ohne den anderen Tragkorb zu bemerken, seinen Tragkorb ab, versucht die Wegweiseraufschriften zu lesen* Hier wächst Moos. Hier steht gar nichts. Hier steht DIP – ah! POL – ah! – IS – ah! – MORS –

Sturmböe. Im Dunkel erscheint das Gesicht mit großen gebleckten Zähnen.

Ih! Ein Gespenst! Ih! *flieht, ab*

Kornbauer.

KORNBAUER Der Teufel. Oder nicht der Teufel. Schließlich muß man den Weg finden. *stößt an den Korb den Obstbauern* Mein Korb. Das ist nicht mein Korb! in meinem war Korn, hierdrin sind Äpfel. Der Teufel hat meinen Korb verhext! Uh! *flieht, ab*

Obstbauer.

OBSTBAUER Ein Gespenst, oder keins. Schließlich muß man den Weg finden. *stößt an den Korb den Kornbauern* Mein Korb. Das ist nicht mein Korb! in meinem waren Äpfel, hierdrin ist Korn. Das Gespenst hat meine Äpfel verhext! Ih! *flieht, ab*

Kornbauer, Obstbauer von verschiedenen Seiten, bemerken einander nicht.

KORNBAUER Verhext der Teufel Körbe?
OBSTBAUER Verhext ein Gespenst Äpfel?
KORNBAUER, OBSTBAUER Man muß es herausfinden! Schließlich will ich auf den Markt nach Dippolismorshausen! *kriechen, spähen, stoßen mit den Hintern aneinander* Uh! Ih! *bemerken einander*
KORNBAUER Bist du der Teufel?
OBSTBAUER Bist du ein Gespenst?
KORNBAUER Ich bin Meier aus Hintersulzwitz!
OBSTBAUER Ich bin Müller aus Vorderwulzwitz! *faßt in den Korb des Kornbauern*
KORNBAUER Das ist mein Korb. Es war Korn darin. *faßt in den Korb den Obstbauern*
OBSTBAUER Das ist mein Korb, es waren Äpfel darin. *zieht aus der Tiefe des Korbes eine Flasche* Das ist kein Korn, es ist Schnaps!

KORNBAUER Kornschnaps. Schnaps bringt mehr Geld als Korn. *zieht aus der Tiefe des Korbes eine Flasche.* Das sind keine Äpfel, es ist auch Schnaps!
OBSTBAUER Apfelschnaps. Er bringt mehr Geld als Äpfel.
KORNBAUER, OBSTBAUER *trinken* Ahh! *trinken* Mmm! *trinken* Sehr gut! – Willst du auch auf den Markt nach Dippolismorshausen? Ja! Dann gehen wir zusammen? Ja! *leuchten* Dortlang! *nehmen ihre Körbe auf*
OBSTBAUER Hast du auch das Gesicht gesehen?
KORNBAUER Mit großen gelben Zähnen? Dort?
OBSTBAUER Dort. Vielleicht ein Gespenst?
KORNBAUER Oder der Teufel.

Trinken.

OBSTBAUER Oder Frau Holle, mit der wilden Jagd.
KORNBAUER Oder eine Täuschung.
OBSTBAUER Eine Täuschung.

Gehen los. Sturmböe, Stille. Das Gesicht erscheint.

KORNBAUER, OBSTBAUER Uh! Ih! *fliehen*

Sturm und Regen weiter. – Hase. Erweist sich als Besitzer des Gesichts.

HASE Ih! Uh! Eu! Puhh! Ich bin der Hase! Ich habe zwei Menschen erschreckt! Sie denken, ich bin ein Gespenst! *springt dem Obstbauern auf den Korb.* Wiihh! *nimmt ihm die Flasche weg*

Obstbauer ab, läßt seinen Korb zurück.

Sie denken, ich bin der Teufel! *springt dan Kornbauern auf den Korb* Wuuhh! *nimmt ihm die Flasche weg*

Kornbauer ab, läßt seinen Korb zurück.

Ich bin der Hase, ich habe zwei Menschen verjagt! Sonst jagen sie mich, jetzt rennen sie und lassen Beute zurück. *prüft die Körbe* Aha, Korn. Aha, Äpfel. Und was habe ich hier? *trinkt aus der ersten Flasche* Schmeckt nach Äpfeln, aber brennt im Hals und wärmt. *trinkt aus der anderen Flasche* Schmeckt nach Korn, aber brennt im Magen und wärmt. Ich bin ein sehr großer Hase! Ich habe einen Zaubertrank! Ich habe zwei Zaubertränke! *trinkt aus beiden Flaschen* Ich bin der größte Hase der Welt! Ich werde alle Menschen der Welt erschrecken! Ih! Uh! Eu! Puhh!

Regen und Sturm langsam aus. Aus dem Moorgrund erhebt sich die Wolke.

WOLKE
Wärme vom Grund
Macht Feuchtes rund
HASE Puhh! Eu! Uh! Ih!
WOLKE
Wärme ist Leben
Leben ist Schweben
HASE Hilfe! Es spukt! Hilfe! *ab mit beiden Flaschen*
WOLKE
Schweben ist Schwinden
Schwinden ist Finden.
Ich bin die Wolke. Ich bin soeben entstanden. Ich stelle mißbilligend, ich meine tadelnd, fest, daß ein Hase mich für einen Spuk hält und wegrennt. Ich stelle billigend, ich meine lobend, fest, daß der Hase mich hat entstehen lassen. Wodurch? indem er Wärme erzeugt hat. Wodurch hat er Wärme erzeugt? *schnuppert* Indem er Schnaps getrunken hat, zwei Sorten. Ich mißbillige, ich meine ich tadele, daß ein Hase Schnaps trinkt, zwei Sorten oder eine. Ich billige, ich meine ich lobe, daß ein Hase mich entstehen läßt. Rede ich undeutlich? Ich sage, ich finde etwas gleichzeitig tadelnswert und

lobenswert. Das könnte ich nicht? Es ist aber so, ich bin die Wolke. Ich lobe und tadele. Ich bin entstanden, und jetzt mache ich mich davon, ich meine ich entschwebe. Wohin? Nach oben. Oder nach unten, wie man will. Denn unten ist, wohin es einen zieht, mich aber zieht es nach oben, also ist oben unten, oder unten oben. Rede ich undeutlich? Es ist aber so, ich bin die Wolke.
Wärme vom Grund
Macht Feuchtes rund
Wärme ist Leben
Leben ist Schweben
Schweben ist Schwinden,
Schwinden ist Finden.
entschwebt, ab

Kornbauer.

KORNBAUER Wo war es.

Obstbauer.

OBSTBAUER Wo ist es.
KORNBAUER *entdeckt seinen Korb* Hier.
OBSTBAUER *entdeckt seinen Korb* Hier.

Nehmen die Körbe auf.

KORNBAUER Und deine Flasche?
OBSTBAUER Weg. Ich habe noch mehr. Und deine Flasche?
KORNBAUER Weg. Ich habe auch noch mehr.
KORNBAUER, OBSTBAUER Wir müssen auf den Markt nach Dippolismorshausen! *ab*

Hase mit beiden Flaschen.

HASE Uh. Ih. Bu. Puhh. Wer bin ich? *trinkt* Ich bin der

Hase. *trinkt* Falsch. Ich bin ein sehr großer Hase. *trinkt aus beiden Flaschen* Ich bin der größte Hase der Welt. Ich habe zwei Menschen verjagt und zwei Körbe erbeutet! Wo sind sie? Ich muß ihnen nach! Euwihhuhpuuhh! *ab*

1

Haus am Weg mit Vorgarten, Brunnen und Wegweiserbaum

Kornbauer. Obstbauer. Hase. Marie I. Frau Schwertfeger. Marie II. Wünschelrutengänger. Wolke.

Schöner Herbstmorgen. Vogelstimmen. Auf einer senkrechten Stange im Garten ein Messinghahn. – Kornbauer und Obstbauer am Brunnen neben ihren Körben ihren Rausch ausschlafend, schnarchend. Hase in einer Ecke des Vorgartens, seinen Rausch ausschlafend, neben sich die beiden Flaschen. – Aus dem Haus Marie I.

MARIE I   Guten Morgen Blumen! *gießt die Blumen* Guten Morgen Vögel! *keine Reaktion, sie erwartet auch keine* Guten Morgen Unkraut! Es tut mir leid, ich muß dich ausreißen. *jätet ein paar Halme* Guten Morgen du! *tippt den Messinghahn an*

Der Messinghahn – er ist mechanisch – beginnt sich langsam zu drehen, ruft: »Kikeriki – Guten Morgen Marie!«

Schönen Dank! Was ist das? Jemand schnnarcht. Mein Vater? Erstens ist er längst auf dem Markt in der Stadt, zweitens schnarcht er nie. Meine neue Mutter, meine neue Schwester? *horcht an zwei Fensterläden* Sie schlafen, im Haus ist es still. Vielleicht hier draußen? *sucht, entdeckt den Hasen* Ein Hase! Ich habe einen lebendigen Hasen im Garten. Pst! Bestimmt hatte er Hunger und wollte Kohl fressen. Ich werde ihm ein Blatt hinlegen, oder zwei. *pflückt zwei Kohlblätter* Ob ich sie vorher im Brunnen abwasche? Ja? Nein? Na, wahrscheinlich kann es nicht schaden. *geht zum Brunnen, entdeckt die*

schnarchenden Bauern Aijeh! Lasse ich sie schlafen? Denn schnarchen sie weiter und wecken den Hasen auf, und er rennt mir weg. Eh! Ihr! Guten Morgen!
KORNBAUER Was? *schnarcht*
OBSTBAUER Wie? *schnarcht*
MARIE I Die Sonne ist aufgegangen!
KORNBAUER Wer ist aufgegangen? *schnarcht*
OBSTBAUER Wer ist draufgegangen? *schnarcht*
KORNBAUER *schreckt hoch* Wo bin ich?
OBSTBAUER *schreckt hoch* Wo bin ich?
MARIE I Das ist das Haus von Schlossermeister Schwertfeger.
KORNBAUER Aha. *legt sich, schnarcht*
OBSTBAUER Aha. *legt sich, schnarcht*
MARIE I *wäscht die Kohlblätter ab* Soll ich euch einen Pfefferminztee zum Frühstück machen?
OBSTBAUER Pfefferminztee? Ih!
KORNBAUER Pfefferminztee? Uh!
MARIE I Oder Kaffee?
OBSTBAUER *setzt sich auf* Kaffee?
KORNBAUER *setzt sich auf* Kaffee? Ist hier ein Schloß?
OBSTBAUER Wohnt hier ein Graf?
MARIE I Meine Stiefmutter, ich meine meine neue Mutter, trinkt immer Kaffee zum Frühstück. Sie sagt, sie ist es gewöhnt. Deshalb muß mein Vater jetzt auch mehr arbeiten und ist schon früh auf den Markt nach Dippolismorshausen.
KORNBAUER, OBSTBAUER Nach Dippolismorshausen? *springen auf, bemerken einander*
OBSTBAUER Ih! Ein Gespenst!
KORNBAUER Uh! Der Teufel!
OBSTBAUER Ich bin Müller aus Vorderwulzwitz!
KORNBAUER Ich bin Meier aus Hintersulzwitz!
KORNBAUER, OBSTBAUER Stimmt. Wir müssen nach Dippolismorshausen! Wo ist mein Korb? Hier. *heben jeder seinen Korb an* Was ist das? Zu leicht. Eine Flasche fehlt. *gegeneinander:* Du hast sie gestohlen!

OBSTBAUER Du hast sie mir selber angeboten. Es war Kornschnaps darin.
KORNBAUER Stimmt. In deiner war Apfelschnaps.
KORNBAUER, OBSTBAUER Wo sind die Flaschen? Man hat uns bestohlen! Diebe!
MARIE I Nicht so laut. Ihr weckt den Hasen auf.
KORNBAUER Den Hasen?
OBSTBAUER Den Hasen?
KORNBAUER, OBSTBAUER Welchen Hasen?
MARIE I Ein lebendiger Hase, er schläft beim Gemüsebeet. Ich habe ihm zwei Kohlblätter hingelegt.
KORNBAUER, OBSTBAUER Ein lebendiger Hase? Beim Gemüsebeet? So? *pirschen sich an den Hasen*
MARIE I Ihr dürft ihn nicht aufwecken!
OBSTBAUER Pst!
KORNBAUER Daß du ihn nicht aufwecks!
KORNBAUER, OBSTBAUER *stürzen sich auf den Hasen, packen ihn* Aahh.
KORNBAUER Und jetzt bringst du ein Gewehr!
OBSTBAUER Und der Hase wird erschossen!
MARIE I Ach Unsinn, er ist ganz mager. Wozu wollt ihr ihn erschießen?
KORNBAUER Erstens wird er erschossen, weil er ein Hase ist. Ein Hase gehört in die Bratpfanne!
OBSTBAUER Zweitens wird er erschossen, weil er Schnaps gestohlen hat, zwei Flaschen!
HASE Euwuhhuhpuhh! Mein Kopf!
MARIE I Er ist ein besonderer Hase, er redet!
KORNBAUER, OBSTBAUER Wie? Wir haben nichts gehört.
MARIE I Er hat aber doch geredet!
KORNBAUER Dann wird er zum drittenmel erschossen! Ein Hase hat nicht zu reden, es ist gegen die Ordnung!
MARIE I Laßt ihn, ich mache euch einen Kaffee.
KORNBAUER, OBSTBAUER Nein!
MARIE I Ich mache euch einen Kaffee mit Speckeiern.
KORNBAUER, OBSTBAUER Nein!
MARIE I Ich schenke euch den Messinghahn, den mein

Vater mir gemacht hat, weil mein lebendiger Hahn geschlachtet werden mußte! *stößt den Messinghahn an*

Der Messinghahn beginnt sich zu drehen, ruft: »Kikeriki – Guten Morgen Marie!«

KORNBAUER, OBSTBAUER Nein! Ein Gewehr, ein Gewehr, ein Gewehr!

Aus dem Haus Frau Schwertfeger im Morgenrock.

FRAU SCHWERTFEGER Was ist das für ein Lärm? Was stehst du rum? Sind die Blumen gegossen?
MARIE I Ja, Mutter.
FRAU SCHWERTFEGER Du sollst mich Mutter nennen und nicht Stiefmutter!
MARIE I Ich habe Mutter gesagt.
FRAU SCHWERTFEGER Aber du hast Stiefmutter gedacht! Ist das Unkraut gejätet? Ist das Kaffeewasser aufgesetzt? Und was sind das für Räuber?
KORNBAUER Guten Morgen, meine Dame.
OBSTBAUER Guten Morgen, gnädige Frau.
FRAU SCHWERTFEGER Ich bin keine Dame, ich bin Frau Schlossermeister Schwertfeger! Was wollt ihr?
OBSTBAUER Wir haben einen Hasen gefangen.
KORNBAUER Er hat sich unberechtigt hier aufgehalten und Flaschen und Kohlblätter gestohlen. Bitte, da.
MARIE I Nein!
FRAU SCHWERTFEGER Du hältst den Mund. Und warum müßt ihr brüllen?
OBSTBAUER Wir hatten ihr Fräulein Tochter um ein Gewehr gebeten.
KORNBAUER Um den Hasen zu erschießen.
FRAU SCHWERTFEGER Erstens ist sie meine Stieftochter, zweitens kein Fräulein. Der Hase ist in meinem Garten gefangen, also gehört er mir.
OBSTBAUER Aber ohne uns wäre er nicht gefangen.

KORNBAUER Die Keulen für uns, den Rücken für sie.
FRAU SCHWERTFEGER Und die Läufchen und die Innereien?
KORNBAUER, OBSTBAUER Selbstverständlich für Sie.
FRAU SCHWERTFEGER Aha. Bring das Gewehr.
MARIE I Mein lebendiger Hahn mußte schon in den Suppentopf, jetzt habe ich einen lebendigen Hasen, er soll nicht erschossen werden! Außerdem redet er.
HASE Euwuhhupuhh! Mein Kopf.
FRAU SCHWERTFEGER Er redet? Habt ihr etwas gehört?
KORNBAUER, OBSTBAUER Nein!
FRAU SCHWERTFEGER Also bring das Gewehr! Das heißt, du gehst ins Haus und brühst Kaffee und Pfefferminztee.
MARIE I Ja, Mutter. *ab ins Haus*
FRAU SCHWERTFEGER Marie! Tochter! Marie!

Aus dem Haus Marie II im Nachthemd.

MARIE II Was ist? Warum weckst du nicht die andere?
FRAU SCHWERTFEGER Das ist meine Tochter.
KORNBAUER Guten Morgen, mein Fräulein.
OBSTBAUER Guten Morgen, junge Dame.
FRAU SCHWERTFEGER Wir brauchen eben ein Gewehr. Bring es bitte.
MARIE II Warum kann die es nicht bringen? Von mir aus. *ab ins Haus, zurück mit einem Gewehr* Wem soll ich es geben?
KORNBAUER Mir! Ich werde den Hasen durch den Kopf schießen.
OBSTBAUER Ein Hase wird nicht durch den Kopf geschossen, er wird durch die Schulter ins Herz geschossen! Mir!

Rangeln um das Gewehr.

KORNBAUER Nichtskönner!

OBSTBAUER Sonntagsschütze!
KORNBAUER Vorderwulzwitzer!
OBSTBAUER Hintersulzwitzer!
HASE Mein Kopf! Buwuhhuhpuhh! Ih! *flieht, ab*
FRAU SCHWERTFEGER Meine Herren!
KORNBAUER, OBSTBAUER Wie? Oh. Wir müssen dringend auf den Markt nach Dippolismorshausen.
FRAU SCHWERTFEGER Ihr schuldet mir einen Hasenrücken zuzüglich Läufchen und Innereien.
KORNBAUER Nehmen Sie dafür einen Kornschnaps.
OBSTBAUER Und einen Apfelschnaps.
FRAU SCHWERTFEGER Marie, Tochter, Gläser.
MARIE II Warum kann die sie nicht bringen. Von mir aus. *ab ins Haus, zurück mit zwei Gläsern*
KORNBAUER *gießt ein* Bitte.
OBSTBAUER *gießt ein* Bitte.

Nehmen ihre Körbe auf, wollen los.

FRAU SCHWERTFEGER *trinkt* Hm, nicht schlecht. *trinkt* Hm, geht an. Wieviel verlangt ihr für die Flasche?
KORNBAUER Einen halben Taler.
OBSTBAUER Einen halben Taler.
FRAU SCHWERTFEGER Marie, Tochter, geh ins Haus und zieh dein Ausgehkleid an. Und leg mir das Grünseidene zurecht.
MARIE II Schon wieder was. Warum kann die das nicht machen? Von mir aus. *ab ins Haus*
FRAU SCHWERTFEGER Einen Vierteltaler für die Flasche, ihr müßt sie ja dann nicht schleppen.
KORNBAUER, OBSTBAUER *holen je eine Flasche aus den Körben* Einen Vierteltaler zehn Kreuzer, die Zeiten sind hart.
FRAU SCHWERTFEGER Einen Vierteltaler zwei Kreuzer, die Zeiten sind miserabel. *zahlt* Und laßt die Flaschen im Eimer in den Brunnen, dann bleiben sie kühl, und mein lieber Mann findet sie nicht. Marie, den Kaffee! *ab ins Haus*

Kornbauer und Obstbauer lassen die Flaschen in den Brunnen.

OBSTBAUER Gehen wir?
KORNBAUER Oder bleiben wir.
OBSTBAUER Ich sage, sie sucht vielleicht einen Mann für ihre Tochter.
KORNBAUER Die ist häßlich.
OBSTBAUER Aber sie hat Geld. – Sie ist faul.
KORNBAUER Das kann man ihr austreiben.
OBSTEAUER Allerdings.
KORNBAUER Allerdings.

Aus dem Haus Marie I mit einem Tablett; dann Frau Schwertfeger und Marie II in Ausgehkleidern.

KORNBAUER, OBSTBAUER Aah! Ooh!
FRAU SCHWERTFEGER Ihr dürft meiner Tochter die Schleifen am Kleid binden. *nimmt ihren Kaffee, trinkt*

Die Bauern binden die Schleifen.

MARIE I Danke, daß ihr den Hasen habt laufen lassen. Euer Kaffee.

Die Bauern nehmen den Kaffee, trinken.

FRAU SCHWERTFEGER Wie? Wer hat dir das erlaubt? Ich hoffe, du hast wenigstens nur den Satz aufgebrüht. Meine Herren, wohl bekomms. Und jetzt begleiten Sie uns auf den Markt nach Dippolismorshausen.
MARIE I Aber Vater ist doch schon dort?
FRAU SCHWERTFEGER Und wir werden achtgeben, daß er seine Schlüssel und Türschlösser teuer genug verkauft, er ist zu gutmütig. Außerdem werden wir uns nach neuen Kleidern umsehen, schließlich kann man in diesen Fetzen nicht länger herumlaufen.
MARIE I Dann darf ich auch mit? *zu Marie II:* Dein Pfefferminztee.

FRAU SCHWERTFEGER Du?
MARIE II Pfefferminzteeschlampe.
MARIE I Ich hätte auch gern ein neuen Kleid. Oder wenigstens ein Halstuch, dann sähe das alte Kleid wieder hübsch aus.
FRAU SCHWERTFEGER Du nennst mich Stiefmutter, du läßt einen Hasen entlaufen, du bietest fremden Leuten Kaffee an. Weißt du, was ein Halstuch kostet? Mach die Flachskammer auf!
MARIE I Ja, Mutter. *tut es*
FRAU SCHWERTFEGER Hol Flachs raus!
MARIE I Ja, Mutter. *tut es*
MARIE II Pfefferminzteeschlampe!
FRAU SCHWERTFEGER Meine Herren, würden Sie mit zufassen.
KORNBAUER, OBSTBAUER Gern! *holen große Mengen Flachs aus der Kammer.*
FRAU SCHWERTFEGER Und das spinnst du bis heute abend, damit du lernst, was Arbeit ist. – Wir gehen!
KORNBAUER, OBSTBAUER Ja! *nehmen ihre Körbe auf, lesen den Wegweiser* Ins Moor. Uh. Ih. – In die Welt. Was soll das sein. – Nach Dippolismorshausen! Dortlang!

Kornbauer, Obstbauer, Frau Schwertfeger, Marie II ab.

MARIE I Aijeh. Schaffe ich das bis heute abend? He, du! *stößt den Messinghahn an*

Der Messinghahn dreht sich, ruft: »Kikeriki – freu dich Marie!«

Danke. Wie soll ich mich freuen, wenn ich es sowieso nicht schaffe? Vielleicht gehe ich weg in die Welt? Aber dann ist mein Vater traurig, er hat mich gern. Oder ich lege mich in die Sonne schlafen? Aber dann schäme ich mich, wenn ich aufwache, weil ich es nicht wenigstens probiert habe. Also fange ich an. *holt Spinnrad und Schemel, spinnt; singt:*

Schnurre, Rädchen, früh vorm Tau
Bläst der Wind den Himmel blau
Hinterm Brombeerstrauch.

Ich darf nicht zu langsam drehen, dann wird der Faden zu dick, und nicht zu schnell, sonst reißt er. *spinnt, singt:*

Sprang der Wind von Ost nach Süd
Singt die Amsel, was ihr blüht
Hinterm Brombeerstrauch.
spinnt

Hase.

HASE Eu. Wuhh. Uh. Puhh. Bin ich hier richtig? Ja. Bin ich hier sicher? Nein, denn sicher ist man nirgends, besonders als Hase. Warum bin ich dann hier? Weil ich siebeneinhalb Kilometer gerannt bin, um den Uhu zu finden. Der Uhu ist der weiseste Vogel den Waldes, ist das bekannt? Er ist so weise, daß er jede Nacht heult, wenn er an die Welt denkt. Ein Glück, daß er manchmal Mäuse frißt, dann kann er nicht an die Welt denken. Ich wecke ihn also und frage: Uhu, ich bin siebeneinhalb Kilometer gerannt und habe noch immer Schädelbrummen, wieso? Du hast Schnaps getrunken, sagt er, zwei Sorten. So, sage ich, das war Schnaps? und was soll ich jetzt machen? Renne noch einmal siebeneinhalb Kilometer und tue ein guten Werk, sagt er. Ich bin ein gewöhnlicher Hase, sage ich, alle jagen mich, wie soll ich ein gutes Werk tun? Das ist deine Sache, sagt er. Aha, sage ich, und wenn ich das gute Werk getan habe? Rennst du noch einmal siebeneinhalb Kilometer und findest die schönste Hasenfrau der Welt. Und wenn ich sie finde, frage ich, woher weiß ich, daß sie wirklich die schönste Hasenfrau der Welt ist? Das ist deine Sache, sagt er und schläft ein. Jetzt bin ich also hier, um das gute Werk zu tun. Hier wohnt nämlich ein Mädchen, das mich nicht erschießen lassen wollte. Außerdem hatte sie mir zwei Kohlblätter hingelegt. Richtig, da sind sie. Ob ich sie fresse? Warum nicht. *frißt die Kohlblätter* Und jetzt tue ich das gute Werk und bedanke mich bei ihr. Sich bedanken kann auch ein gutes Werk sein, nein? Also gehe ich mich jetzt bedanken. Eu. Aber vielleicht lauern irgendwo die Bauern mit dem Gewehr? Na, sie werden schon nicht lauern. Aber vielleicht steckt irgendwo die Frau, die meinen Rücken braten wollte? Na, sie wird schon nirgends stecken. Uh.

Wünschelrutengänger.

Puhh. Was ist das? Ein Mann mit einem Gewehr! Ich kann das gute Werk nicht tun, ich muß wegrennen! Euwuhhpuhhwiihh! *flieht, ab*

MARIE I Hat eben jemand gerufen? Es klang wie der Hase. Sollte er hier sein? Nein. Wahrscheinlich habe ich es mir nur eingebildet. Wenn man spinnt, bildet man sich allerhand ein, weil es so langweilig ist. Also mache ich weiter. Aber dort kommt jemand, bilde ich mir das auch nur ein? He, Sie! Guten Tag!

WÜNSCHELRUTENGÄNGER Danke für die Begrüßung.

MARIE I Sind Sie wirklich da oder sind Sie nur eingebildet.

WÜNSCHELRUTENGÄNGER Eingebildet, warum? Wegen der Wünschelrute?

MARIE I Wünschelrute? Das fehlt noch, dann sind Sie bestimmt nur eingebildet. Wozu ist sie?

WÜNSCHELRUTENGÄNGER Man findet Wasser damit.

MARIE I Und wozu sucht man es, wenn es sowieso genug davon gibt auf der Welt?

WÜNSCHELRUTENGÄNGER Es gibt genug, aber nicht an den richtigen Stellen. Einer braucht Wasser zum Teekochen, aber es fließt unter der Erde, der andere will es

auf seinem Gemüseacker, aber es schwebt in den Wolken. Riecht es hier nicht nach Pfefferminztee?
MARIE I Möchten Sie welchen?
WÜNSCHELRUTENGÄNGER Gern.
MARIE I Mit Honig?
WÜNSCHELRUTENGÄNGER Noch lieber. *bekommt* Ich suche das Wasser, das unter der Erde fließt.
MARIE I Und wie machen Sie das?
WÜNSCHELRUTENGÄNGER Ich fasse die Wünschelrute, ich presse sie zusammen, ich gehe hin, ich gehe her, *tut alles* ich jage alle schlechten Gedanken aus meinem Kopf, und wenn eine Wasserader unter der Erde ist, schlägt die Rute aus. Da.

Rute schlägt aus.

Noch einmal. Da. Da!

Rute schlägt mehrmals aus.

Hier ist eine sehr starke Wasserader unter der Erde.
MARIE I Das hätten Sie auch so wissen können, hier ist nämlich ein Brunnen. Kann man sonst noch etwas mit der Rute? Vielleicht Flachs zu Garn zaubern?
WÜNSCHELRUTENGÄNGER Das leider nicht.
MARIE I Oder meiner Stiefmutter ein gutes Herz anwünschen?
WÜNSCHELRUTENGÄNGER Leider auch nicht. Ist sie so böse?
MARIE I Mein Vater hat sie frisch geheiratet, weil meine Mutter gestorben ist und ein Mann eine Frau braucht, und nun gibt sie mir jeden Tag schlimme Worte und mehr Arbeit. Da, den Haufen Flachs soll ich bis heute abend spinnen.
WÜNSCHELRUTENGÄNGER Bis heute abend? Moment. *legt sich auf den Rücken, schließt die Augen* Pst! *springt auf* Du brauchst für den Flachshaufen vier Tage siebzehn Stunden, du kannst es nicht schaffen bis heute abend.

MARIE I Denke, das hätte ich auch so gewußt. Aber ob Sie wirklich da sind oder nur eingebildet, weiß ich immer noch nicht. *setzt sich ans Spinnrad, spinnt* Wohin gehen Sie jetzt?
WÜNSCHELRUTENGÄNGER In die Welt. Ich werde dem Kaiser von Beludschistan, dem Emir von Quakkedokien und dem Präsidenten von Großisland eine Erfindung anbieten.
MARIE I Eine Erfindung? Mein Vater hat auch etwas erfunden, den Hahn, wan muß ihn anstoßen.

Wünschelrutengänger stößt den Messinghahn an, der beginnt sich zu drehen, ruft: »Kikeriki – freu dich Marie!«

Und was haben Sie erfunden?
WÜNSCHELRUTENGÄNGER Pst! Die Kaiser, Emire und Präsidenten schicken überallhin Lauscher, um den Leuten Erfindungen wegzuspionieren. Deshalb mache ich meine Erfindung erst, wenn ich dort bin.
MARIE I Das ist vernünftig. Viel Glück.
WÜNSCHELRUTENGÄNGER Danke für den Honigtee. *liest den Wegweiser* Nach Dippolismorshausen. Ä. – Ins Moor. Das nun auch nicht. – In die Welt! Ja! *ab*
MARIE I *spinnt, singt:*
Schnurre, Rad, zur Mittagszeit
Sind die Wege gelb und weit
Hinterm Brombeerstrauch.
spinnt

Wünschelrutengänger.

WÜNSCHELRUTENGÄNGER Nein. Das war zu eilig losgegangen. Erstens ist das Mädchen hübsch, zweitens hat sie ein guten Herz, drittens wird sie in spätestens *legt sich auf den Rücken, schließt die Augen, springt auf* dreizehn Monaten krank und häßlich sein, wenn sie sich so abarbeitet. Ich werde eine Erfindung machen. *legt sich auf*

den Rücken, schließt die Augen, springt auf Ich habe sie gemacht. Wenn ich die Wünschelrute auf jemanden richte und gleichzeitig fünf gute Gedanken denke, wird der, auf den ich sie richte, einschlafen. Ich probiere es aus. *richtet die Wünschelrute auf Marie I*
MARIE I *spinnt, singt:*
Flog ein Kuckuck übers Meer
Ruft er kreuz und ruft er quer
Hinterm Brombeerstrauch.
schläft ein
WÜNSCHELRUTENGÄNGER Aha. Jetzt ruht sie sich wenigstens aus. *betrachtet den Messinghahn, stößt ihn an* Interessant.

Der Messinghahn dreht sich rasch, ruft entsprechend schnell: »Kikeriki – freu dich Marie!«

Nanu? *stößt den Messinghahn nochmals an*

Der Messinghahn dreht sich und ruft noch schneller.

Meine Erfindung scheint noch etwas bewirkt zu haben. Die Zeit läuft schneller! Ich muß ihr nachrennen und sie einholen. Das Wasser rauscht schneller, mein Herz schlägt schneller, meine Füße laufen schneller, ich bin schon weit weg! *ab*

Lichtwechsel.

MARIE I *wacht auf* Was ist? Habe ich geträumt? Oder geschlafen? Die Ringelblumen haben die Blüten zu, die Tomaten lassen die Blätter hängen, die Schatten zeigen nach Osten. Es wird Abend, und ich habe noch keine Spindel leer! *spinnt sehr rasch, singt:*
Schnurre, Rädchen, vor der Nacht
Hat der Kuckuck nichts gebracht
Hinterm Brombeerstrauch.

So, schnell die nächste. *packt neuen Flachs um die Spindel* Au! Was ist das? Ich habe mich an der Spindel gestochen. Verbinde ich mir die Hand? Dann kann ich nicht spinnen. *spinnt, singt:*
Fiel die Amsel aus dem Nest –
Die Spindel ist blutig, ich muß sie abwaschen. *geht zum Brunnen, singt:*
Fiel die Amsel aus dem Nest
Hält sie sich am Mondstrahl fest
Hinterm Brombeerstrauch.

Kornbauer, Obstbauer, Frau Schwertfeger, Marie II.

KORNBAUER, OBSTBAUER Ja! Hurra! Wir sind da!
MARIE I Wie? *läßt die Spindel in den Brunnen fallen*
Das fehlte noch. Nun liegt die Spindel im Brunnen.
FRAU SCHWERTFEGER Meine Herren, das war ein prächtiger Tag. Haben Sie gute Geschäfte gemacht?
KORNBAUER, OBSTBAUER Ja!
FRAU SCHWERTFEGER Haben wir schöne neue Kleider gekauft?
KORNBAUER, OBSTBAUER Ja!
FRAU SCHWERTFEGER Dann wünsche ich einen guten Heimweg!
KORNBAUER, OBSTBAUER Danke!
KORNBAUER Und nehmen Sie öfter einen Kornschnaps.
OBSTBAUER Und einen Apfelschnaps! *zu Marie II:* Auf Wiedersehen, mein Fräulein!
KORNBAUER Alles Gute, junge Dame!
KORNBAUER, OBSTBAUER *am Wegweiser* In Richtung Moor! Nach Hause! *ab*
FRAU SCHWERTFEGER *zu Marie I:* Na, und du? Hast du das Abendbrot gerichtet?
MARIE I Nein, Mutter.
FRAU SCHWERTFEGER Das dachte ich mir. Also muß ich mich an Schnaps stärken. Zieh den Eimer hoch.
MARIE I Ja, Mutter. *tut es* Und wo ist Vater?

FRAU SCHWERTFEGER *nimmt die Flaschen aus dem Eimer, öffnet sie* Er hat in Dippolismorshausen zu tun, schließlich muß er Geld verdienen. *trinkt* Ah. Ah. Was planschst du im Eimer? Es waren nur zwei Flaschen.
MARIE I Ich sehe nach, ob vielleicht die Spindel darinliegt.
FRAU SCHWERTFEGER Die Spindel? Welche Spindel?
MARIE I Ich habe mich beim Spinnen gestochen und wollte das Blut abwaschen, da ist sie hineingefallen.
FRAU SCHWERTFEGER Das Abendbrot nicht gerichtet, der Flache nicht gesponnen, und die Spindel im Brunnen. Wozu bist du da, wenn du nicht arbeitest?
MARIE II Pfefferminzteeschlampe.
MARIE I Und was soll ich jetzt machen?
FRAU SCHWERTFEGER Was? Weißt du, was eine Spindel kostet? Schaff sie wieder her, meinetwegen spring in den Brunnen! Marie, Tochter, wir gehen ins Haus. Das war ein anstrengender Tag, wir müssen uns erholen.
MARIE II Pfefferminzteeschlampe!

Frau Schwertfeger und Marie II ab ins Haus.

MARIE I Und was tue ich? Vater ist nicht da, der Wünschelrutengänger auch nicht, vielleicht war er auch nur eingebildet, und die drin helfen mir nicht. Aber ich habe Angst, der Brunnen ist tief. Nur vor denen drin habe ich noch mehr Angst. Springe ich?

Hase, eilig.

Ich springe. *springt in den Brunnen*
HASE Euwuhhuhpuhh! Ich bin siebeneinhalb Kilometer gerannt, ich habe die schönste Hasenfrau der Welt gefunden, sie hat sich in mich verliebt und ich mich in sie, und jetzt bin ich hier, um das gute Werk zu tun und mich zu bedanken. Ich kann es aber nicht tun, weil das Mädchen, bei dem ich mich bedanken wollte, im Brun-

nen ist. Ich muß es aber tun, weil es der Uhu verlangt hat, und der Uhu ist weise! Also muß ich ein anderes gutes Werk tun, ich muß das Mädchen retten. Aber meine Hasenfrau? Ich renne zu ihr. Aber wenn sie erfährt, daß ich keine gute Tat getan habe? Sie wird sagen, ich bin ein feiger Hase, und mich nicht mehr ansehen. Ich bin ein gewöhnlicher Hase, ich bin kein feiger Hase, ich bin ein mutiger Hase, ich bin der mutigste Hase der Welt! Euwuhhpuhhuh! *springt in den Brunnen*

Aus dem Brunnen erhebt sich die Wolke. Etwas später wird sichtbar, daß sie Marie I und den Hasen im Arm hält.

WOLKE
Wärme vom Grund
Macht Feuchtes rund
Wärme ist Leben
Leben ist Schweben.
Ich bin die Wolke. Ich bin soeben entstanden. Ich mißbillige, ich meine ich tadele, daß zwei Personen in den Brunnen gesprungen sind, ich billige, ich meine ich lobe, daß die Personen mich haben entstehen lassen, ich entschwebe. Wohin? Ich weiß es nicht, denn die Personen sind einesteils warm, anderenteils schwer, also ziehen sie mich einerseits nach oben, andererseits nach unten. Ich mißbillige, daß ich nicht weiß, wohin ich entschwebe, ich billige, daß es einerlei ist, ob nach oben oder nach unten, denn oben kann unten sein und unten oben, rede ich undeutlich? ich bin die Wolke.
Wärme vom Grund
Macht Feuchtes rund
Wärme ist Leben
Leben ist Schweben
Schweben ist Schwinden
Schwinden ist Finden.

2

Wiese mit Wolkenvorhängen und Tor

Marie I. Hase. Wolke. Frau Holle.

Marie I und der Hase schlafend im Vordergrund.

MARIE I *wacht auf* Wo bin ich?
HASE *wacht auf* Wo bin ich? Bin ich tot?
MARIE I Bin ich ertrunken? Im Brunnen war es kalt.
HASE Huh. Und naß. Ich bin nicht mehr naß, vielleicht bin ich nicht tot?
MARIE I Mir ist nicht mehr kalt, vielleicht bin ich nicht ertrunken? Oder wir sind im Totenland.
HASE Unsinn. Ein Totenland gibt es nicht.
MARIE I Nicht? Bist du sicher?
HASE Sicher kann man nie sein, besonders als Hase. Dort ist ein Tor. *will durchs Tor*
MARIE I Vorsicht, vielleicht führt es in den Brunnen. Da ist ein Wolkenvorhang, oder ein Nebel. *will durch den ersten Wolkenvorhang*
HASE Vorsicht, vielleicht stecken Jäger dahinter.

Stimmen der Brote – Tonband – hinter dem Wolkenvorhang: »Zieh uns heraus! Zieh uns heraus! Wir verbrennen!«

MARIE I Hörst du? Jemand ruft. Wir müssen doch durch.
HASE Ja. Aber wenn es eine List ist?

Stimmen der Brote: »Zieh uns heraus! Zieh uns heraus!«

MARIE I Vielleicht sind wir tot, dann ist es sowieso egal.

Gehen durch den Wolkenvorhang, der sich zusammenzieht. Sichtbar wird ein Backofen, daneben ein Brotschieber.

Siehst du? Es ist nur ein Backofen, und die Brote wollen heraus.

Stimmen der Brote: »Zieh uns heraus! Wir verbrennen!«

HASE Halt! etwas stimmt nicht. Hast du schon Brote reden hören?
MARIE I Ich habe auch noch keinen Hasen reden hören. *öffnet den Backofen, zieht die Brote mit dem Schieber heraus*
HASE Ah, das duftet! *verbrennt sich* Au! Aber etwas stimmt nicht. Wieso kriege ich keinen Hunger? Das ist ein Land, wo man vom Duft satt wird! Für wen sind dann die Brote? Wie gehen nicht durch den zweiten Wolkenvorhang.

Stimmen der Äpfel – Tonband – hinter dem zweiten Wolkenvorhang: »Schüttle uns! Schüttle uns! Wir sind reif!«

MARIE I Wir müssen doch durch, jemand ruft.
HASE Und wenn es eine List ist? Ich weiß, vielleicht sind wir sowieso tot.

Marie I und der Hase ab durch den zweiten Wolkenvorhang, Hase kommt zurück.

Aber ein Brot nehme ich wenigstens mit. *jongliert das heiße Brot, ab durch den zweiten Wolkenvorhang*

Aus dem zusammengezogenen ersten Wolkenvorhang entsteht die Wolke.

WOLKE Ich bin die Wolke. Ich bin schon eine Weile hier, ich hatte mich breitgezogen. *schnuppert an den Broten* Ah. Ich billige und mißbillige. Ich billige, wenn ein Mädchen Brote nicht verbrennen läßt, sondern sie aus dem Ofen zieht. Mmm. Ich mißbillige, wenn jemand nicht ahnt, für wen die Brote sind. Selbstverständlich sind sie für mich. *beginnt die Brote zu verspeisen* Schließlich brauche ich Kraft, um auf die Erde zu regnen und die Kornfelder fruchtbar zu machen. Vorzüglich. *verspeist das letzte Brot* Ich glaube, ich bin satt. Es zieht mich auf die Erde, ich entschwebe. Ich werde regnen, regnen und regnen. *ab durchs Tor, kommt zurück* Beinahe hätte ich ein Stück von mir vergessen. *zieht den zweiten Wolkenvorhang an sich, ab durchs Tor*

Sichtbar werden, durch das Wegziehen des zweiten Wolkenvorhangs, ein Apfelbaum mit Äpfeln, davor Marie I und der Hase.

MARIE I Siehst du? Es ist nur ein Apfelbaum, und die Äpfel wollen herunter.

Stimmen der Äpfel: »Schüttle uns! Schüttle uns! Wir sind reif!«

HASE Halt! etwas stimmt nicht. Wieso reden Äpfel? Sie haben keinen Mund.
MARIE I Brote haben auch keinen Mund. *schüttelt den Baum, liest die Äpfel zusammen*
HASE Mmm, die glänzen. Aber warum kriege ich keinen Hunger? Das ist ein Land, wo man vom Hinsehn satt wird! Wir gehen besser nicht durch den dritten Wolkenvorhang.
MARIE I Nicht?
HASE Ich weiß, also gehen wir.

Marie I ab durch den dritten Wolkenvorhang.

Aber einen Apfel nehme ich wenigstens mit. Euwuhhpuhhuh. *jongliert Brot und Apfel, ab durch den dritten Wolkenvorhang*

Aus dem Tor die Wolke, schabt sich den Rücken am Tor.

WOLKE Ich bin die Wolke, ich bin etwas mager, ich bin es

trotzdem, ich habe drei Tage geregnet, ich bin zufrieden, ich schabe mir den Rücken am Tor. Rede ich undeutlich? Ich hätte nicht drei Tage regnen können, weil hier erst drei Minuten vergangen sind? Es ist aber so, hier läuft die Zeit schneller. Spürt ihr, wie sie läuft? Ich muß schleunigst billigen und mißbilligen. *sieht die Äpfel* Ah. Ich billige, wenn jemand reife Äpfel nicht verderben läßt, sondern sie vom Baum schüttelt. *beginnt die Äpfel zu verspeisen* Mmm. Ich mißbillige, wenn jemand nicht ahnt, für wen die Äpfel sind. Selbstverständlich brauche ich Kraft, um auf die Erde zu regnen und die Obstbäume fruchtbar zu machen. *verspeist den letzten Apfel* Sehr gut. Ich bin satt, ich werde regnen und regnen. Ist hier noch ein Stück von mir? Ich nehme es mit. *zieht den dritten Wolkenvorhang an sich, ab durchs Tor*

Sichtbar werden, durch das Wegziehen des dritten Wolkenvorhangs, Marie I und der Hase vor Frau Holles Wohnplatz sowie Frau Holle, mit großen gelben Zähnen.

HASE Siehst du?! ich habe gesagt, gehen wir nicht durch.
FRAU HOLLE Seid willkommen! Fürchtet ihr euch?
MARIE I Er fürchtet sich, weil du große gelbe Zähne hast.
HASE Euwuhhpuhhuh!
FRAU HOLLE Ich muß viel Seltsames kauen, davon sind sie groß und gelb. Wollt ihr bei mir Dienst tun?
MARIE I *zum Hasen:* He! fürchte dich nicht, du hast selber große und gelbe Zähne.
HASE Ich bin ein Hase, ich kaue Kohl und Steckrüben! Ich muß mich fürchten, weil alle mich jagen und braten wollen! Gut, ich fürchte mich nicht. Aber warum werde ich satt, wenn ich frischgebackenes Brot rieche und reife Äpfel sehe? Etwas stimmt nicht!
FRAU HOLLE Ich muß mich kümmern, daß die Jahreszeiten nicht durcheinanderkommen, daß die Sonne rechtzeitig auf- und untergeht, daß die Winde zur rechten Zeit wehen und nicht wehen, jedenfalls ungefähr;

daß es zur rechten Zeit regnet und nicht regnet, jedenfalls ungefähr, damit die Samen in der Erde keimen und Pflanzen werden und wieder Samen in die Erde fallen. Und ich muß viel Seltsames kauen, damit allen so bleibt. Soll ich mich noch kümmern, wovon einer satt wird oder nicht?

MARIE I *zum Hasen:* He! vielleicht mag sie Hasenbraten und wird von deinem Anblick satt. Oder von deinem Geruch.

HASE Ich bin ein sauberer Hase, ich rieche nicht! Und wieso werde ich müde, als wollte ich einen Winterschlaf halten? Hasen halten keinen Winterschlaf! Etwas stimmt nicht. *schläft ein*

MARIE I Ich heiße Marie. Ist hier das Totenland?

FRAU HOLLE Das Wasser schwebt tot in der Wolke, der Samen liegt tot in der Erde, eins kommt zum andern, sie leben. Man nennt mich Frau Holle.

MARIE I Und was muß ich tun in deinem Dienst?

FRAU HOLLE Ich muß mich kümmern, daß die Jahreszeiten nicht durcheinenderkommen, daß es regnet und nicht regnet, daß die Sonne aufgeht und untergeht, daß die Winde wehen und nicht wehen, ich bin sehr müde. Schüttle nur die Betten, wenn du aufwachst, dann nimmst du mir eine Arbeit ab. Schüttle nur die Betten, die Betten.

Dicke Federbetten kommen im Halblicht herein bzw. werden sichtbar. Marie I und Frau Halle decken sich zu, Marie I zuvor auch den Hasen, und schlafen. – Aus dem Tor die Wolke, schabt sich den Rücken am Tor.

WOLKE Ich bin die Wolke, ich bin zufrieden, ich schabe mir den Rücken am Tor, ich habe den ganzen November geregnet. Rede ich undeutlich? Ich hätte nicht den ganzen November regnen können, weil hier erst sieben Minuten vergangen sind? Es ist aber so. War dieses Mädchen nicht eben schlafen gegangen?

Marie I ist aufgewacht, schüttelt die Betten. Frau Holle ist verschwunden.

MARIE I *singt:*
War ein Drache groß und heiß
Schlief im Drachenloch.
Deckte ihn der Schnee so weiß
Fror der Drache doch.
WOLKE Ich muß unverzüglich billigen und mißbilligen. Ich billige, wenn jemand ungemachte Betten nicht liegen läßt, sondern den Schlaf herausschüttelt. Ah. Ich mißbillige, wenn jemand nicht ahnt, wozu ich den Schlaf brauche. Mmm. Der Schlaf ist eine sehr große Kraft, selbstverständlich brauche ich ihn, um auf die Erde zu schneien, damit die Saat nicht erfriert. Sehr gut. Ich atme den Schlaf ein, ich bin satt vom Schlaf, ich werde schneien, schneien und schneien. *ab durchs Tor*
MARIE I *schüttelt das Bett den Hasen* He! Hilfst du mir nicht?
HASE *im Schlaf* Ich halte einen Winterschlaf. Etwas stimmt nicht.
MARIE I Dann muß ich allein weitermachen.
singt:
Lief ein Mädchen jung und warm
Barfuß durch den Schnee.
Sank wohl in des Drachen Arm
Ward ihr schwach und weh.

Ich glaube, ich lege mich doch schlafen. *deckt den Hasen und sich zu, schläft*

Aus dem Tor die Wolke im Winterkostüm, schabt sich den Rücken am Tor.

WOLKE Ich bin es, ich habe den halben Dezember und den ganzen Januar geschneit, ich schabe mir den

Rücken. Die Bäume brauchen noch Schnee, woher nehme ich Kraft? He! *umschwebt den Hasen*
HASE *im Schlaf* Ich bin ein sauberer Hase! ich fresse Steckrüben.
WOLKE *umschwebt Marie I* Hallo!

Marie I wacht auf, schüttelt die Betten.

Aha. Ah. Mmm. Ich billige und mißbillige, was, findet sich später, die Zeit läuft sehr schnell! ich werde schneien und schneien. *ab durchs Tor*
MARIE I *singt:*
Rief sie laut: Ach, gib mich los!
Sprach das Tier: Ich bins.
Legt den Kopf in ihren Schoß.
War ein schöner Prinz.

zum Hasen: He! tröstest du mich nicht?
HASE *im Schlaf* Ich habe zwei Zaubertränke! ich fürchte mich. *wacht auf* Wie? Wo sind mein Brot und mein Apfel? Bist du traurig? Ich habe einen Winterschlaf gehalten, ich singe dir ein Lied.
tanzt, singt:
Die alte Oma Löffelholz
Mit ihrem weißen Barte
Die war auf ihren Kohl so stolz
Sie hielt ihn sonder zarte.
MARIE I Danke. Das ist ein lustigen Lied.
HASE Trotzdem bist du traurig. Etwas stimmt nicht.
MARIE I Ich habe Heimweh.
HASE Nach deiner Stiefschwester, die das Gewehr gebracht hat, mit dem ich erschossen werden sollte? Nach deiner Stiefmutter, die dir nur böse Worte gibt? Nach deinem Vater, der vor ihr Angst hat und bloß arbeitet?
MARIE I Trotzdem. Du bist selber traurig.
HASE Ich bin ein Hase, ich hatte die schönste Hasenfrau der Welt gefunden! Ich wollte fünf Kinder mit ihr

haben, stattdessen habe ich geschlafen! Vielleicht hat sie sich totgegrämt! Vielleicht hat sie einen anderen genommen! Ich bin traurig! Ich bin unglücklich! Ich bin der unglücklichste Hase der Welt!

Aus dem Tor die Wolke, schabt sich den Rücken am Tor.

WOLKE Ich habe geschneit und geschneit, zuletzt war der Schnee matschig, es ist Frühjahr, ich werde mich zur Ruhe begeben. Ich billige, daß ich müde bin, was mißbillige ich? daß hier zwei Personen traurig sind. Die Traurigkeit ist eine unangenehme Kraft, sie läßt mich nicht ruhen, ich muß die Personen fröhlich machen. Ich forme mich zu einem Elefanten. *tut es* Nun, dann zu einem Kamel. *tut es* Also werde ich blitzen und donnern. *blitzt und donnert*

Frau Holle.

Ich glaube, das war etwas laut.
FRAU HOLLE Was für Lärm! *zur Wolke:* Ruhst du nicht? es ist Frühjahr, ich muß mich kümmern und kümmern. – Hat euch die Wolke erschreckt?
HASE Die Wolke? Welche Wolke? Dieser Nebelwisch soll eine Wolke sein? Wir haben Heimweh!
MARIE I Wir hatten es gut bei dir, trotzdem möchten wir nach Hause.
FRAU HOLLE Es ist Frühjahr, du hast mir gedient, du sollst deinen Lohn bekommen. Das Tor ist offen, geht nur.
HASE Das Tor? Ich bin ein Hase, ich kann nicht gehen, ich kann nur rennen und springen! Aber mein Brot und den Apfel nehme ich mit. *nimmt beides*

Marie I tritt unter das Tor, die Torbalken werden golden, es regnet Gold auf Marie I.

Und wieso wird das Tor golden? es regnet Gold, wir gehen nicht durch das Tor! wir gehen. *rennt zum Tor* Euwuhhpuhhuh!

Goldregen aus, Marie I und der Hase ab durchs Tor.

WOLKE Ich bin die Wolke, ich billige, daß zwei Personen wieder fröhlich sind, ich mißbillige, daß sie nicht ahnen, wovon das Gold am Tor kommt, selbstverständlich kommt es davon, daß ich zufrieden war und mir den Rücken am Tor geschabt habe. Ist hier noch etwas Gold? drei Körner, ich werfe sie auf die Erde, *wirft dreimal* ich werde ruhen und ruhen. *löst sich auf*

3

Haus am Weg mit Vorgarten, Brunnen und Wegweiser

Marie I. Hase. Kornbauer. Obstbauer. Frau Schwertfeger. Marie II. Wünschelrutengänger. Wolke.

Frühjahr, Morgendämerung. – Marie I im goldenen Kleid auf dem Brunnenrand sitzend, Hase hinter dem Brunnenrand.

MARIE I Habe ich geträumt?
HASE Ich habe geträumt.
MARIE I Ist hier ein Echo? Ich habe geträumt, ich war in Frau Holles Reich.
HASE Ich habe geträumt, ich war in Frau Holles Reich.
MARIE I Oder ich bin noch dort und träume ich bin hier.
HASE Oder ich träume, daß ich träume. *kommt vor* Du träumst nicht! du hast ein goldenes Kleid.
MARIE I Du hast eine goldene Pfote.
HASE Vielleicht im Traum? Wo sind mein Brot und mein Apfel? Hier. *bringt beides*
MARIE I Ahh.
HASE Mmm.
MARIE I Mmm.
HASE Ahh. Merkst du etwas?
MARIE I Ja. Ich habe Hunger. *beißt ins Brot*
HASE Ich habe auch Hunger! *beißt in den Apfel* Wir träumen nicht, wir essen! *beißt ins Brot* Wir sind zu Hause!
MARIE I Zu Hause! *beißt in den Apfel, läuft zum Haus* Ich gehe meinen Vater wecken. *stößt den Messinghahn an* Guten Morgen du! *ab ins Haus*

Der Messinghahn dreht sich, ruft: »Kikeriki – unsere goldene Jungfrau ist wieder hie!«

HASE Wie? *stößt den Messinghahn an*

Der Messinghahn dreht sich, ruft: »Kikeriki – unsere goldene Jungfrau ist wieder hie!«

Ich bin keine Jungfrau, ich bin ein Hase! Ich habe eine Hasenfrau! Ich renne sie suchen. Wo sind mein Brot und mein Apfel? *nimmt beides, macht große Sprünge, singt:*
Die alte Oma Löffelholz
Mit ihrem weißen Barte

Kornbauer, Obstbauer mit Tragkörben aus Richtung Moor.

Die war auf ihren Kohl so stolz
Eu! Puhh! Wihh! *springt den Bauern in die Arme*
KORNBAUER Aha.
OBSTBAUER Aha. Haben wir ihn?
KORNBAUER Ja. Erschießen wir ihn?
OBSTBAUER Ja.
KORNBAUER, OBSTBAUER Ein Gewehr, ein Gewehr, ein Gewehr!

Aus dem Haus Frau Schwertfeger im Morgenrock.

FRAU SCHWERTFEGER Was ist? Was für ein Lärm?
KORNBAUER, OBSTBAUER Wir sind auf dem Weg nach Dippolismorshausen!
KORNBAUER Mit Kornschnaps!
OBSTBAUER Und Apfelschnaps!
KORNBAUER, OBSTBAUER Wir haben den Hasen gefangen! Ein Gewehr!
FRAU SCHWERTFEGER Mitten in der Nacht. Von mir aus. Marie! *beschäftigt sich am Brunnen*

In der Haustür Marie I.

KORNBAUER, OBSTBAUER Ohh!
KORNBAUER Entschuldigung, mein Fräulein.
OBSTBAUER Guten Morgen, junge Dame. *Zum Kornbauern:* Merkst du etwas?

KORNBAUER Ja. Merkst du etwas?
OBSTBAUER Ja. *zu Marie I:* Ihr Hase hat sehr hohe Sprünge gemacht.
KORNBAUER Er hätte sich fast ein Bein gebrochen, da haben wir ihn festgehalten.

Lassen den Hasen los.

HASE Euwihhwuhhuhpuh! *ab*
FRAU SCHWERTFEGER *noch am Brunnen beschäftigt* Bring ein Gewehr!
OBSTBAUER Nein, das war ein Mißverständnis.
KORNBAUER Es war ein Irrtum.

Marie I ab ins Haus.

FRAU SCHWERTFEGER Wie? wo habt ihr den Hasen?
OBSTBAUER Wir sind hier, um um Ihre Tochter anzuhalten.
KORNBAUER Wir möchten sie heiraten. Ich bin Meier aus Hintersulzwitz. Ich bin schlecht angezogen, aber ich bin nicht arm.
OBSTBAUER Ich bin Müller aus Vorderwulzwitz. Ich bin in Arbeitssachen, aber ich habe Geld auf der Bank.
KORNBAUER Diesen Winter hat es stark geschneit, es gibt eine gute Kornernte.
OBSTBAUER Letzten Herbst hat sehr geregnet, es gibt eine prächtige Obsternte.
KORNBAUER, OBSTBAUER Wir werden viel Schnaps verkaufen! Wir sind nicht arm! Wir bitten um die Hand Ihrer Tochter!
FRAU SCHWERTFEGER Mitten in der Nacht. Von mir aus. Marie, Tochter, Marie!

Aus dem Haus Marie II im Nachthemd.

MARIE II Was ist? Mitten in der Nacht.

FRAU SCHWERTFEGER Marie, Tochter, kämm dich, zieh das Rosasamtene an, leg mir das Blauplüschene zurecht. Das ist Herr Müller aus Vordersulzwitz. Das ist Herr Meier aus Hinterwulzwitz. Die Herren möchten dich heiraten.
KORNBAUER Verzeihung, das ist ein Irrtum.
OBSTBAUER Es ist ein Mißverständnis.
KORNBAUER Ich bin Meier aus Hintersulzwitz.
OBSTBAUER Ich bin Müller aus Vorderwulzwitz.
KORNBAUER, OBSTBAUER Wir möchten nicht diese Tochter heiraten, sondern die andere!
FRAU SCHWERTFEGER Meine Stieftochter? Die ist in den Brunnen gefallen.
MARIE II Sie ist abgegluckert.
KORNBAUER, OBSTBAUER Nein, das ist ein Irrtum!
OBSTBAUER Fräulein Marie!
KORNBAUER Fräulein Marie!

Aus dem Haus Marie I.

MARIE I Guten Morgen Mutter. Guten Morgen Schwester. *zu den Bauern:* Danke, daß ihr den Hasen habt laufen lassen. – Wo ist Vater?
MARIE II Sie ist ein Gespenst!
FRAU SCHWERTFEGER Meine Herren, einen Schnaps.
KORNBAUER Bitte. *gibt ihr Schnaps*
OBSTBAUER Bitte. *gibt ihr Schnaps*
FRAU SCHWERTFEGER Wo kommt du her?
MARIE I Aus Frau Holles Reich.
MARIE II Sie ist eine Wasserleiche!
FRAU SCHWERTFEGER Und woher ist das Kleid?
MARIE I Ich habe bei Frau Holle Dienst getan, zum Lohn hat sie Gold auf mich regnen lassen.
MARIE II Sie ist ein Geist!
MARIE I Ach Unsinn, ich bin wirklich da. *stößt den Messinghahn an*

Der Messinghahn dreht sich, ruft: »Kikeriki – unsere goldene Jungfrau ist wieder hie!«

Nanu? Wieso ruft er das? Träume ich doch?
KORNBAUER, OBSTBAUER Nein! Keinesfalls! *untersuchen den Messinghahn*
OBSTBAUER Er hat Goldkörner im Schnabel, drei!
KORNBAUER Bitte! *gibt Marie I die Goldkörner*
MARIE I Danke. Und wo ist Vater? Auf dem Markt in Dippolismorshausen? Ich gehe ihm die Goldkörner bringen.
KORNBAUER Nein!
OBSTBAUER Keinesfalls!
KORNBAUER, OBSTBAUER Wir wollen Sie heiraten! Wir bitten um die Hand von Fräulein Marie!
FRAU SCHWERTFEGER Die Herren drücken sich undeutlich aus, *ab ins Haus, zurück mit einem Kleid für Marie II, das sie ihr überzieht* die Herren sind zu zweit, jeder der Herren möchte ein Mädchen namens Marie heiraten, wir haben zum Glück zwei Mädchen namens Marie. Herr Meier, welche Marie wählen Sie?
OBSTBAUER Das ist ein Irrtum! Ich bin Müller aus Vorderwulzwitz! Ich will die goldene Marie heiraten!
KORNBAUER Es ist ein Mißverständnis! Ich bin Meier aus Hintersulzwitz, ich will die goldene Marie heiraten! Er ist nicht arm, aber er stinkt aus dem Mund!
OBSTBAUER Er hat Geld auf der Bank, aber er wischt sich den Hintern mit Kartoffelkraut ab! Hintersulzwitzer!
KORNBAUER Vorderwulzwitzer!
MARIE I Zankt euch nicht, ich will gar nicht heiraten.
OBSTBAUER Nicht? das ist klar.
KORNBAUER Es ist verständlich. Sie finden, ich bin schlecht angezogen.
OBSTBAUER Sie finden, ich bin unrasiert.
KORNBAUER, OBSTBAUER Wir begleiten Sie in die Stadt! Wir werden neue Kleider kaufen, wir werden uns rasieren lassen! Nach Dippolismorshausen! Dortlang.

Kornbauer, Obstbauer, Marie I ab in Richtung Dippolismorshausen.

MARIE II Pfefferminzteeschlampe.
FRAU SCHWERTFEGER Das hast du davon. *öffnet die Flachskammer, holt große Mengen Flachs heraus* Du bist ungekämmt, du läufst im Nachthemd vorm Haus, du hast kein goldenes Kleid!
MARIE II Du bist selber ungekämmt.
FRAU SCHWERTFEGER Aber ich bin verheiratet! Wenn deine Stiefschwester meinem lieben Mann die Goldkörner bringt, wird er nur zu Hause sitzen, und wir haben keine faulen Tage mehr! Er wird unnützes Zeug erfinden, und wir können in Lumpen herumlaufen und verhungern!
MARIE II Von mir aus. Was soll ich machen?
FRAU SCHWERTFEGER Was? du sollst dich ans Spinnrad setzen, *stellt Spinnrad und Schemel hin* du sollst spinnen, bis dir die Finger blutig werden, du sollst die Spindel im Brunnen abwaschen und hineinfallen lassen, du sollst hinterherspringen, du sollst im goldenen Kleid zurückkommen! Das war ein aufregender Morgen, ich brauche Ruhe. *ab ins Haus*
MARIE II Uff. Lange Reden gehen mir aufs Gemüt. *setzt sich ans Spinnrad, versucht zu spinnen* Spinnen geht mir auch aufs Gemüt. Irgendwie muß man das Zeug zusammendrehen und das Rad schnurren lassen. Das war zu langsam. Das zu schnell. Andere Töchter fahren den ganzen Tag in Kutschen spazieren und essen Kompott. Wozu soll ich überhaupt spinnen? Ich kann mich ebensogut gleich in den Finger stechen. Aber sich stechen tut weh. Außerdem hat meine Stiefschwester die Spindel abends in den Brunnen fallen lassen, vielleicht wirkt es bloß dann. Wie spät ist es? noch morgens. Man müßte den Morgen abschaffen, er geht mir aufs Gemüt. *spinnt andeutungsweise; singt:*

Schau ich aus meim Fensterlein
Kommt ein starker Mann
Didingdatei
Spricht: Wie glänzt dein Haar so fein
Sieht mich an und an
Didingdatei.

Wünschelrutengänger, besser gekleidet als in I, aus Richtung Welt.

Sag ich: Herr, es glänzt mein Haar
Weil es grad so wächst
Didingdatei
Blickt er bleich und sonderbar
Spricht: Ich bin verhext
Didingdatei.
WÜNSCHELRUTENGÄNGER Guten Morgen.
MARIE II Was? woher kommen Sie.
WÜNSCHELRUTENGÄNGER Aus der Welt. Zuletzt vom Kaiser von Beludschistan.
MARIE II Was haben Sie da gemacht?
WÜNSCHELRUTENGÄNGER Etwas erfunden.
MARIE II Dann sind Sie also arm.
WÜNSCHELRUTENGÄNGER Arm, warum? Bekommt man hier einen Pfefferminztee?
MARIE II Erfinden bringt nichts ein. Wir haben Bier im Keller, aus Dippolismorshausen.
WÜNSCHELRUTENGÄNGER Dippolismorshausen? Ist das nicht diese verschlafene schlechtriechende Stadt, wo die Leute sich abends in den Häusern einschließen und alles besser wissen? Pfefferminztee wäre mir lieber.
MARIE II Daß ich mich beim Aufgießen verbrühe! Pfefferminztee geht mir aufs Gemüt. Meine Stiefschwester hätte Ihnen welchen gemacht, aber die läßt sich grade in Dippolismorshausen von zwei reichen Bauern heiraten. Wenn Sie mir das hier wegspinnen, bis Ihnen die Finger blutig werden, hole ich Ihnen Bier.

WÜNSCHELRUTENGÄNGER Du brauchst für das hier *legt sich auf den Rücken, schließt die Augen, springt wieder auf* drei Monate siebzehn Tage einundzwanzig Stunden. Deine Stiefschwester? Sie ist blond, sie ist freundlich, sie kocht Pfefferminztee? In Dippolismorshausen? Ist das nicht diese gemütliche nach Sauerkohl riechende Stadt mit den Baukastenhäusern? Ich muß dringend nach Dippolismorshausen, ich habe in Dippolismorshausen zu tun, ich habe dort wichtige Geschäfte! *ab in Richtung Dippolismorshausen*

MARIE II He! ich hole Ihnen Kornschnaps! oder Apfelschnaps! Das war nichts. Also muß ich weiter die Zeit totschlagen. *spinnt andeutungsweise, singt:*
Sag ich: Hexen kann ich nicht
Wüßt auch keinen Grund
Didingdatei

Wünschelrutengänger.

WÜNSCHELRUTENGÄNGER Das war zu eilig losgegangen. Ob das Mädchen hübsch ist, weiß ich nicht, ob sie ein guten Herz hat, auch nicht, aber in spätestens zwei Jahren wird sie dick und häßlich sein, wenn ihr weiter alles aufs Gemüt geht. Ich werde sie einschläfern, dann kann ihr nichts aufs Gemüt gehen. *richtet die Wünschelrute auf Marie II*

MARIE II *singt*
Lacht er mir ins Angesicht
Küßt mich auf den Mund
Didingdatei.
schläft ein

WÜNSCHELRUTENGÄNGER Aha. Ich muß mich beeilen, vermutlich läuft die Zeit wieder schneller – *stößt den Messinghahn an*

Der Messinghahn dreht sich äußerst schnell, ruft kaum verständlich:«Kikeriki – freu dich Marie!»

– sie läuft sehr schnell, ich muß sie einholen, ich bin schon weit weg! *ab in Richtung Dippolismorshausen*

Lichtwechsel.

MARIE II *wacht auf* Habe ich geschlafen? Ein Glück, es ist Abend. Also muß ich mich an der Spindel stechen. Sich stechen tut weh, aber wenn ich es nicht mache, muß ich mir jahrelang das Gejammere von meiner Mutter anhören. *sticht sich mit der Spindel in die Hand* Au. Na, es geht. Und jetzt in den Brunnen damit. *geht zum Brunnen, singt:*
Küßt mich auf den Mund so stark
Macht mir Pein und Schmerz
wirft die Spindel in den Brunnen
Didingdatei
Rief ich: Herr, küßt nicht so arg
Ihr verbrennt mein Herz.
Ob ich ertrinke? Dann bin ich tot. Tot sein ist langweilig, hier ist es auch langweilig. Also kann ich ebensogut leben bleiben. Aber dann muß ich mir monatelang das Gekeife von meiner Mutter anhören.

Hase, eilig.

Ich springe. *springt in den Brunnen*
HASE Euweuhhpuhhih. Warum bin ich hier? Ich habe meine Hasenfrau gefunden. Ich habe sie nicht nur gefunden, sie hat inzwischen vier Hasenkinder von mir! Ich bin hier, weil ich heute morgen das Brot und den Apfel vergessen habe. *findet beides* Aha. Wie? sie sind wieder ganz! Ich habe ein Dauerbrot, ich habe einen Dauerapfel! Ich renne zurück und füttere meine Hasenfamilie. Aber ist nicht jemand in den Brunnen gesprungen? Meine goldene Marie? Sie war schon im Brunnen, also die andere Marie. Die andere Marie ist unfreundlich, sie ist faul, sie hat das Gewehr gebracht, mit dem

ich erschossen werden sollte. Aber vielleicht ist sie bloß dumm? Kann man ein Mädchen ertrinken lassen, bloß weil es dumm ist? Ich renne zurück, ich springe, ich springe nicht, ich renne zurück, ich springe!
springt in den Brunnen

Aus dem Brunnen erhebt sich die Wolke.

WOLKE
Wärme vom Grund
Macht Feuchtes rund
Wärme ist Leben
Leben ist Schweben
Schweben ist Schwinden
Schwinden ist Finden.
Ich bin die Wolke, das ist bekannt, ich billige und mißbillige, das ist bekannt, ich halte zwei Personen im Arm, ich entschwebe, ob nach oben oder nach unten ist unbekannt, es ist bekannt, daß es unbekannt ist, es ist alles bekannt, ich entschwebe. *entschwebt*

4

Wiese mit Wolkenvorhängen und Tor

Marie II. Hase. Wolke. Frau Holle.

Marie II und der Hase schlafend im Vordergrund.

MARIE II *wacht auf* Wo bin ich? Aha.
HASE *wacht auf* Wo bin ich? Aha.
MARIE II Wer ist das?
HASE Ein Hase. Du hast das Gewehr gebracht, mit dem ich erschossen werden sollte.
MARIE II Und wieso bist du hier? Reden hier die Hasen?
HASE Ich rede nicht hier, ich rede immer! Ich bin in den Brunnen gesprungen, um dich zu retten!
MARIE II Das hätte gefehlt, ich wollte ja hierher. Wo gehts zu Frau Holle?
HASE Du mußt durch den Wolkenvorhang.

Stimmen der Brote hinter dem Wolkenvorhang: »Zieh uns heraus! Wir verbrennen!«

MARIE II Was? Wolkenvorhänge gehen mir aufs Gemüt. Wieso weißt du den Weg? Bist du Frau Holle?
HASE Ich bin nicht Frau Holle, ich bin ein männlicher Hase! Ich habe eine Hasenfrau! Du mußt doch durch, jemend ruft.

Stimmen der Brote: »Zieh uns heraus! Wir verbrennen!«

MARIE II Von mir aus. Aber wenn es eine List ist, streue ich dir Salz auf den Schwanz.

Gehen durch den Wolkenvorhang, der sich zusammenzieht. Sichtbar wird ein Backofen, daneben ein Brotschieber.

HASE Siehst du? Es ist nur ein Backofen, und die Brote wollen heraus.

Stimmen der Brote: »Zieh uns heraus! Zieh uns heraus! Wir verbrennen!«

MARIE II Sollen sie sich selber heraushelfen, wenn sie reden können, ich habe keinen Hunger. Wo gehts zu Frau Holle?
HASE Durch den nächsten Wolkenvorhang. Aber du mußt erst die Brote herausziehen!
MARIE II Daß ich mir die Finger versenge! Daß ich mir das Gesicht mit Asche beschmiere! Dort durch?

Stimmen der Äpfel hinter dem zweiten Wolkenvorhang: »Schüttle uns! Schüttle uns! Wir sind reif!«

Aber wenn es eine List ist, knote ich dir die Ohren zusammen. *ab durch den zweiten Wolkenvorhang*
HASE He! Wäre ich bei meiner Hasenfrau geblieben. Vielleicht läßt uns Frau Holle nicht wieder zurück, wenn die Brote verbrennen! *faßt den Brotschieber verkehrt, öffnet die Ofentür, stochert im Ofen* Eupuhh! Au! Ich versenge mein Hasenfell, ich muß es retten! *ab durch den zweiten Wolkenvorhang*

Aus dem zusammengezogenen ersten Wolkenvorhang entsteht die Wolke.

WOLKE Ich bin die Wolke. Ich bin schon eine Weile hier, ich hatte mich breitgezogen. Ich mißbillige, wenn ein Mädchen frischgebackene Brote nicht aus dem Ofen zieht, sondern verbrennen läßt. Ich billige, wenn ein Hase versucht, die Brote herauszuziehen. Pfui, es riecht nach Asche. *kostet einen herausgefallenen Brotbrocken* Ekelhaft, es schmeckt versengt. Ich mißbillige, wenn ein Hase den Brotschieber verkehrt herum anfaßt, ich mißbillige, daß ich auf die Maifelder regnen muß, ohne gegessen zu haben, ich entschwebe! ich bin verstimmt. Ist hier noch ein Stück von mir? ich nehme es mit. *reißt den zweiten Wolkenvorhang an sich, ab durchs Tor*

Sichtbar werden, durch das Wegziehen des zweiten Wolkenvorhangs, ein Apfelbaum mit Äpfeln, davor Marie II und der Hase.

HASE Siehst du? Es ist nur ein Apfelbaum, und die Äpfel wollen herunter.

Stimmen der Äpfel: »Schüttle uns! Schüttle uns! Wir sind reif!«

MARIE II Sollen sie sich selber herunterhelfen, wenn sie reden können, ich habe keinen Hunger. Wo gehts zu Frau Holle?

HASE Durch den nächsten Wolkenvorhang. Aber du mußt erst die Äpfel vom Baum schütteln!

MARIE II Daß sie mir auf den Kopf fallen und ich mir blaue Flecken hole! Daß ich mir beim Auflesen das Kreuz verrenke! Dort durch? Wieso ruft niemand? Wenn es eine List ist, reiße ich dir den Bart aus. *ab durch den dritten Wolkenvorhang*

HASE He! Wäre ich bei meinen Hasenkindern geblieben. Vielleicht läßt uns Frau Holle nicht wieder nach Hause, wenn die Äpfel verfaulen. *rüttelt am Stamm* Bu! *springt nach den Äpfeln* Wihh! *nimmt Anlauf, kracht mit dem Kopf gegen den Stamm* Au! Ich habe eine Beule, ich muß meinen Hasenkopf retten! *ab durch den dritten Wolkenvorhang*

Aus dem Tor die Wolke, schabt sich den Rücken am Tor.

WOLKE Ich bin die Wolke, ich schabe mir den Rücken am Tor. Rede ich undeutlich? Ich könnte mir nicht den Rücken schaben, wenn ich unzufrieden bin, weil ich ihn mir geschabt habe, als ich zufrieden war? Es ist aber so.

Ich habe drei Tage getröpfelt, es war ein Elend. Wie riecht es? faulig. Wie schmeckt es? *Äpfel fallen vom Baum und zerplatzen, sie kostet einen* Widerlich! Ich mißbillige, wenn ein Mädchen reife Äpfel nicht vom Baum schüttelt, sondern verfaulen läßt, ich mißbillige, wenn ein Hase zu ungeschickt ist, die Äpfel zu ernten, ich mißbillige, daß ich ohne Kraft auf die Obstbäume regnen soll, was soll ich billigen? Ich bin äußerst verstimmt, ich entschwebe! *zieht den dritten Wolkenvorhang an sich, ab durchs Tor*

Sichtbar werden, durch das Wegziehen des dritten Wolkenvorhangs, Marie II und der Hase vor Frau Holles Wohnplatz.

MARIE II So. Und wo ist Frau Holle?
HASE Ich weiß es nicht.
MARIE II Habe ich gesagt, ich streue dir Salz auf den Schwanz? Habe ich gesagt, ich knote dir die Ohren zusammen? Habe ich gesagt, ich reiße dir den Bart aus?
HASE Hättest du die Brote herausgezogen! Hättest du den Apfelbaum geschüttelt! *ruft:* Frau Holle! – Ich singe dir ein Lied. *tanzt, singt:*
Die alte Oma Löffelholz
Mit ihrem weißen Barte
Die war auf ihren Kohl so stolz
Sie hielt ihn sonder zarte.
MARIE II Das Lied geht mir aufs Gemüt, es ist blöd.
HASE Ha! Und warum ist es blöd?
MARIE II Es ist blöd, weil alles doppelt gesagt wird. »Die alte Oma Löffelholz«. Alle Omas sind alt.
HASE Ich bin ein männlicher Hase, ich bin drei Jahre, meine schönste Hasenfrau ist zwei Jahre, in zwei oder drei Jahren werden unsere Hasenkinder Hasenkinder haben, dann ist meine Hasenfrau fünf Jahre und eine Oma. Ist sie dann etwa alt?
MARIE II Das Lied ist blöd, weil es nicht stimmt. »Mit ihrem weißen Barte«. Omas haben keinen Bart.
HASE Ich bin ein männlicher Hase, ich habe einen Bart,

wäre ich ein weiblicher Hase, hätte ich auch einen Bart. Alle Hasen haben einen Bart, sogar meine Hasenkinder.

MARIE II Das Lied ist blöd, weil es keiner versteht. »Sie hielt ihn sonder zarte«, was soll das sein?

HASE »Sonder« heißt »besonders«, »zarte« heißt zart. Es ist ein alten Lied, früher haben sie so geredet.

MARIE II Trotzdem versteht man es nicht. »Sie hielt ihn sonder zarte«, was soll das sein? Denkt die Oma, ihr Kohl schmeckt besonders zart? Oder pflegt sie ihn besonders zart?

HASE Es bedeutet beides! Lieder bedeuten immer zweierlei und vielerlei! Wer das nicht weiß, ist selber blöd! Euwuhhpuhhuh!

Frau Holle.

FRAU HOLLE Seid willkommen. Fürchtet ihr euch?

HASE Sie fürchtet sich, weil du große gelbe Zähne hast.

FRAU HOLLE Ich muß viel Seltsames kauen, davon sind sie groß und gelb. Wollt ihr bei mir Dienst tun?

MARIE II Dazu bin ich ja in den Brunnen gesprungen, zum Glück hat das Vieh mich nicht rausgeholt. Aber wieso reden hier die Hasen? Warum reden die Brote und Äpfel? Reden geht mir aufs Gemüt.

HASE Sie muß sich kümmern, daß die Jahreszeiten nicht durcheinanderkommen, daß die Sonne rechtzeitig auf- und untergeht, daß die Winde zur rechten Zeit wehen und nicht wehen, jedenfalls ungefähr, daß es zur rechten Zeit regnet und nicht regnet, jedenfalls ungefähr, damit die Samen in der Erde keimen und Pflanzen werden und wieder Samen in die Erde fallen. Und sie muß viel Seltsames kauen, damit alles so bleibt. Soll sie sich noch kümmern, wer hier redet und nicht redet? Aber wieso werde ich müde, als wollte ich einen Sommerschlaf halten? Hasen halten keinen Sommerschlaf, es gibt keinen Sommerschlaf, etwas stimmt nicht! *schläft ein*

MARIE II Gut, daß du ihn eingeschläfert hast. Was muß ich machen, daß ich zum Lohn ein goldenes Kleid bekomme?

FRAU HOLLE Wer bei mir Dienst tut, kriegt den Lohn, den er sich aussucht, ich kann mich nicht darum kümmern. Ich muß mich kümmern, daß die Jahreszeiten nicht durcheinanderkommen, daß es regnet und nicht regnet, daß die Sonne aufgeht und untergeht, daß die Winde wehen und nicht wehen, ich bin sehr müde. Schüttle nur die Betten, wenn du aufwachst, dann nimmst du mir eine Arbeit ab. Schüttle nur die Betten, die Betten.

Dicke Federbetten kommen im Halblicht herein bzw. werden sichtbar, Marie II deckt sich zu, Frau Holle den Hasen, dann sich, alle schlafen. – Aus dem Tor die Wolke, schabt sich den Rücken am Tor.

WOLKE Ich bin die Wolke, ich bin verstimmt, ich habe einen halben Maitag getröpfelt und drei Stunden im Juni genieselt, es war jämmerlich. Die Zeit läuft sehr schnell, habe ich etwas zu billigen?

Marie II ist aufgewacht, schüttelt die Betten. Frau Holle ist verschwunden.

Ich billige, wenn ein Mädchen den Schlaf aus den Betten schüttelt, ich brauche Kraft, um auf die Berge zu schneien, damit Flüsse und Seen Wasser bekommen, ich atme den Schlaf ein –

Marie II hat aufgehört zu schütteln.

wie? ich habe erst Kraft für hundertdreiundzwanzig Schneeflocken, ich mißbillige, ich mißbillige alles! ich werde schwarz, ich entschwebe. *ab durchs Tor*

MARIE II Das war was! ich war so verschlafen, daß ich

im Ernst die Betten geschüttelt habe. Hat Frau Holle nicht gesagt, jeder bekommt den Lohn, den er sich aussucht? Also kriege ich das goldene Kleid sowieso, wozu soll ich die Betten schütteln? Bettenschütteln geht mir aufs Gemüt. *stößt den Hasen an* He, du! träum nicht.
HASE *im Schlaf* Ich bin ein männlicher Hase, ich muß meinen Hasenkopf retten.
MARIE II Von mir aus. Dann lege ich mich auch schlafen. *deckt sich zu, schläft*

Aus dem Tor die Wolke, schabt sich den Rücken am Tor.

WOLKE Ich bin äußerst schwarz und verstimmt, ich bin es trotzdem. Ich habe die hundertdreiundzwanzig Schneeflocken geschneit, ich hätte es auch bleiben lassen können. Wir haben August, die Bäche trocknen aus, die Flüsse schleichen statt zu fließen, die Seen stinken, die Winde blasen Staubwolken in die Luft. Vermutlich bin ich selber eine Staubwolke. Was kann ich machen? ich begebe mich zur Ruhe. Ich kann mich nicht zur Ruhe begeben, weil hier zwei Personen schlafen, anstatt den Schlaf aus den Betten zu sohütteln, die zwei Personen ärgern mich. Der Ärger ist eine unangenehme Kraft, er läßt mich nicht ruhen, ich muß ihn loswerden. Ich forme mich zu einem Kamel. *versucht es vergeblich* Nun, dann zu einem Elefanten. *versucht es vergeblich* Also werde ich blitzen und donnern. *blitzt und donnert*

Frau Holle.

Ich hoffe, das war laut genug.
FRAU HOLLE Was für Lärm? Bist du nicht schneien? Ich muß mich kümmern und kümmern.

Marie II und der Hase wachen auf.

zu Marie II und dem Hasen: Hat euch die Wolke erschreckt?

HASE Die Wolke? Welche Wolke? Dieser Staublappen soll eine Wolke sein? Wir wollen nach Hause!
MARIE II Tatsächlich sagt das Vieh mal was Vernünftiges. Ich verlange meinen Lohn, ich suche mir ein goldenes Kleid aus.
FRAU HOLLE Wollt ihr mich verlassen? Es ist Herbst, du sollst deinen Lohn bekommen. Das Tor ist offen, geht nur.
HASE Ich bin ein Hase, ich kann nur rennen und springen!

Marie II tritt unter das Tor, die Torbalken werden schwarz, es regnet Pech auf Marie II.

Aber wieso wird das Tor schwarz? es regnet Pech, wir gehen nicht durch das Tor! meine Hasenfrau, meine Hasenkinder! wir gehen.

Pechregen aus, Marie II und der Hase ab durchs Tor.

WOLKE Ich bin die Wolke, ich billige, daß ich zwei störende Personen los bin, ich mißbillige, daß sie nicht ahnen, woher das Pech am Tor kommt, selbstverständlich kommt es davon, daß ich unzufrieden war und mir den Rücken am Tor geschabt habe. Ist hier noch etwas Pech? drei Tropfen, ich werfe sie auf die Erde, *wirft dreimal* ich werde ruhen und ruhen. *löst sich auf*

5

Haus am Weg mit Vorgarten, Brunnen und Wegweiser

Marie II. Hase. Kornbauer. Obstbauer. Frau Schwertfeger. Marie I. Wünschelrutengänger.

Morgendämmerung, Spätsommer. Die Pflanzen im Vorgarten welk. – Marie II im Pechkleid auf dem Brunnenrand liegend, Hase hinter dem Brunnenrand.

MARIE II Habe ich geträumt?
HASE Ich habe nicht geträumt.
MARIE II Ist hier ein Echo? Ich habe geträumt, ich war in Frau Holles Reich.
HASE Ich habe nicht geträumt; ich war in Frau Holles Reich. *kommt vor* Euwuhhuhpuhh. Wahrscheinlich träumst du doch.
MARIE II Dann träume ich, daß du eine Pechpfote hast.
HASE Was? Euwuhhpuhhweihh! Ich habe eine Pechpfote, ich muß mich umbringen!
MARIE II Na los. Ich habe noch nie gesehen, wie sich einer umbringt.
HASE Ich muß mich nicht umbringen, ich habe auch eine goldene Pfote. Die beiden Pfoten gleichen sich aus, ich bin ein tüchtiger Hase, ein tüchtiger Hase bleibt leben. Wo sind mein Brot und mein Apfel? *findet beides* Hier. *beißt in den Apfel* Ahh. *beißt ins Brot* Mmm.
MARIE II *beißt in Brot und Apfel* Mmm. Ahh. Ich habe Hunger, also träume ich nicht. Was sagst du zu meinem goldenen Kleid?
HASE Ich? Nichts.
MARIE II Nichts? *betrachtet Brot und Apfel* Träume ich doch? Sie sind wieder ganz.
HASE Es sind ein Dauerbrot und ein Dauerapfel, ich habe sie voriges Mal von Frau Holle mitgebracht.

MARIE II Sehr gut. Und warum sagst du nichts zu meinem Kleid?
HASE Ich bin ein schweigsamer Hase, ich rede nicht. Gib mir das Brot und den Apfel.
MARIE II Da wäre ich schön dumm. Ich habe ein goldenes Kleid, ich habe das Dauerbrot, ich habe den Dauerapfel, ich führe alles meiner Mutter vor, dann kann sie mich nie mehr volljammern und nie mehr ankeifen, und ich heirate einen reichen Mann und fahre jeden Tag in einer Kutsche spazieren.
HASE Gib es her! Ich habe eine Hasenfrau, ich habe vier Hasenkinder!
MARIE II Ich streue dir Salz auf den Schwanz, ich knote dir die Ohren zusammen, ich reiße dir den Bart aus! *läuft zum Haus* Mutter, aufwachen! Ich bin zurück! *stößt den Messinghahn an, ab ins Haus*

Der Messinghahn dreht sich, ruft: »Kikeriki – unsere pechschwarze Jungfrau ist wieder hie!«

HASE Ich bin keine Jungfrau, ich bin ein Hase! Ich renne zu meiner Hasenfamilie! *macht große Sprünge, singt:*
Die alte Oma Löffelholz
Mit ihrem weißen Barte –
ab; hinter der Bühne: Euweihhpuhhwihh!

Kornbauer und Obstbauer, finster und unrasiert, mit Tragkörben; zerren den Hasen herein, setzen die Tragkörbe ab.

KORNBAUER, OBSTBAUER So.
OBSTBAUER Lassen wir ihn frei?
KORNBAUER Nein. Erschießen wir ihn?
OBSTBAUER Er hat eine goldene Pfote.
KORNBAUER Die hacken wir ab. Er hat eine Pechpfote.
OBSTBAUER Die schmeißen wir weg.
KORNBAUER, OBSTBAUER Ein Gewehr, ein Gewehr, ein Gewehr!

Aus dem Haus Frau Schwertfeger im Morgenrock.

FRAU SCHWERTFEGER Was für Lärm? Ihr. Mit dem Hasen. Laßt ihr ihn wieder laufen?

Aus dem Haus Marie II mit einem Gewehr.

MARIE II Nein. Hier ist das Gewehr. Guten Morgen Mutter. Guten Morgen Herr Meier und Herr Müller.
FRAU SCHWERTFEGER Wie? Meine Herren, Schnaps.
KORNBAUER Bitte. *zieht eine Flasche aus seinem Korb*
OBSTBAUER Bitte. *zieht eine Flasche aus seinem Korb* Aber nicht umsonst.
KORNBAUER Aber nur gegen Bezahlung.
FRAU SCHWERTFEGER Sie ist ein Gespenst! Woher kommst du? Woher ist das Kleid?
MARIE II Von Frau Holle. Wer von euch den Hasen erschießt, darf mich heiraten, vorausgesetzt, er hat genug Geld auf der Bank, und schenkt mir eine Kutsche, in der ich jeden Tag ausfahre. Herr Müller aus Vorderwulzwitz, möchten Sie?
OBSTBAUER Sehr gern. Leider habe ich heute schlechte Augen.
MARIE II So, haben Sie nicht genug Geld auf der Bank?
FRAU SCHWERTFEGER Sie ist eine Wasserleiche!
MARIE II Herr Meier aus Hintersulzwitz?
KORNBAUER Gern. Leider zittern mir heute die Hände.
MARIE II So, können Sie sich keine Kutsche leisten? Dann werde ich den Hasen selber erschießen. *legt an*
KORNBAUER, OBSTBAUER Nein! Keinesfalls! Sie werden mich treffen! *verstecken sich einer hinter dem anderen, lassen den Hasen los*
HASE Eupuhhweihhwihh. *flieht, ab*
FRAU SCHWERTFEGER Sie ist ein Geist!
MARIE II Unsinn, ich bin wirklich da. *stößt den Messinghahn an*

Der Messinghahn dreht sich, ruft: »Kikeriki – unsere pechschwarze Jungfrau ist wieder hie!«

Wieso ruft er das? Ich werde ihn in Stücke schießen! *schießt, trifft*

Der Messinghahn dreht sich, ruft: »Kikeriki – unsere pechschwarze Jungfrau ist wieder hie!«

Mutter! Was bedeutet das!
KORNBAUER *untersucht den Messinghahn* Er hat Pechtropfen im Schnabel, drei.
OBSTBAUER Sie passen zu Ihrem Kleid. Möchten Sie sie?
MARIE II Ich habe nicht gewußt, daß ich die Brote herausziehen sollte! Ich habe nicht gewußt, daß ich die Äpfel ernten sollte! Ich habe nicht gewußt, daß ich die Betten schütteln mußte!
FRAU SCHWERTFEGER Meine Herren, es handelt sich um einen Irrtum, es handelt sich um ein Mißverständnis. Das goldene Kleid meiner Tochter ist etwas angestaubt, wir werden es reinigen. *versucht es* Nun, das braucht Zeit. Wir werden es ausziehen. *versucht es* Nun, später. Wir werden ihr etwas Anderes überziehen. *ab ins Haus, zurück mit Kleidern* Das Grünsamtene. Besser das Silbergraue. Nein, das Blüten- und Pfirsichfarbene. *zieht Marie II das Kleid über, setzt ihr eine Haube auf, Pechflecken kommen durch* Bitte, meine Herren, Sie können um meine Tochter anhalten.
KORNBAUER, OBSTBAUER Nein! Wir bedanken uns! Wir müssen nach Dippolismorshausen! *nehmen ihre Körbe auf*
KORNBAUER Seit diesem Frühjahr hat es nicht geregnet!
OBSTBAUER In diesem Sommer waren nur Wind und Hitze!
KORNBAUER Die Kornfelder sind verdorrt!
OBSTBAUER Die Obstbäume haben angesetzt, aber nicht getragen!
KORNBAUER, OBSTBAUER Wir sind ruiniert! Wir haben

Schulden auf der Bank! Wir müssen unseren Schnaps verkaufen! *gehen los, halten an* Was ist das?

Räderrollen, Pferdegetrappel. Eine Reisekutsche aus Richtung Dippolismorshausen hält an.

MARIE II Meine Kutsche. Ich habe gewußt, daß sie kommt.

Aus der Kutsche Marie I in Reisekleidern.

MARIE I Guten Morgen Schwester. Guten Morgen Mutter. *zu den Bauern:* Guten Morgen ihr. Wollt ihr nach Dippolismorshausen?
KORNBAUER, OBSTBAUER Ja! Allerdings! Nein! Keinesfalls! *setzen die Körbe ab*
KORNBAUER Dieses Frühjahr haben wir uns rasieren lassen und neue Kleider gekauft!
OBSTBAUER Wir wollten Sie heiraten, aber Sie waren verschwunden!
KORNBAUER Wir lassen uns wieder rasieren!
OBSTBAUER Wir ziehen die neuen Kleider an!
KORNBAUER, OBSTBAUER Wir machen neue Schulden und zahlen die alten zurück, dann haben wir wieder Geld auf der Bank! Wir lieben Sie immer noch! Wir bitten um Ihre Hand!
KORNBAUER Vorderwulzwitzer!
OBSTBAUER Hintersulzwitzer!

Aus der Kutsche der Wünschelrutengänger.

WÜNSCHELRUTENGÄNGER Ich bitte um Entschuldigung, ich arbeite eben an einer Erfindung, ich hatte nicht bemerkt, daß wir anhalten. Guten Tag Schwiegermutter. Guten Tag allerseits. Kriegt man hier einen Pfefferminztee?
MARIE II Meine Kutsche. Ich habe gewußt, daß sie kommt. *ab ins Haus*

FRAU SCHWERTFEGER Guten Tag, mein Herr. Sagten Sie Pfefferminztee? Sagten Sie Schwiegermutter? Sie wollen meine Tochter heiraten?
WÜNSCHELRUTENGÄNGER Habe ich gesagt Schwiegermutter? Ich glaube, ich habe es gesagt. Weshalb sind alle Pflanzen welk? Habe ich gesagt, ich will Ihre Tochter heiraten? Ich glaube, ich habe es nicht gesagt. Weshalb rauscht der Brunnen nicht? Ich will Ihre Tochter nicht heiraten, ich habe sie geheiratet.

Aus dem Haus Marie II.

MARIE II Ihr Pfefferminztee.
FRAU SCHWERTFEGER Marie, Tochter, was höre ich? Du warst nicht bei Frau Holle? Dein Pechkleid ist nur ein Scherz? Du hast diesen schönen jungen Mann geheiratet?
WÜNSCHELRUTENGÄNGER *geht mit der Wünschelrute hin und her, bis sie ausschlägt* Nichts. Nichts. Aha. Man muß einen neuen Brunnen graben, hier. Habe ich gesagt, ich habe Ihre Tochter Marie geheiratet? Ich glaube, ich habe es gesagt, aber ich habe mich undeutlich ausgedrückt. Ich habe Ihre Stieftochter Marie geheiratet. Oder sie mich, wie man es nimmt. *küßt Marie I, trinkt mit ihr Pfefferminztee*
FRAU SCHWERTFEGER Wie? Wie schön! Wie wunderbar! Und wieso trinken Sie Pfefferminztee? Meine Herren, Schnaps, ich bezahle ihn, wir werden feiern! *bekommt Schnapsflaschen von den Bauern; zu Marie I und dem Wünschelrutengänger:* Ihr könnt in den beiden Kammern auf dem Boden wohnen! Ihr könnt den Brunnen graben, ihr könnt den Garten gießen und in Ordnung halten! Alles wird grünen und blühen, wir werden glücklich und zufrieden sein!
WÜNSCHELRUTENGÄNGER *legt sich auf den Rücken, schließt die Augen, springt wieder auf* Der Brunnen muß fünfundzwanzig Meter tief sein, genauer fünfundzwanzigein-

halb. Habe ich gesagt, wir bleiben hier wohnen? Ich glaube, ich habe es nicht gesagt. Wir sind auf der Durchreise.

MARIE I Wir fahren nach Quakkedokien.

KORNBAUER, OBSTBAUER Quakkedokien? Wo soll das sein?

MARIE I Ungefähr links von Indien. Der Emir von Quakkedokien hat ihn als Obersten Bewässerer und Erfinder eingestellt.

WÜNSCHELRUTENGÄNGER Und sie als Oberste Pflegerin für seine siebenhundert Gärten.

FRAU SCHWERTFEGER So? Und wer soll den Brunnen graben? Marie, Tochter, lauf nach Dippolismorshausen, hol deinen Stiefvater, es gibt zu tun!

WÜNSCHELRUTENGÄNGER Ich bitte um Entschuldigung, ich arbeite an einer Erfindung, ich bin etwas zerstreut. Habe ich gesagt, daß der Emir von Quakkedokien für die siebentausend Türen in seinem Palast und für seine siebentausend Geheimschränke einen Obersten Schlossermeister braucht? Ich glaube, ich habe es nicht gesagt.

MARIE I Vater fährt mit uns. Er wird Oberster Schlossermeister. Auf Wiedersehen Mutter und Schwester.

WÜNSCHELRUTENGÄNGER Alles Gute! Danke für den Pfefferminztee.

Marie I und Wünschelrutengänger ab in die Kutsche, die Kutsche fährt ab in Richtung Welt.

FRAU SCHWERTFEGER Und wir?

KORNBAUER *zum Obstbauern:* Was sagst du?

OBSTBAUER *zum Kornbauern:* Was sagst du?

KORNBAUER Nimmst du die Alte und ich die Junge?

OBSTBAUER Oder ich die Junge und du die Alte?

KORNBAUER, OBSTBAUER Nein! Das Geld für den Schnaps! *bekommen* Nach Dippolismorshausen! Dortlang! *ab in Richtung Dippolismorshausen*

FRAU SCHWERTFEGER Was machen wir?

MARIE II Ich weiß nicht. Graben wir den Brunnen?

FRAU SCHWERTFEGER Den Brunnen? Was hast du da?
MARIE II Ein Dauerbrot und einen Deuerapfel von Frau Holle. Man ißt davon, aber sie werden nicht alle.
FRAU SCHWERTFEGER So? Wir können einen Brotladen aufmachen. *beißt ins Brot, das Brot zerbricht* Soll ich mir die Zähne ausbeißen? *wirft das Brot weg* Wir können ein Obstgeschäft eröffnen! *beißt in den Apfel, spuckt aus, wirft den Rest weg* Soll ich mich an Verfaultem vergiften?
MARIE II Dann müssen wir doch den Brunnen graben.
FRAU SCHWERTFEGER *holt eine Hacke, gibt sie Marie II* Da!
MARIE II *holt einen Spaten, gibt ihn ihrer Mutter* Da.
FRAU SCHWERTFEGER Daß du nicht faulenzt!
MARIE II Daß du nicht faulenzt.

Graben, hacken. – Hase, eilig.

HASE Euwuhhuhpuhh. Ich komme von meiner Hasenfrau und meinen Hasenkindern, sie haben mich umarmt, es geht ihnen gut. Wo sind mein Brot und mein Apfel? *findet die Reste* Aha. Aha. Heule ich deshalb? Ein tüchtiger Hase heult nicht, er frißt Kohl. Außerdem habe ich unterwegs eine Kutsche mit meiner Marie getroffen. Ihr Mann hat eben eine Erfindung gemacht. Er hat entdeckt, wenn ein Mädchen ein Pechkleid hat und siebenundsiebzig Tage lang jeden Tag sieben Stunden hackt oder gräbt, geht das Pech ab. Ob ich es denen sage? Ich überlege es mir, man kann nie sicher sein, besonders als Hase. Ich singe ihnen zur Probe ein Lied. *tanzt, singt:*
Die alte Oma Löffelholz
Mit ihrem weißen Barte
Die war auf ihren Kohl so stolz
Sie hielt ihn sonder zarte –
Sie hielt ihn sonder zarte.

1982

Der Mehrzweckschreibtisch

Minidrama in drei Akten

Personen

BEFRAGER I
DIE PERSON
BEFRAGER II
WACHEN

Die Szene ist in einem Tiefgeschoß-Büro

I

Befrager I, in Zivil, hinter einem Schreibtisch. Nach einer Weile fliegt die stählerne Tür auf. Herein Wache – einer höflich-lässig, einer stumpf-militärisch –, verharrt an der Tür. Es folgt Die Person, Anfang 50, jünger wirkend, offenbar aus Geschäften gerissen. Wache ab, Tür zu.

BEFRAGER I Das ist schön, daß Sie hergefunden haben.
DIE PERSON Ihre Eskorte wußte ja den Weg.
BEFRAGER II Ja, einer von ihnen soll lesen können. *Person setzt sich.* Und Sie fühlen sich schon ganz zu Hause.
DIE PERSON *zündet sich eine Zigarette an* Ich bin knapp mit der Zeit.
BEFRAGER I Wasser? *gießt Wasser ein* Knapp, wie wir alle. Desto reizender, daß Sie der Aufforderung gefolgt sind.
DIE PERSON Ich verabscheue Aufforderungen.
BEFRAGER I Unter uns, ich verabscheue, sie ausfertigen zu lassen, wie überhaupt allen Schriftverkehr. *weist auf den Berg Akten auf dem Schreibtisch* Können wir zur Sache kommen?
DIE PERSON Das hoffe ich.
BEFRAGER I Ohne Umschweife. Wenn Sie ahnten, was manche für Umschweife machen. Ich bin in den letzten Wochen um Jahre gealtert. Manchmal ertappe ich mich, wie ich selber umschweife. Sie geben es, kurz, zu?
DIE PERSON Ich gebe was zu?
BEFRAGER I *seufzt* Sie sind Publizist. Selbstdenker, Freund aller Künste, insonderheit des Theaters, scharfe Feder, spitze Zunge. Manchmal sogar Verse. Gepfefferte Verse. Oder auf stille Weise vernichtend.
DIE PERSON Das muß ich nicht zugeben, Sie wissen es offenbar.
BEFRAGER I Ja sicher.

DIE PERSON Immerhin freut mich, *daß* Sie es wissen.
BEFRAGER I Aber körperlich sind Sie gut drauf.
DIE PERSON Yoga, Jogging, regelmäßig Mittagsschlaf.
BEFRAGER I Ich beneide Sie. Ich konnte mir das nie leisten. Nun kann ich es mir wieder nicht leisten. Die Frage war: Sie geben zu, daß Sie zusammengearbeitet haben? Das ganze Land hat ja zusammengearbeitet.
DIE PERSON Einschließlich des gestirnten Himmels darüber.
BEFRAGER I Stoßen Sie sich doch nicht an Formulierungen. Von mir aus das halbe Land.
DIE PERSON *drückt die Zigarette aus, steht auf, geht eine Runde im Zimmer* Ich muß Sie enttäuschen. Ich habe nicht zusammengearbeitet. Nicht mit dem Geheimdienst des verflossenen Regimes, den Sie anscheinend meinen.
BEFRAGER I Ich dachte, wir führen ein offenes Gespräch.
DIE PERSON Ein Gespräch, wie es offener nicht sein kann.
BEFRAGER I Na. Sie sind nicht gebeten worden?
DIE PERSON Einmal, vor vielleicht fünfundzwanzig Jahren –
BEFRAGER I *angeregt:* Sie waren mithin achtundzwanzig –
DIE PERSON *setzt sich* Vermutlich. Es kamen also zwei Herren. Ich bot ihnen Kaffee an. Der zweite oder siebente Satz, den ich sagte, war, daß ich nicht zusammenarbeiten werde. Sie tranken meinen Kaffee, redeten über das, was Sie meine gepfefferten Texte nennen, und gingen.
BEFRAGER I Und kamen nicht wieder? Wurde Ihr Telefon abgehört?
DIE PERSON Hören Sie mein Telefon ab?
BEFRAGER I Waren Sie besonders offen beim Telefonieren?
DIE PERSON Ich pflege am Telefon, wie im übrigen täglichen Leben, knapp und sarkastisch zu sein. Außer ich bin verliebt, oder werde verhört.

BEFRAGER I Ja, immer gepfeffert. Das liegt Ihnen im Blut, was? Ich gehe also davon aus, daß Sie nicht zusammengearbeitet haben. Auch nicht durch besondere Offenheit am Telefon.
DIE PERSON Fein. Rufen Sie Ihre Wachen?
BEFRAGER I Sobald unser Gespräch abgeschlossen ist.
DIE PERSON Ich halte es für abgeschlossen.
BEFRAGER I Es ist, wenn Sie meine etwas rohe Redeweise –
DIE PERSON Unbeholfen. Ihre etwas unbeholfene Redeweise.
BEFRAGER I – meine unbeholfene Redeweise entschuldigen wollen, eben auf dem Kipp-Punkt.
DIE PERSON Kipp-Punkt. Zwei aneinanderstoßende »P«. Extrem schwierig für unbeholfene Schauspieler.
BEFRAGER I *brüllt:* Kipp-Punkt!

Die Tür fliegt auf, in der Tür die Wachen.

BEFRAGER I *schreit die Wachen an:* Nein! *ruhig:* Raus.

Wachen ab, schließen die Tür.

BEFRAGER I Ich hoffe, Sie sehen mir das nach. Ich wollte tatsächlich in jungen Jahren Schauspieler werden. Sie haben demnach nicht zusammengearbeitet. Ich glaube Ihnen, ich bin befugt, Ihnen zu glauben. Aber Sie haben es noch nicht zugegeben.
DIE PERSON Ich dächte, ich hätte dargelegt –
BEFRAGER I Verehrter, Sie haben dargelegt, daß Sie nicht zusammengearbeitet haben, ich habe dargelegt, daß ich Ihnen glaube. Der Kipp-Punkt ... Kipp-Punkt ... Der Kipp-Punkt – das war schon fast bühnenreif, hä? – ist, indem Sie nicht zusammengearbeitet haben, haben Sie zusammengearbeitet.
DIE PERSON Würden Sie mir einen Cognac anbieten?
BEFRAGER I Schnaps? Mit Vergnügen. Er muß hier ...

reißt mehrere Schrankfächer auf, wird fündig Bedienen Sie sich.
DIE PERSON *tritt ans Schrankfach* Das ist aber eine wirklich schäbige Auswahl.
BEFRAGER I Geerbt vom verflossenen Regime. Dann lieber Wasser? *gießt Wasser nach* Ja, konsequent waren Sie immer. *setzt sich* Sie, ein Mann spitzer Zunge und Feder, haben nicht zusammengearbeitet. Das Regime, folglich, konnte behaupten, daß, wer wollte, zusammenarbeitete, wer nicht wollte nicht. Ein geradezu freiheitliches Regime, das Zusammenarbeit lediglich freistellt. Sie, Verehrter, haben durch Ihre Weigerung dem Regime eine freiheitliche Maske umgehängt; das, in meiner unbeholfenen Redeweise ... Redefeise, nenne ich den Kipf-Punkt ... Kipp-Pfunkt ... Kipf-Pfunktpfff... *brüllt:* Kipp-Punkt!

II

Die Tür fliegt auf, in der Tür die Wache.

BEFRAGER I Habe ich gesagt nein?

Wache verharrt.

BEFRAGER I Mit Lichtgeschwindigkeit raus!

Wache tritt auseinander, sichtbar wird Befrager II in Hut und Mantel.

BEFRAGER I Zu wann vorgeladen?
BEFRAGER II *stellt seine Aktentasche ab, zieht den Mantel aus* Die Kommunikation scheint bei Ihnen gestört. Es ist Ihnen entgangen, daß ein Umsturz stattgefunden hat?
BEFRAGER I Der Umsturz, Mann, hat vor mittlerweile sieben Wochen stattgefunden, und ich bin, gewissermaßen, einer seiner Vollzieher. Haben Sie im Sarg gelegen solange?
BEFRAGER II Im Sarg? *lacht kurz, hängt seinen Mantel auf* Im Weckglas, und jetzt bin ich aufgeweckt. *stellt seine Aktentasche auf den Schreibtisch* Es haben, exakt zu sein, zwei Umstürze stattgefunden. Einer vor sieben Wochen, der andere vor *sieht auf die Uhr* sechsundsiebzig Minuten. Sie haben nicht bemerkt, daß die Wache eine veränderte Uniform trägt? Behelfsmäßig natürlich. *packt Thermosflasche und Stullenbüchse auf den Schreibtisch* Ob Sie den Stuhl freimachen? Die haben Schnellfeuergewehre.

Wache entsichert die MPis, Befrager I wirft sich hinter den Schreibtisch.

BEFRAGER II Ja, ja, gut.

Wache sichert die MPis. Befrager I rappelt sich auf, rafft Akten zusammen.

Nanana.

Befrager I läßt die Akten fallen, kann indes während des folgenden nicht widerstehen, sammelt sie auf und ordnet sie auf dem Schreibtisch.

DIE PERSON *zu Befrager II* Also, ich bin tatsächlich froh, daß Sie kommen.
BEFRAGER II Wie der Geist aus der Flasche, was? *geht zum Schrank, öffnet das Schnapsfach* Pfui Teufel. Alles Ordentliche weggeschluckt. *gießt ein Glas halb voll, reicht es der Person*
DIE PERSON *nimmt das Glas, riecht daran, stellt es angewidert ab* Nicht, daß ich Gewalt liebe. Ich verabscheue Gewalt.
BEFRAGER II *nimmt das Glas, riecht daran* Richtig. Vollkommen untrinkbar. Wir alle verabscheuen Gewalt. *gießt den Inhalt des Glases in die Flasche zurück*
DIE PERSON *setzt sich* Der Punkt ist, Ihr Kollege –

Befrager II lacht kurz.

Ihr Gegen-Kollege hat sich eines ausgesucht albernen Tricks bedient.
BEFRAGER II *inspiziert die anderen Schrankfächer* Wen wundert das. Das erste, was die nach einem Umsturz machen, ist, sie beseitigen den Fünfsternecognac.
DIE PERSON Einer dialektischen Falle. Reif für einen Dorffeuerwehrball. Reine Rabulistik. Kränkend.
BEFRAGER II Kränkend? Klar. Ohne Überempfindlichkeit keine intellektuelle Leistung, aber wie gehen wir damit um?

Befrager I hält das für einen Vorwurf, läßt Akten fallen.

zu Befrager I: Neinnein, machen Sie weiter. *setzt sich; zur Person:* Alsdann.

DIE PERSON Ich wollte lediglich für Ihr Erscheinen danken. Ich nehme an, ich kann gehen.

BEFRAGER II Aber ich bitte Sie. Das interessiert doch, was die Gegenseite für dialektische rabulistische Tricks drauf hat. *kramt in seiner Aktentasche* Ich hatte – hier. *bringt eine Taschenflasche hervor, öffnet sie, schnuppert, gießt daraus ein, reicht der Person das Glas* Das ist, vermute ich, trinkbar.

DIE PERSON *schnuppert, trinkt, lächelt; kühl:* Das Argument war: Eben dadurch, daß ich mit Ihnen nicht zusammengearbeitet habe, hätte ich mit Ihnen zusammengearbeitet.

BEFRAGER II *lacht kurz* Aber in Wirklichkeit haben Sie natürlich zusammengearbeitet.

DIE PERSON *steht auf* Ich hätte mir eher die Zunge abgebissen.

BEFRAGER II Na, mein Lieber, die Zunge. Das sind, real gesagt, Schmerzen. *streckt die Hand wedelnd zu Befrager I aus, bis der begreift und ihm die Akte der Person reicht; blättert in der Akte* Waren Sie besonders offen am Telefon?

DIE PERSON Ich pflege am Telefon, wie im übrigen täglichen Leben –

BEFRAGER I – knapp und sarkastisch zu sein.

BEFRAGER II Hä?

BEFRAGER I Außer er ist verliebt, oder wird verhört.

BEFRAGER II Klar. *legt die Akte beiseite* Das liegt Ihnen im Blut, wie? Immer auf stille Weise vernichtend. *rezitiert:*
Äußerste Vorsicht, rät K., bewahr, siehst du einen
  Tornister:
Wie bei der Schlange an Gift –

BEFRAGER I   – denk an den Marschallstab drin!

BEFRAGER II Das haben die sich im Untergrund aufgesagt. So daß wir es drauf haben mußten, dazu noch weiteres, als Vorrat. Manche von uns unterhielten sich bloß mit Ihren gepfefferten Sätzen; wer keinen mehr

wußte, zahlte den Cognac. Freut mich aufrichtig, Sie kennenzulernen. Warum eigentlich haben Sie nicht zusammengearbeitet?
DIE PERSON Ich halte Geheimdienste für überflüssig. Und empfinde Ekel vor ihrer Arbeit.
BEFRAGER II Also, ekeln tun wir uns selber. *zu Befrager I:* Stimmts? *zur Person:* Stimmt. Und überflüssig zählt auch nicht. Inzwischen arbeiten Sie ja zusammen.
BEFRAGER I Kipf-Punkt. Ein Kipp-Pfunkt! *stößt an die aufgetürmten Akten, die zu Boden krachen*

Wache entsichert die MPis.

BEFRAGER II Was?! *zur Wache:* Sichern. *zu Befrager I:* Nehmen Sie sich zusammen.

Wache sichert die MPis, Befrager I sammelt Akten auf.

zur Person: Bevor ich eintrat, haben Sie dem Gegen-Kollegen eröffnet, daß Sie mit uns nicht zusammengearbeitet haben, also haben Sie mit ihm zusammengearbeitet. Nachdem ich eintrat, haben Sie die rabulistischen Tricks des Gegen-Kollegen offengelegt, also mit mir zusammengearbeitet. Die Frage ist demnach nicht, ob Sie zusammenarbeiten, sondern wie; damit ist unser Gespräch an einem Kipp-Punkt –
BEFRAGER I Kibb-Punkt.
BEFRAGER II Kipp-Bunkt.
BEFRAGER I Zwei aneinanderstoßende P. Extrem schwierig für unbeholfene Schauspieler. Kibbww-Pfunkt.
BEFRAGER II Kipp-Bwwwunkt.
BEFRAGER I, BEFRAGER II *brüllen:* Kipp-Pfungdbwwww!

III

Die Tür fliegt auf, Feuerstoß; Wache feuert zurück. Befrager I und II werfen sich hinter den Schreibtisch, Wache fällt zu Boden.

BEFRAGER II *taucht mit gezogener Pistole hinter dem Schreibtisch auf* Offenbar wieder ein Umsturz. *zu Befrager I:* Lassen Sie mich erschießen?

BEFRAGER I *taucht hinter dem Schreibtisch auf* Das würde Ihnen passen. *zieht seine Pistole, nimmt die Pistole von Befrager II; zur Wache:* Mit doppelter Schallgeschwindigkeit auf!

DIE PERSON *geht zur Wache, die sich nicht rührt* Ich fürchte, sie weigern sich.

BEFRAGER I *entsichert beide Pistolen, reicht eine Befrager II* Erschießen!

DIE PERSON Sie sind tot.

BEFRAGER II *untersucht die Wache* Allerdings.

BEFRAGER I *sieht nach draußen, kommt zurück* Die dort auch. Rausbringen.

Befrager I und II geben ihre Pistolen der Person, zerren die Leichen nach draußen, kommen zurück, werfen die Tür zu, waschen sich die Hände.

DIE PERSON Es scheint, ich kann endlich gehen.

BEFRAGER I *tupft Befrager II Blut vom Ärmel* Das wäre ein Fehler.

BEFRAGER II *tupft Befrager I Blut von der Nase* Ein schwerer Fehler. Zumal Sie zwei entsicherte Pistolen in den Händen halten.

BEFRAGER I Und man nicht weiß, ob der Gegenumstpfurzes des Gegenumstpfurzes – der Gegenumsturz des Gegenumsturzes Erpfolg hat. *brüllt:* Erfolg hat!

Von außen, oben und unten sporadisch Schußwechsel.

BEFRAGER II Korrekt. *zur Person, die sich vergeblich müht, die Pistolen zu sichern:* Darf ich helfen? *sichert die Pistolen* Am besten werfen wir sie in den Luftschacht. *wirft die Pistolen in den Luftschacht; zu Befrager I:* Haben Sie einen Schlüssel?
BEFRAGER I Allerdings. *schließt die Tür ab* Wieder ein Kipp-Punkt. Und nun –
BEFRAGER II – schalten wir auf Eiserne Reserve. *drückt einen Knopf, aus dem Boden fährt ein Appartment* Notdusche. Wassertank. Chemische Toilette. Sauerstoff für siebzig Tage. Speisekammer Eins: Zwieback, Mineralwasser, Hartwurst, Gemüsekonserven. Speisekammer Zwei: Vitaminkapseln, Yogurth, Champagner, Fünfsternecognac. *zu Befrager I:* Hatten Sie übersehen, wie?
BEFRAGER I *zu Befrager II:* Allerdings. Im Falle eines Gelingens des Gegenumsturzes des Gegenumsturzes bedürfte ich Ihrer als Aktenkundigen. *stellt eine Flasche Cognac und drei Gläser auf den Schreibtisch, öffnet die Flasche, schenkt ein*
BEFRAGER II *zu Befrager I:* Im Falle eines Scheiterns des Gegenumsturzes des Gegenumstpfurzes – *kichert; Befrager I kichert mit* – brauchte ich Sie gleichfalls. *stellt eine Flasche Champagner und drei Gläser auf den Schreibtisch, öffnet die Flasche, schenkt ein*
BEFRAGER I und II Und nun –

Generalpause.

BEFRAGER I *zur Person:* – schlage ich vor, daß Sie umfassend Auskunft geben.
BEFRAGER II Und zwar nicht über Einzelheiten. Einzelheiten stören bloß.
BEFRAGER I Einzelheiten sind überhaupt Quatsch.
BEFRAGER I und II Sondern –

Von außen, oben und unten Schußwechsel, sich nähernd und entfernend.

BEFRAGER I *flüsternd:* – über die merkwürdige Beschaffenheit Ihrer Seele, die Sie dazu brachte, nicht zusammenzuarbeiten.
BEFRAGER II *flüsternd:* Weder mit ihm noch mit mir.
BEFRAGER I *flüsternd:* Weder mit denen noch mit uns.
BEFRAGER II *brüllt:* Das ganze Land hat ja zusammengearbeitet!
BEFRAGER I *brüllt:* Von mir aus das halbe Land!
BEFRAGER I und II Und inzwischen arbeiten Sie ja zusammen!

In die Schlußreplik von überallher Schußwechsel. Befrager I und II schalten ihre Tonaufzeichnungsgeräte ein, kurbeln darauf herum, spielen in äußerster Lautstärke Gesprächsfetzen aus Akt I und II. Das Licht wird schwächer, Fading der Tonaufzeichnungen, Dunkel. Vorhang.

Die Wache tritt rasch vor den Vorhang, verbeugt sich; Befrager I und II, die Person tragend, folgen, verbeugen sich; die Person springt ihnen aus den Armen und verbeugt sich gleichfalls.

Februar/März 1991

Editorische Notiz

Der Soldat und das Feuerzeug entstand für die Städtischen Bühnen Erfurt und wurde dort 1967 in der Regie von Dieter Wardetzky uraufgeführt; die Lieder hatte Friedrich Goldmann vertont. Eine von Lothar Scharsich illustrierte Buchausgabe erschien 1978 beim Eulenspiegel Verlag Berlin.

Heinrich Schlaghands Höllenfahrt, geschrieben im Auftrag der Städtischen Bühnen Magdeburg, war, mit vielen Druckfehlern, 1973 in der Zeitschrift THEATER DER ZEIT abgedruckt; das Stück geriet in die Turbulenzen des berüchtigten 11. ZK-Plenums, galt fortan in der DDR als verboten und erschien 1978 in dem Rowohlt-Querschnittband »Auszog das Fürchten zu lernen«.

Das Treatment *Von einem, der auszog, das Fürchten zu lernen* entstand für die DEFA, die es 1979 erwarb, aber zugleich erklärte, man werde den Film nicht drehen. Der Text erschien später unter dem Titel »Ein wiedergefundenes Skript« in Heft 4/1991 der Zeitschrift NEUE DEUTSCHE LITERATUR.

Das Land Bum-bum, nach dem Kinderbuch »Hinter dem Violinschlüssel« des russischen Autors Roald Dobrovenski, war eine Auftragsarbeit für die Deutsche Staatsoper Berlin und wurde von Georg Katzer komponiert; die Staatsoper überließ das Werk dann der Komischen Oper Berlin, wo es 1976 in der Regie von Joachim Herz uraufgeführt wurde. Inszenierungen an anderen Opernhäusern folgten.

Das Ballett *Münchhausen* kam, mit der Musik von Rainer Kunad, 1979 am Deutschen Nationaltheater Weimar zur Uraufführung. Das Libretto erschien in NEUE DEUTSCHE LITERATUR, Heft 4/1984.

Frau Holle wurde 1983 am Theater der Jungen Generation Dresden uraufgeführt und mehrfach nachgespielt; als 1985 engagierte Eltern den Wiesbadener Intendanten zwangen, die dortige Inszenierung abzusetzen, weil im Text zwei schnapsbrennende Bauern vorkommen und nicht nur die böse Stiefmutter, sondern auch der positive Hase von dem Gebräu trinken, sprach der Skandal sich herum und verhinderte jahrelang Wiederaufführungen des Stücks.

Der Mehrzweckschreibtisch entstand für die Freie Volksbühne Berlin, die 1991 bei etlichen Autoren Dramoletts bestellt hatte; eine Aufführung kam nicht zustande, weil der Berliner Senat das Theater schloß. Gedruckt erschien der Text in »Die Talare der Gottesgelehrten«, Mitteldeutscher Verlag 1999.

Inhalt

Der Soldat und das Feuerzeug 5

Heinrich Schlaghands Höllenfahrt 93

Von einem, der auszog, das Fürchten zu lernen ... 189

Das Land Bum-bum 229

Münchhausen 287

Frau Holle 319

Der Mehrzweckschreibtisch 379

Werke · Überblick

Band 1
Gedichte & Lieder
Ausflug machen, Gedichte 1959-1979
Kunst in Mark Brandenburg, Gedichte 1979-1987
Ich-Soll 1991
Petrarca hat Malven im Garten, Gedichte 1996-2003
Kleine Herbstmotette
Adressen an Jubilare
Reglindis, Lieder 1963-1979
Anna Katarina oder Die Nacht am Moorbusch
Gedichte für Kinder

Band 2
Erzählungen & Porträts
Sauna oder Die fernherwirkende Trübung, Erzählungen
Kopien nach Originalen, Porträts und Reportage
Die Perlen der grünen Nixe

Band 3
Stücke & Libretti
Der Soldat und das Feuerzeug
Heinrich Schlaghands Höllenfahrt
Von einem, der auszog, das Fürchten zu lernen
Das Land Bum-bum
Münchhausen
Frau Holle
Der Mehrzweckschreibtisch

Band 4
Essays & Gespräche
Das Wort und seine Strahlung
Amt des Dichters
Die Talare der Gottesgelehrten

ISBN 3-359-01494-4
(für alle vier Bände)

© 2004 Eulenspiegel · Das Neue Berlin Verlagsgesellschaft mbH & Co. KG
Rosa-Luxemburg-Str. 39, 10178 Berlin
Umschlagentwurf: Peperoni Werbeagentur, Berlin
Druck und Bindung: Salzland Druck Staßfurt

Die Bücher des Eulenspiegel Verlags
erscheinen in der Eulenspiegel Verlagsgruppe.

www.eulenspiegel-verlag.de